検証

奈良の古代仏教遺跡

飛鳥・白鳳寺院の造営と氏族

小笠原好彦【著】
Yoshihiko Ogasawara

吉川弘文館

目次

第二部　白鳳時代の古代寺院

はじめに

奈良県は日本の古代国家の政権をになった宮都が営まれたところである。それだけに、古代には、東アジア諸国の諸文化や情報を受容する拠点ともなっていた。

日本での本格的な仏教寺院の造営は、『日本書紀《にほんしょき》』崇峻元年（五八八）是歳条に、飛鳥寺《あすかでら》の建立に始まったことを記している。この飛鳥寺の造営は、百済《くだら》から僧・寺工《てらたくみ》・鑪盤博士《ろばんはかせ》・瓦博士・画工らを招来しておこなわれている。造営に際し、蘇我馬子《そがのうまこ》は飛鳥にあった衣縫造《きぬぬいのみやつこ》の祖先である樹葉《このは》の家を壊し、ここに法興寺《ほうこうじ》（飛鳥寺）を建立したことを述べている。

日本への仏教の公伝は、『日本書紀』欽明十三年（五五二）に、聖明王《せいめいおう》が金銅の釈迦仏像と経論をたてまつったのがはじまりという。しかし、『元興寺《がんごうじ》伽藍《がらん》縁起《えんぎ》幷《ならびに》流記《るき》資財帳《しざいちょう》』には欽明七年（五三八）のこととしている。仏教が伝えられた直後、蘇我稲目《いなめ》が向原《むくはら》の家を仏殿としたことを記すように、初期の仏殿は草堂《そうどう》もしくは精舎《しょうじゃ》と呼ばれ、瓦葺《かわらぶき》した仏殿ではなかったのである。

蘇我馬子による飛鳥寺の造営は、崇峻三年（五九〇）十月、山に入って用材を伐採し、崇峻五年（五九二）十月に金堂《こんどう》と回廊《かいろう》の工事に着手した。そして、推古《すいこ》元年（五九三）正月に、仏塔の心礎《しんそ》に舎利を埋納し、推古四年（五九六）十一月に竣工している。同様のことは、『元興寺伽藍縁起幷流記資財帳』に、飛鳥寺の塔の露盤銘《ろばんめい》をもとに、戊申年（五八八）、百済の昌王が飛鳥寺の造営に、僧・鏤盤《ろばん》師・寺師・瓦師を派遣したことを述べている。そして、堂塔を構築したのは東漢直《やまとのあやのあたえ》で丙辰年（五九六）十一月にできた。そのとき、かかわった金工工人は忍海首《おしぬみのおびと》、朝妻首《あさつまのおびと》、鞍部首《くらつくりのおびと》、山西首《かわちのおびと》であったことを記している。

初期に建立された寺院は、用明二年（五八七）七月、蘇我馬子と物部守屋《もののべのもりや》による政治的な主導権争いによる戦いに際し、崇仏か、排仏かが戦いの争点にもなった。古代寺院は、この戦いで勝利した蘇我馬子と上宮王家の厩戸皇子《うまやどのみこ》らが中心となって建立を進め、この戦いに蘇我馬子側に加担した、主として大和を本拠とする巨勢《こせ》氏・膳《かしわで》氏・葛城《かつらぎ》氏・平群《へぐり》氏・阿倍《あべ》氏・春日《かすが》氏らによって氏寺の造営が進められている。また、大和や畿内を本拠とする多くの渡来系氏族によって建立されている。そして、ごく初期に建立された氏寺は、『日本書紀』推古三十二年（六二四）九月三日条によれば、七世紀の第1四半期に建立された寺院は四六寺あり、僧八一六人、尼五六九人、あわせて一三八五人であったと記している。

さて、初期の古代寺院の堂塔に葺いた屋瓦の軒丸瓦《のきまるがわら》は、飛鳥寺の造営に際し、百済の造瓦工人によって百済系の瓦当《がとう》文様が導入されている。これには軒丸瓦の蓮弁《れんべん》を桜花状に表現したもの（花組）と蓮弁の先端に点珠をつけるもの（星組）とがある。これら二種の瓦当文様は百済の宮都である扶余《ふよ》の寺院から導入されたものであった。しかし、なぜか扶余の寺院にはない一〇弁と一一弁の蓮華文が導入されている。その後、古代寺院の瓦当文様は、蘇我氏の豊浦寺《とゆらでら》（尼寺）の塔を建立した際に、厚い連弁の中央に稜線をつけ、蓮弁と蓮弁との間に点珠を配した高句麗《こうくり》系のものが加えられている。これらの蓮弁は、いずれも一枚の蓮弁を表現した素弁《そべん》系のもので、七世紀の第1四半期に建立した氏寺の軒丸瓦は、いずれも素弁系の瓦当文様をつけている。

この時期の大和の古代寺院には、六世紀末に造営を開始した飛鳥寺をはじめ、豊浦寺・奥山久《おくやまく》米《め》寺《でら》跡・坂田寺《さかたでら》跡・和田廃寺《わだはいじ》・檜前寺《ひのくまでら》跡・上宮王家の斑鳩寺《いかるがでら》（若草伽藍跡）、さらに上宮王家によって摂津に建てられた四天王寺《してんのうじ》や山背の秦《はた》氏による蜂岡寺《はちおかでら》（北野廃寺）などが知られている。

また、近年の発掘調査によって、飛鳥寺の創建時に葺かれた同笵《どうはん》軒丸瓦が奈良市姫寺《ひめでら》廃寺と海竜王寺の前身寺院から出土している。これらは、その所在地からみると、大和の土師《はじ》氏の氏寺に蘇我馬子とのつながりから供給されたものと推測されるものである。

これに続く七世紀の第2四半期には、舒明《じょめい》十一年（六三九）七月、舒明天皇が渡来系氏族の書直《ふみのあたい》県《あがた》を建物を構築する大匠《おおたくみ》として、百済川のほとりに、王宮の百済宮とともに、国家的な百済《くだら》大寺《おおでら》の金堂を建立している。また、十二月には、百済大寺に九重塔が建てられている。

この百済大寺は、『大安寺《だいあんじ》伽《が》藍《らん》縁起《えんぎ》并《ならびに》流記《るき》資財帳《しざいちょう》』によると、厩戸皇子が病となったので、推古天皇の依頼で田村《たむら》皇子（後の舒明）が厩戸皇子の見舞いに訪れたとき、厩戸皇子は推古に熊凝《くまごり》道場を大きな寺院とするよう依頼したとある。しかし、推古は在世中に建立しなかった。そして、推古は皇位を田村皇子に譲るとき、厩戸皇子の依頼を田村皇子に譲ることにしたという。そこで、即位した舒明は、推古に依頼された寺院造営を行い、百済大寺を建立したことを記している。しかし、百済大寺はその直後に焼失したと述べている。

桜井市吉備池廃寺《きびいけはいじ》の発掘で、じつに規模の大きな金堂跡、塔跡などが検出され、百済大寺の実態がほぼ明らかになった。吉備池廃寺に葺いた軒丸瓦に、初めて素弁の上に短い子弁を重ね、蓮弁の外側に重圏文《じゅうけんもん》をつけた単弁蓮華文を導入している。

また、七世紀の第2四半期には、飛鳥の阿倍・山田道の南に、蘇我倉山田石川麻呂《くらやまだのいしかわまろ》（蘇我石川麻呂）が山田寺《やまだでら》の造営に着手している。『上宮聖徳法王帝説《じょうぐうしょうとくほうおうていせつ》』の裏文書に、伽藍の造営次第を記している。これによると、石川麻呂が金堂を建てた直後、かれが謀反《むほん》の冤罪《えんざい》で自害したことから造営は中断し、天武十四年（六八五）に開眼したことを記している。この山田寺の堂塔には、吉備池廃寺の軒丸瓦よりわずかに連弁が短い単弁蓮華文を葺いており、山田寺式としてよく知られている。

その後の七世紀の第3四半期に建立した寺院に川原寺《かわらでら》がある。斉明《さいめい》六年（六六〇）、百済が新羅《しらぎ》・唐軍に攻められて滅亡したその翌年、斉明天皇は、百済を復興する兵士を朝鮮半島に送るため筑紫《つくし》に入った。しかし、斉明は七月に筑紫の朝倉宮《あさくらのみや》で没した。そこで、中大兄《なかのおおえ》皇子が称制《しょうせい》して政務を担った。天智二年（六六三）、日本・百済軍と唐・新羅軍が白村江《はくそんこう》で戦ったが、日本・百済は惨敗した。その直後、唐・新羅の進攻に対処せざるを得ない情勢となり、天智六年（六六七）、天智は近江大津宮《おうみおおつのみや》に遷都した。

ところで、斉明が筑紫で没した直後、天智は飛鳥の川原で斉明を弔う殯《もがり》をおこない、さらに川原寺の建立に着手した。この川原寺に葺いた軒丸瓦の瓦当笵《がとうはん》（笵型）はA・B・C・Eの四種があり、瓦当笵Aは金堂を造営して間もなく、山背の高麗寺《こまでら》に移されている。そして、この瓦当笵Aは高麗寺から、近江大津宮へ遷都した翌年に、天智が大津宮の西北山中に建立した崇福寺《すうふくじ》に移された。

天智が没した翌年（六七二）に起こった壬申《じんしん》の乱後は、天武によって川原寺の造営が継承されている。そして、川原寺に葺いた屋瓦は、五條市荒坂《あらさか》瓦《が》窯《よう》群で焼成している。このような川原寺の造営では、瓦当笵Aは天智が建立した崇福寺へ移される以前に、なぜ山背の高麗寺に移動したのか、その謎を解く必要がある。

七世紀第３四半期には、平城京《へいじょうきょう》に建てられた紀寺《きでら》の前身寺院（小山廃寺《こやまはいじ》）が飛鳥にあったとみなされている。この平城京の紀寺は、『続日本紀《しょくにほんぎ》』天平宝字八年（七六四）七月十二日条に、天智朝に建てられた寺院で、良民が紀寺の奴婢《ぬひ》に誤記されたので、身分を戻す訴訟をおこしたことを記している。しかし、近年の発掘調査で、飛鳥に所在する紀寺跡は、藤原京《ふじわらきょう》の条坊に合わせて建立しており、紀寺の前身寺院とはみなしえないことになった。飛鳥の紀寺跡の堂塔は、雷文縁複弁八弁蓮華文の瓦を葺いた寺院としてよく知られている。紀寺跡は藤原京に建立しているので、この瓦当文様は、七世紀の第４四半期に成立した意匠ということになる。本書では、飛鳥に所在する紀寺跡（小山廃寺）の謎を検討し、その造営氏族を模索した。

さて、大和で七世紀の第４四半期に造営された寺院で注目すべきものに本薬師寺《もとやくしじ》と大官大寺《だいかんだいじ》がある。本薬師寺は天武《てんむ》天皇が皇后の鸕野皇女《うののひめみこ》が不予《ふよ》（病気）となったとき、その快復を誓願して建立した国家的な寺院である。この本薬師寺は新羅の慶州《けいしゅう》の、日本と敵対関係にあった文武王《ぶんぶおう》が建てた感恩寺《かんおんじ》の双《そう》塔式《とうしき》伽藍をそのまま導入したものであった。天武は、どのような意図で文武王が建てた感恩寺の伽藍を模したのか。ここには国家間に介在する謎が存在する。しかも、藤原京から平城京への遷都では、大官大寺・元興寺（飛鳥寺）・厩坂寺《うまさかでら》・本薬師寺が平城京へ移転したが、本薬師寺のみが旧伽藍をそのまま平城京へ移している。ここにも解くべき深い謎が存在するように思われる。また、大官大寺は、舒明が建立した百済大寺が焼失したので、藤原京に再建した国家的な寺院であった。この大官大寺の堂塔は、百済大寺と同様に、じつに規模の大きな伽藍であったことが発掘によって解明されている。

さらに、『日本書紀』天武九年（六八〇）五月一日条は、藤原京の京内に二十四寺があったことを述べている。本書で述べた飛鳥と藤原京に所在した諸寺は、その中にふくまれていたと推測されるものである。

以上のように、六世紀末に蘇我馬子が本拠の飛鳥に飛鳥寺を建立した後、奈良県は、飛鳥を中心に古代寺院があいついで建立された地域である。これらの古代寺院は、蘇我氏と蘇我傍系氏族の氏寺、また上宮王家による斑鳩寺（若草伽藍）、四天王寺、さらに舒明の百済大寺、天智・天武による川原寺や天武による本薬師寺の官寺をふくみながらも、その大半は古代の奈良県・大和を本拠とする有力氏族の氏寺として建立されたものであった。

しかも、これらの寺院に葺かれた飛鳥寺式・奥山久米寺式・豊浦寺式・山田寺式・川原寺式・法隆寺式・紀寺式・本薬師寺式などの軒瓦の瓦当文様は、七世紀の第２四半期まではほぼ畿内の有力氏族が建立した氏寺に、七世紀の第３四半期からは、地方の有力氏族が建立した氏寺の瓦当文様として採用されている。そして、古代寺院に葺いた軒瓦は、軒丸瓦・軒平瓦、さらに鬼瓦など、いずれも木製の瓦当笵を製作し、瓦当文様をつけたものである。これらの瓦当文様の中には、有力氏族の氏寺に葺いた瓦当文様と同一の瓦当笵で製作した同笵軒瓦がしばしば異なる氏寺にも供給され、葺かれている。

ここには、『日本書紀』などの史書や古代史料では知りえない有力氏族どうしの間の血縁関係、政治的、経済的な要因などをよりどころとする有機的な関係をしばしば反映することになったのである。本書では個別の古代寺院を取り上げながら、軒瓦を製作する瓦当笵の移動、また瓦窯で焼成された氏寺の同笵軒瓦が他の氏寺へ供給された要因にも言及するようにした。

第一部

飛鳥時代の古代寺院

1 飛鳥寺跡《あすかでらあと》

―日本最古の寺院の造営と一塔三金堂式伽藍―

飛鳥寺の建立

大和の飛鳥は、蘇我《そが》氏の本拠で、この飛鳥の中央部を流れる飛鳥川流域に飛鳥《あすか》寺《でら》が建てられている。飛鳥寺は、蘇我馬子《うまこ》が建立したわが国で初めての本格的な古代寺院である。欽明七年（五三八）説によれば、六世紀前半に百済《くだら》から日本へ仏教が伝えられた。しかし、初期に建てられた寺院は、いずれも草《そう》堂《どう》や精舎《しょうじゃ》と呼ばれ、いずれも瓦葺《かわらぶき》しないものであった。

用明二年（五八七）、蘇我馬子・厩戸皇子《うまやどのみこ》らと物部守屋《もののべのもりや》との間に、政治の主導権を争う戦いが展開し、蘇我馬子らが勝利した。その翌年、馬子は、飛鳥川の流域に、飛鳥寺の建立を計画した。『日本書紀《にほんしょき》』崇峻元年（五八八）是歳条は、百済《くだら》が僧、仏舎利《ぶっしゃり》とともに、寺工《てらだくみ》二人、鑪盤博士《ろばんはかせ》一人、瓦博士四人、画工一人を派遣し、飛鳥寺（法興寺《ほうこうじ》）の造営を開始したことを記している。

崇峻三年（五九〇）十月には、寺の用材が伐採され、同五年（五九二）十月に、飛鳥寺の仏堂と回廊の工事が開始した。そして、推古《すいこ》元年（五九三）正月に、塔の心礎《しんそ》に仏舎利を安置し、同四年（五九六）十一月に、飛鳥寺の堂塔が完成したとされる。その後の推古十三年（六〇五）四月、推古天皇が丈六の仏像と繍仏《しゅうぶつ》の作成を鞍作鳥《くらつくりのとり》に命じ、翌年の四月に完成しておさめられた。

発掘の成果

さて、飛鳥寺は飛鳥川東岸、明日香村の安居院《あごいん》の地にあった古代寺院である（図1・2）。大和平野農業用水路工事に関連し、一九五五・五六（昭和三十・三十一）に奈良国立文化財研究所（当時）によっ

図1　現在の飛鳥寺

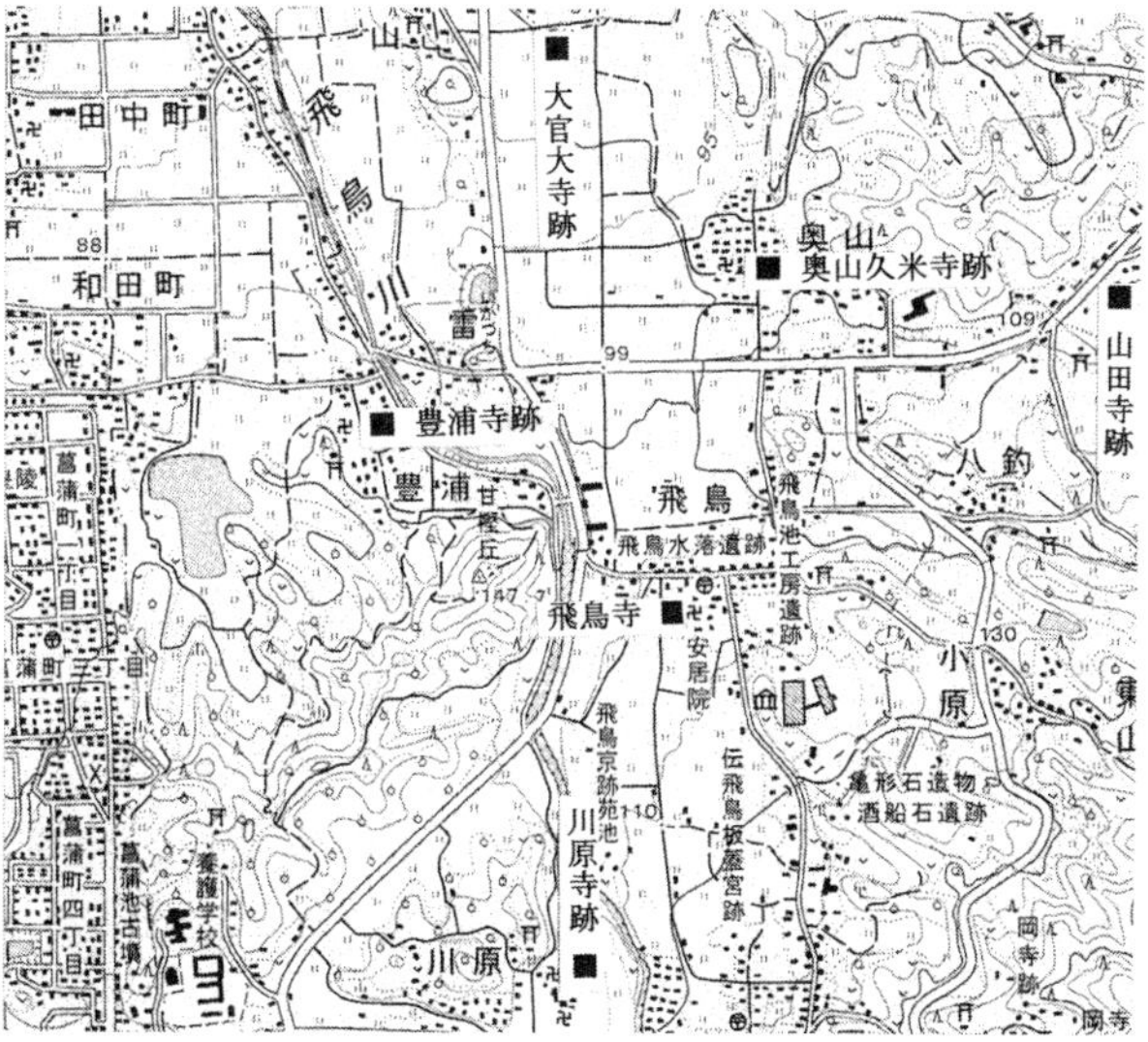

図2　飛鳥寺の位置

て発掘された。その結果、中央に塔、その北に中金堂《ちゅうこんどう》、その東と西にも金堂を配した一塔三金堂式の伽藍《がらん》が検出された。中金堂の基壇《きだん》は、土を搗《つ》き固める版築《はんちく》技法で積まれており、東金堂では、下成と上成からなる二重基壇をなしていた。しかも、下成基壇にも礎石《そせき》を配していたのである（図3）。

塔基壇は地下深く掘られ、版築して基壇を築き、地下に心礎を据えていた。しかも、舎利が遺存した。この舎利は、建久七年（一一九六）に塔が焼失した際に心礎から一度取り出され、それを再び埋納したものであった。また、心礎の舎利孔《しゃりこう》の付近からも、埋納品の一部が見つかった。

これらの舎利埋納物には、硬玉・メノウ・ガラスの勾玉・管玉・切子玉・銀製空玉《うつろだま》・トンボ玉・小玉・金環・金銀延板《のべいた》・杏葉《ぎょうよう》型金具・馬鈴《ばれい》・瓔珞《ようらく》があり、さらに騎馬に旗をつける蛇行状《だこうじょう》鉄器・挂甲《けいこう》・砥石《といし》状石製品などが心礎上面で見つかっている。これらは、六世紀末の後期古墳の副葬品に見るものとほぼ共通するものであった。

発掘で浮かび上がった新たな謎

このように、飛鳥寺の発掘では、百済工人の技術指導のもとに本格的に造営された最古の古代寺院の実態が明らかになった。それとともに、いくつか今後の研究によって解明すべき課題もあわせて掘り出されることになったのである。

その一つは、飛鳥寺で見つかった伽藍は、それまで百済の扶余《ふよ》の定林寺《じょうりんじ》址、軍守里《ぐんしゅり》寺《じ》址や、日本の四天王寺《してんのうじ》などにみる一塔一金堂式ではなかった。そして、戦前に日本の研究者が平壌《ピョンヤン》で発掘した清岩《せいがん》里《り》廃寺《はいじ》、上五里廃寺のような一塔三金堂式であった。百済の建築工人らが造営を指導した飛鳥寺で、百

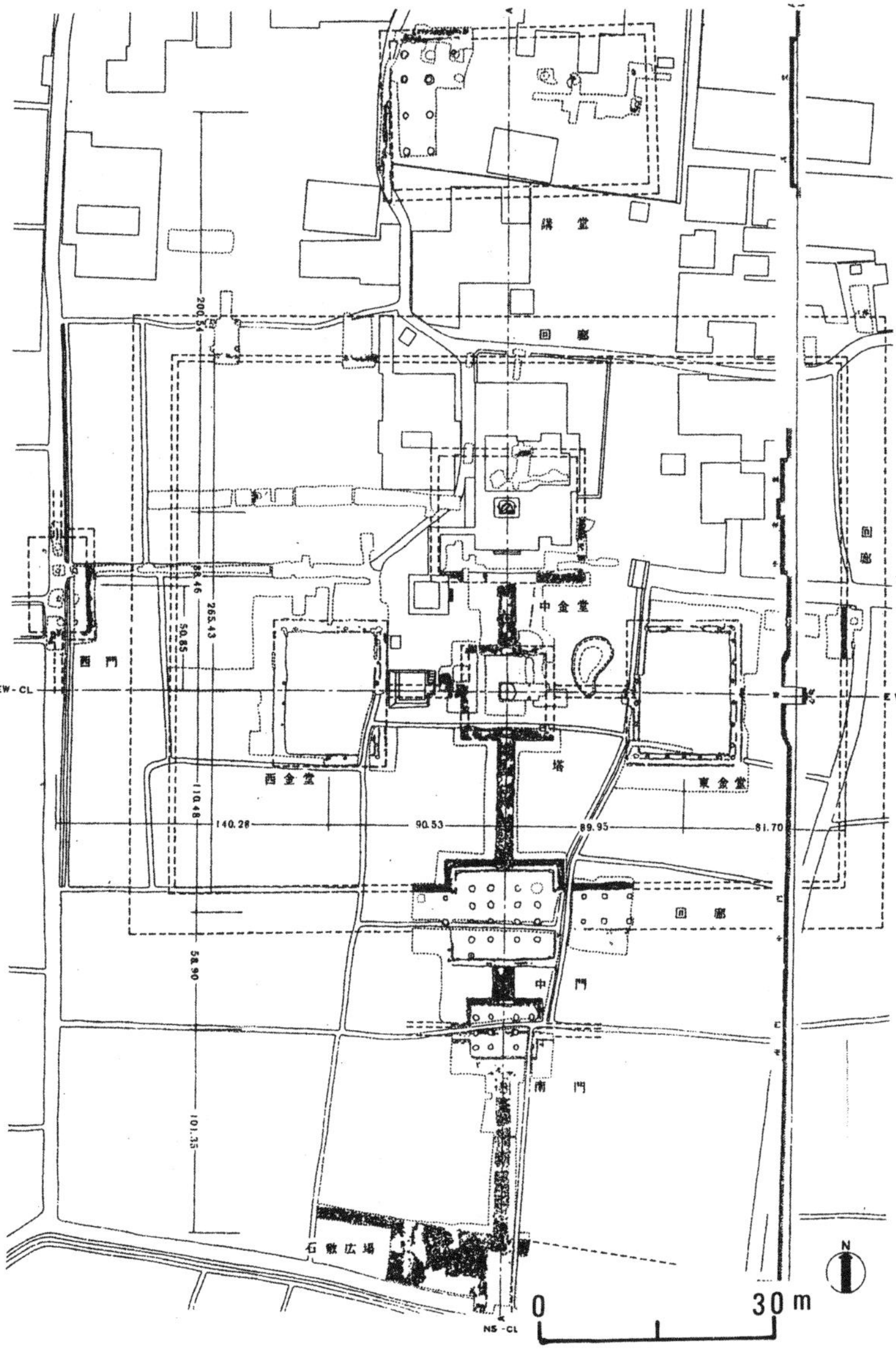

図3　飛鳥寺の伽藍配置図（奈良国立文化財研究所『飛鳥寺発掘調査報告』1958年）

済ではまだ見つかっていない伽藍配置が検出されたのはなぜか。

二つには、飛鳥寺では日本最古の軒丸瓦や丸・平瓦が葺かれていた。『日本書紀』などによると、造瓦技術の指導に造瓦工が四人訪れており、四人も訪れたのはどのような理由からか。

さらに、飛鳥寺の創建時の軒丸瓦の瓦当笵《がとうはん》には、百済の軒瓦にはない素弁一〇弁・一一弁の蓮華文が採用された要因も、あわせて明らかにすべき課題である。

一塔三金堂式の伽藍のルーツはどこか

これまで飛鳥にある安居院は、古代の飛鳥寺跡と伝えられ、飛鳥大仏と呼ばれる金銅釈迦如来像《こんどうしゃかにょらいぞう》が遺っていた他は、その周辺で古瓦が散布し、礎石が点在するだけだった。しかし、発掘の結果、塔を中心とし、北・東・西の三方に金堂を配した一塔三金堂式の伽藍が明らかになったのである。

このような伽藍が発掘されたことから、発掘を担当した奈良国立文化財研究所による『発掘調査報告』では、四天王寺式伽藍は百済や新羅の寺院でも知られるが、百済では飛鳥寺のような一塔三金堂式の配置はまだ見つかっていないことを述べている。しかも、この伽藍様式は、高句麗の旧都があった平壌付近で清岩里廃寺（図4）、上五里廃寺などが知られ、飛鳥寺の東・西金堂跡もよく類似するので同一系統のものとみなしている。とはいえ、百済でも同一の伽藍が見つからないとは限らないので、高句麗の影響を受けたものとは断定しないながらも、その可能性が高いとしている。

さて、百済の寺院は、戦前に発掘された定林寺址、軍守里寺址（図5）などの調査では、一塔一金堂式の伽藍が見つかっている。戦後は金剛寺《こんごうじ》址や益山《えきざん》地方で弥勒寺址、王宮里寺址などが発掘されている。

これらのうち、金剛寺址は一塔一金堂式、弥勒寺址は一塔一金堂式のものを三列並べ、その北に講堂を配していた。王宮里寺址も一塔一金堂式のものだった。

近年の百済寺院の発掘

さらに、近年の扶余では、陵山里《りょうざんり》寺《じ》址（図6）と王興寺《おうこうじ》址の発掘がおこなわれている。このうち陵山里寺址は、扶蘇山城の南四キロにある陵山里古墳群の西で一九九二〜九七年の調査で見つかった伽藍である。ここでは、塔の北に金堂、中門から東西に延びる回廊が北に折れ、その北の金堂の東南、西南に配した南北棟建物にそれぞれ回廊がつながる一塔一金堂式が検出された。しかも、地下式の塔心礎の上か

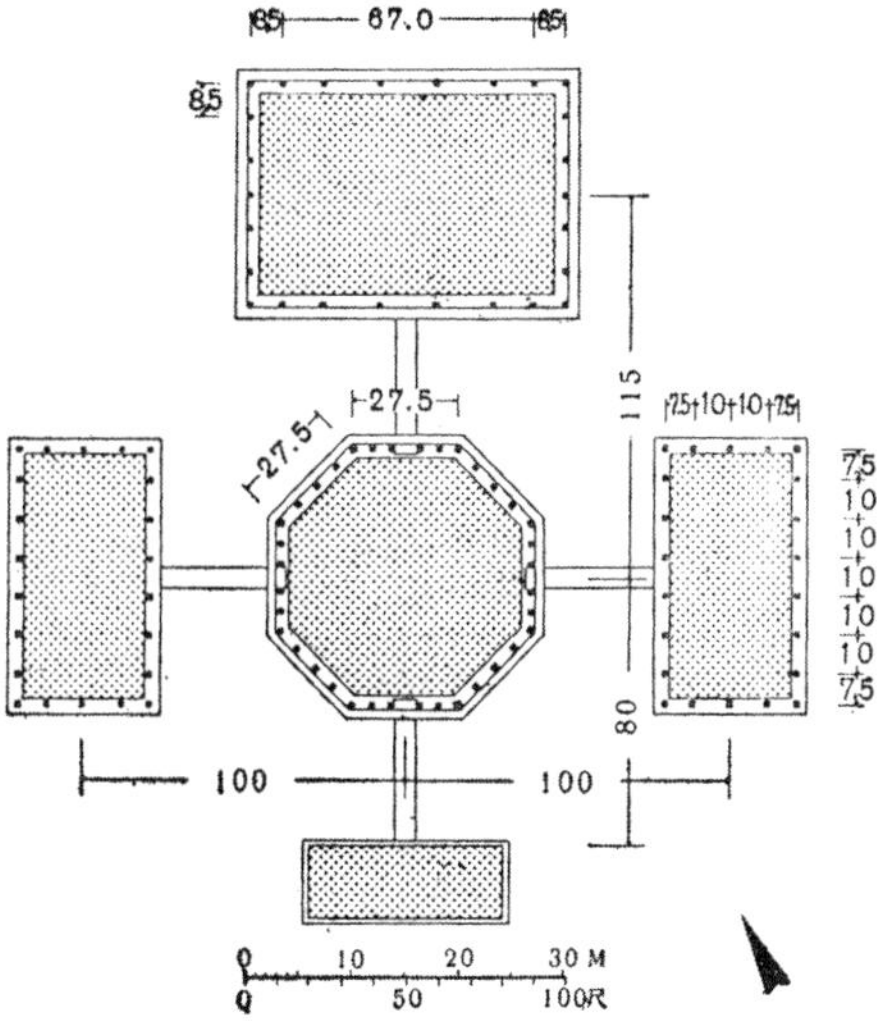

図4　清岩里廃寺の伽藍
（奈良国立文化財研究所『飛鳥寺発掘調査報告』1958年）

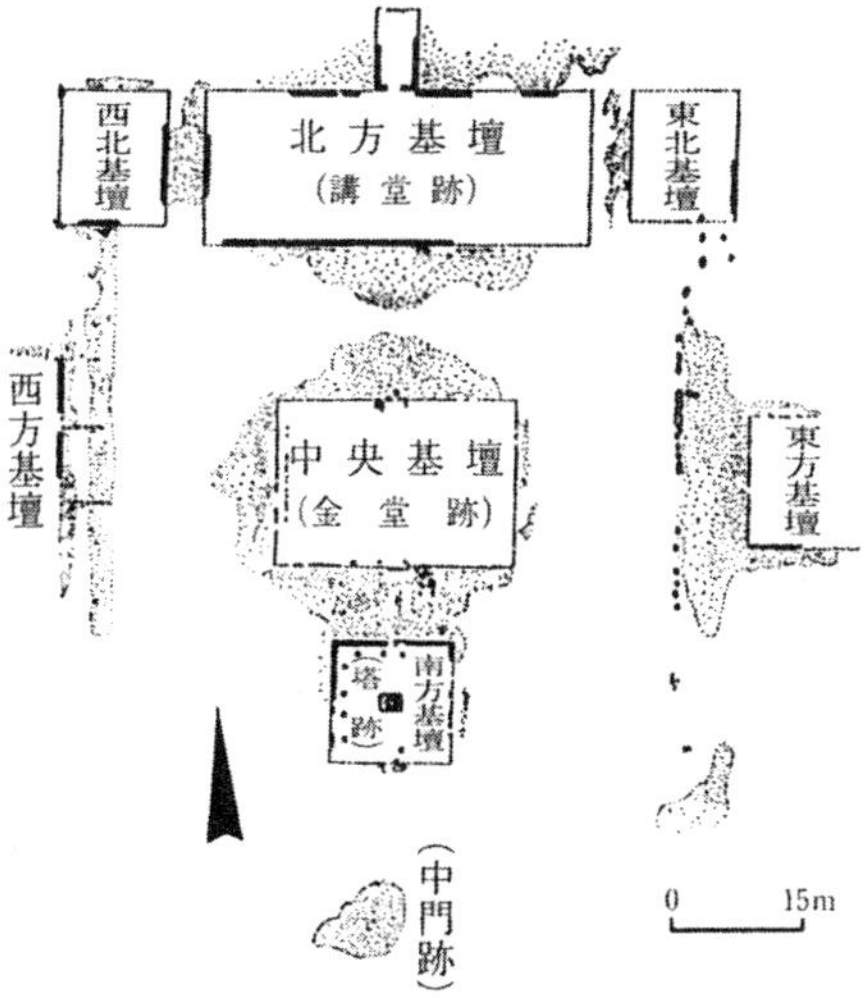

図5　軍守里寺址の伽藍（石田茂作「扶余軍守里廃寺址発掘調査」『昭和十一年度古蹟調査報告』1937年）

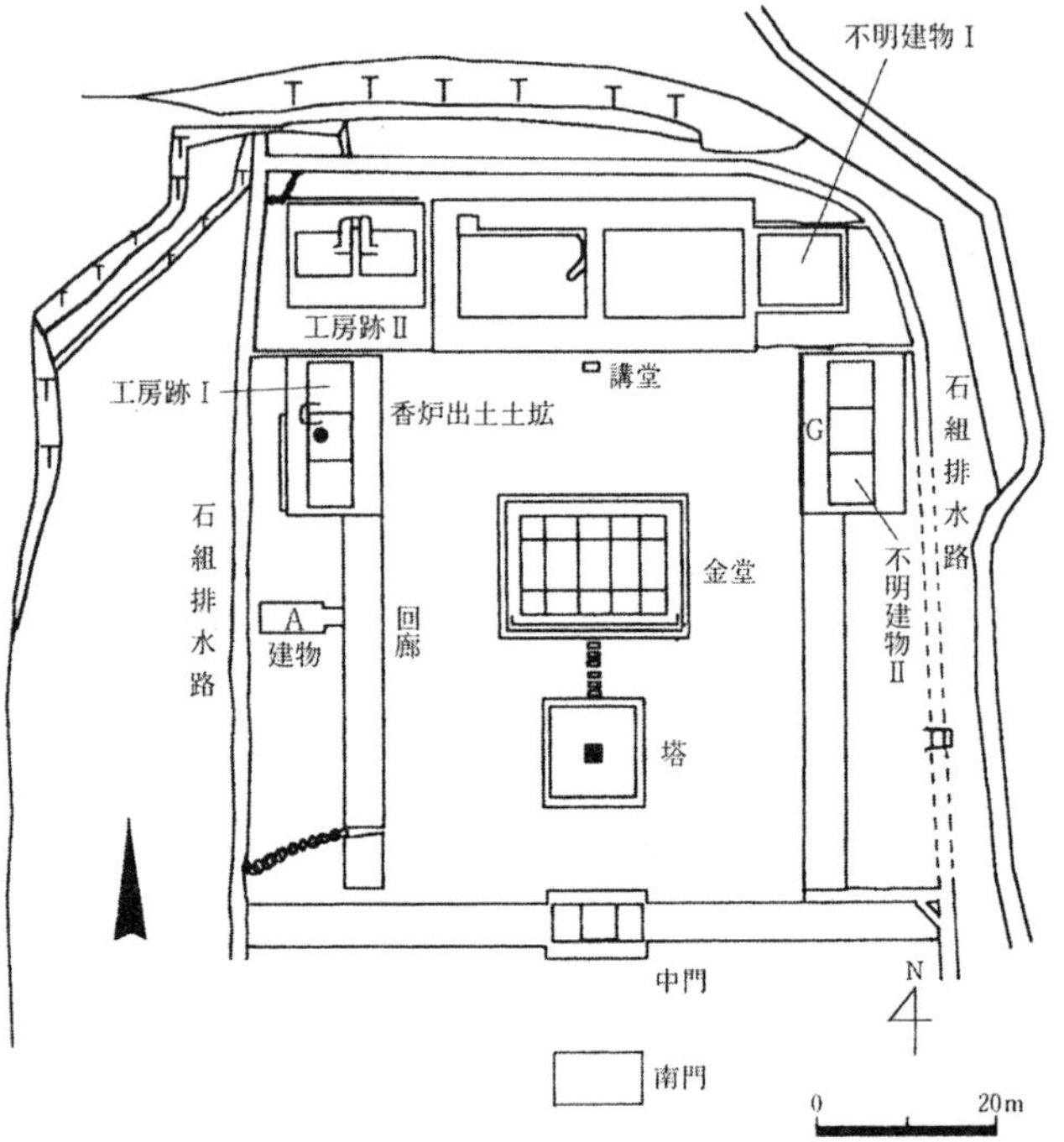

図6　陵山里寺址の伽藍
（中尾芳治・佐藤興治編『古代日本と朝鮮の都城』ミネルヴァ書房　2007年）

ら出土した石製の舎利《しゃり》龕《がん》に、「昌王十三季」（五六七）と記していた。

また、扶蘇山城の北、白馬江を渡った対岸で王興寺址の発掘がおこなわれている。この王興寺址の伽藍は、一部の新聞では飛鳥寺と同一の一塔三金堂式の伽藍として報道されたが、陵山里寺址と同様の一塔一金堂式の伽藍である。しかも、二〇〇七年の塔跡の発掘では、地下式の心礎の舎利孔に安置された舎利容器の青銅製の舎利函に、「丁酉」と記され、昌王《しょうおう》二十四年（五七七）に建てられた寺院であることが判明した。

これらの新たに発掘された二寺院址は、いずれも飛鳥寺の造営に百済の工人らを派遣した昌王（威徳《いとく》王《おう》）によって、飛鳥寺を建立する以前に建てられた寺院である。また、百済で七世紀前半に三金堂を配した益山の弥勒寺では、塔と金堂がセットをなして三列配している。これらの例からみると、飛鳥寺が造営された時期には、百済では一塔三金堂式の伽藍は存在しなかった可能性がきわめて高いだろう。

さらに注目すべきことは、飛鳥寺を造営した蘇我馬子は、敏達十三年（五八四）、百済から鹿深臣《かふかのおみ》が弥勒の石仏をもたらしたとき、これを譲り受けている。さらに、飛鳥寺の金堂には、推古天皇が丈六の金銅盧舎那仏《こんどうるしやなぶつ》と繍仏《しゆうぶつ》を製作させ、安置している。そして、平安末期に記された大江親通《おおえのちかみち》の『七大寺巡礼私記《しちだいじじゆんれいしき》』には、南都の元興寺《がんごうじ》の記事に、旧都の飛鳥寺のことにふれ、東金堂に弥勒の石像仏が安置されていたことを記していることも重視される。

以上のことからみると、飛鳥寺は、百済の工人らの技術指導によって伽藍の造営が進められたが、造営主体者である馬子によって当初から複数の金堂からなる伽藍が計画され、高句麗系の一塔三金堂を採用した可能性が最も高いように思われる。

飛鳥寺の瓦製作

飛鳥寺の造営では、本格的に瓦葺する堂塔の造営が計画された。このために百済から造瓦工人が招来された。このとき訪れた造瓦工人は、『日本書紀』崇峻元年（五八八）条に、麻奈文奴《まなもんぬ》・陽貴文《ようきもん》・㥄貴文《りようきもの》・昔麻帯弥《しゆくまたいみ》の名が記されており、彼ら四人が日本の工人たちに造瓦技法を伝えたことがわかる。

この造瓦工人らの指導を受けて飛鳥寺の屋瓦を製作したのは、それまで畿内で須恵器《すえき》生産にかかわっていた須恵器工人であったと推測される。このことは、飛鳥寺の初期に葺かれた瓦類に、須恵器生産にともなう叩き技法が部分的にみられることによって知ることができる。それまでにない新技術を習うには、その対象物に最も近い製品の製作にかかわる工人が、その技術を学びやすかったのである。

ところで、『日本書紀』の前述の記事には、造瓦工人が四人も訪れていた。これは、他の技術では、建築技師二人、鑪盤工一人、画工一人が訪れたことからすると、四人の員数には、なんらかの理由があってのことと考えられる。それはまた、瓦類を製作する造瓦技術と深く関連することだったであろう。

瓦の製作技法

古代寺院の屋根に葺く瓦類の中心となった丸瓦・平瓦を製作するには、まず共通して直方体の粘土塊から、均一な厚さに切った粘土板を造る必要がある。また丸・平瓦を製作する道具として回転台と模骨《もこつ》と呼ぶ海苔巻《のりまき》を作る際に用いる巻き簀《ず》のような細い板を綴じ合わせた道具が必要だった。この模骨を回転台上で巻いて円筒状に立て、それに布袋を被せ、ついで粘土板を巻きつけ、短い土管状のものを製作した。

ついで、その土管状の粘土の外面を羽子板状の板で叩きしめる。その後、模骨や布袋を外し、土管状の粘土を乾燥させ、生乾きの状態で四分割し、平瓦四枚を同時に製作した。丸瓦の場合も、細長い筒状の模骨に、切りとった粘土板を巻きつけ、その表面を叩きしめ、乾燥した後に二分割して作っている。

このように、粘土塊から、薄く粘土板を切り離し、それを回転台上の模骨に巻きつける作業は、一人ではできない。少なくとも二人で組んで指導することが必要だったのである。

じつは、飛鳥寺に葺かれた最古の軒丸瓦の瓦当文の文様には、素弁をなす蓮華文の弁端を桜花状に表現するものと、蓮弁の端に点珠をつける二つのものとが出土している。これらのうち、桜花状の蓮華文にともなう丸瓦は、先端部に段のない行基葺《ぎょうきぶき》のものをつけている(花組)。しかも、丸瓦を瓦当面に接

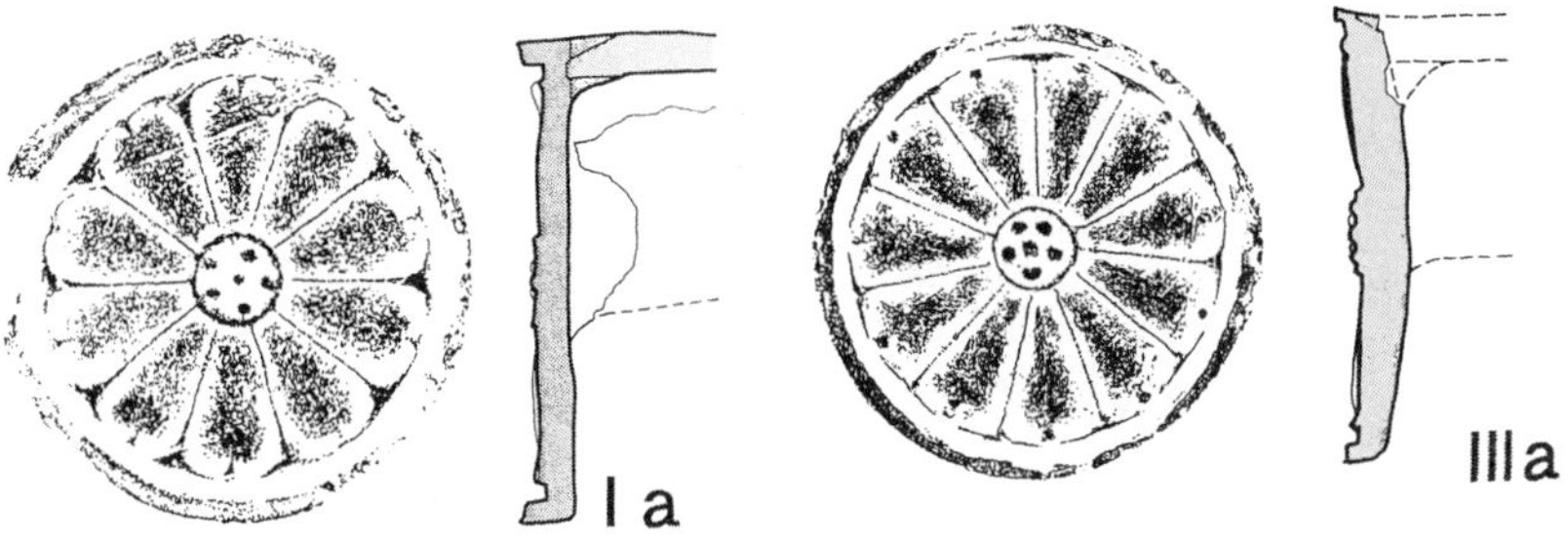

図7　飛鳥寺の軒丸瓦　花組（左）と星組（右）
（花谷浩「京内廿四寺について」奈良国立文化財研究所『研究論集』XI、2000年）

合する際には、丸瓦の先を斜めに削って接合する。しかし、他方の点珠をつけるものは、丸瓦の端に玉縁《たまふち》と呼ぶ段をともない、丸瓦の先端を片柄状に加工して接合する技法（星組）を採用している（図7）。

このように二つの異なる軒丸瓦の瓦当文様と丸瓦を接合する技法は、六世紀後半の百済でも両者が存在していたので、異なる製作技法をもつ二組の造瓦工人らが訪れたことになる。また、このときに訪れた造瓦工人が指導した飛鳥寺の軒丸瓦の瓦当文様には、なぜか当時の百済では八弁だったのに、一〇弁と一一弁の蓮弁を表現している。

軒瓦の文様と弁数

百済の造瓦工人が指導した最古の花組の瓦当文様は一〇弁、星組のものは一一弁で製作しており、百済の扶余の王宮・寺院に葺かれた八弁とは異なるものであった。軒丸瓦に、一〇弁・一一弁の蓮華文が飛鳥寺に導入されたので、七世紀の第1四半期に造営した法隆寺の若草伽藍・豊浦寺・巨勢寺などの軒丸瓦には、九弁・一一弁、大阪府新堂廃寺では一〇弁の蓮華文軒丸瓦を葺いている。

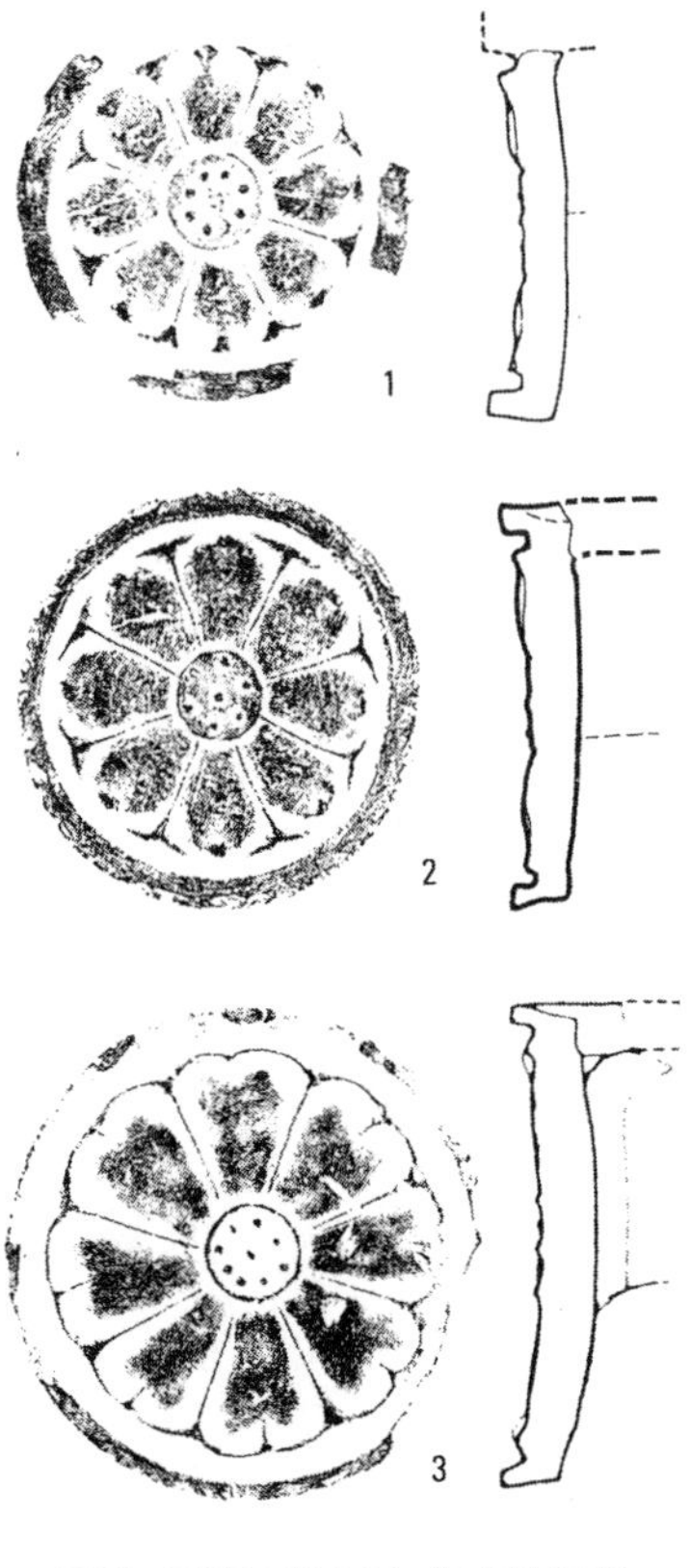

図8　百済の軒丸瓦（軍守里寺址）

軒丸瓦の蓮華文に、九弁・一〇弁・一一弁などの蓮華文を表現することは、瓦当笵を製作する際に、蓮弁を均等に割り付けるのがきわめて難しい。しかも、飛鳥寺の造営に際し、造瓦技法を伝えた百済の扶余では、軍守里寺址・王興寺址・陵山里寺址などにみるように、いずれも八弁のものが葺かれていたのである（図8）。

軒瓦の文様と弁数の意味

改めて飛鳥寺の軒丸瓦に一〇弁・一一弁の蓮華文を採用した要因を考えてみる必要があるだろう。この困難と思える課題への言及の一つに、飛鳥寺の軒丸瓦の瓦当は、百済のものよりも少し大型であることに要因を求める考えがだされている。飛鳥寺の軒丸瓦は、確かに百済のものよりも一回り径が大きいので、八弁ではなく一〇弁・一一弁の蓮弁がふさわしいとしたとする考えである（上原一九九六）。しかし、日本でも七世紀の第2四半期には八弁に変化しているので、なお不十分な考えであろう。

ところで、百済に仏教を伝えたのは中国六朝時代の南朝である。南朝は南京に都をおいた王朝であった。南京では、鐘山祭壇遺跡や鐘山二号寺廟遺跡（図9）をはじめ、六朝時代の軒丸瓦に九弁・一〇弁・一一弁の蓮弁のものが出土している。また、北朝にあたる洛陽の永寧寺やその東方の鄴《ぎょう》城《じょう》跡《あと》などでも九弁・一〇弁・一一弁の軒丸瓦が出土している。日本はこの時期に直接的に中国との外交関係はなかったので、以下のようなことを考慮することが必要と思われる。

中国では、数字に奇数が尊ばれた。そこで蓮華文として製作しやすいながら八弁は避けられ、九弁・一一弁、ときには一〇弁（一〇弁は奇数の五の倍数）の蓮華文を使用している。しかし、百済は奇数の数にこだわらなかったので、南朝から仏教を導入後、六世紀に均等に割り付けやすい八弁の軒丸瓦が製作されたものと推測されるのである。

しかし、飛鳥寺の造営に訪れた百済の造瓦工人は、百済が手本とした南朝など中国の瓦当文様に対する知識を有し、中国・百済のいずれかの採用を求めたのではなかろうか。そこで、造営主体者の蘇我馬子は、中国の思想を重視し、百済の八弁とは異なる一一弁や一〇弁の蓮弁を採用して堂塔に葺いたのではなかろうか。

図9　南朝の軒丸瓦
（南京市張府園、『文物』2009年第5期）

2 豊浦寺跡《とゆらでらあと》

——高句麗系の瓦を葺く蘇我氏の尼寺——

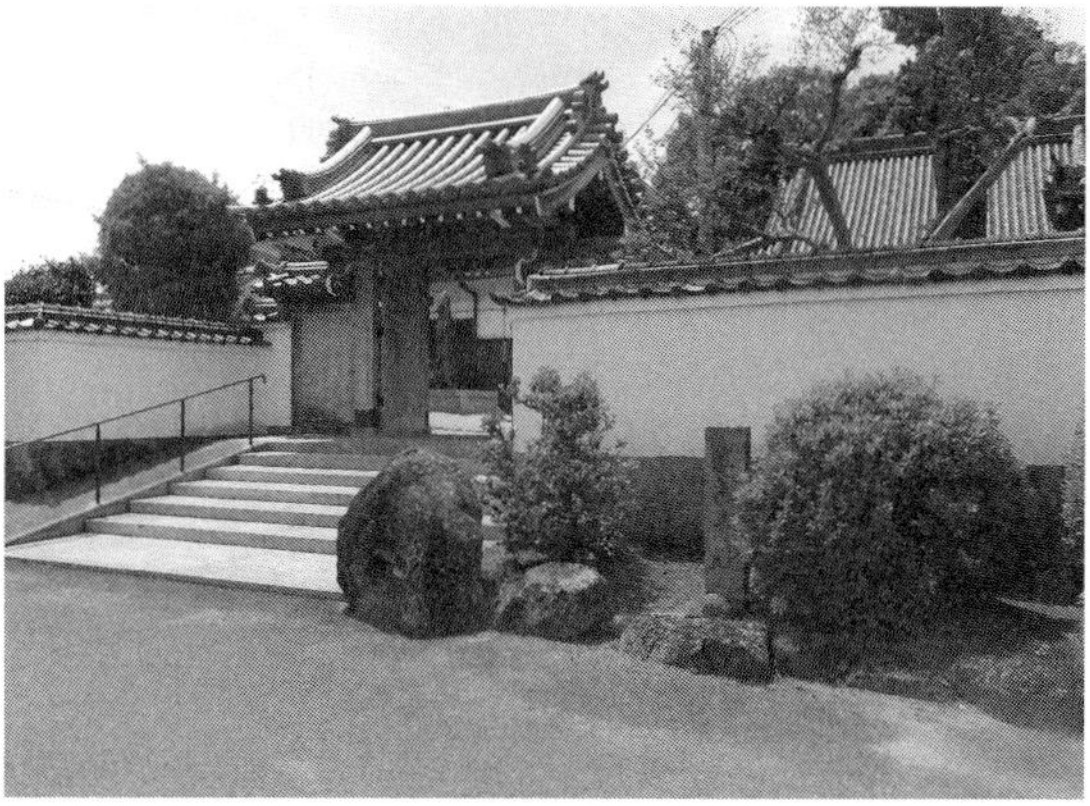

図10　豊浦寺跡

豊浦寺造営の経緯

飛鳥の中心部、飛鳥川の西岸近くの豊浦には、広厳寺《こうげんじ》と呼ぶ寺院が建っている。この周辺からは、これまで瓦類が採集され、また大きな心礎《しんそ》とみなされる礎石《そせき》もあり、蘇我《そが》氏による豊浦寺が建てられていたところと推測されている（図10）。

豊浦寺は、『日本書紀《にほんしょき》』に、蘇我稲目《いなめ》が向原《むくはら》にあった邸宅に仏殿を建てたと伝えるところで、蘇我馬子《うまこ》が本格的な寺院である飛鳥寺《あすかでら》を造営した後に、尼寺として建てたところとされている。『元興寺縁起《がんごうじえんぎ》』によると、用明二年（五八七）、百済《くだら》から訪れた使者が、百済では、半月ごとに白羯磨《びやつかつま》という仏法の作法があり、僧と尼が互いに往還するので、僧寺と尼寺を鐘の音が聞こえるところに建てるべきである、と助言した。それをもとに、蘇我馬子が僧寺の飛鳥寺と尼寺の豊浦寺を建立する場所を選定したことが記されている。

これまでの豊浦での発掘では、金堂《こんどう》跡の建物基壇《きだん》（図11）とその周囲に敷石をめぐらせた遺構が見つかっている。また、講堂と推定される建物の一部も発見され、さらにその下層では、推古《すいこ》天皇の豊浦宮と推測される石敷遺構も検出されている。

さて、豊浦寺から出土している軒丸瓦《のきまるがわら》には、飛鳥寺から供給された飛鳥寺創建期の軒丸瓦のほかに、豊浦寺の塔を造営した際に新たな様式で作られた素弁様式のものがある。これは、円形の瓦当《がとう》面の中央に小さな中房と、肉厚で中央に稜線をつけた八弁の蓮弁を配し、蓮弁と蓮弁との間に点珠をつけたものである（図12―3・4・5）。この瓦当文様は、豊浦寺式とも呼ばれ、系譜的には高句麗《こうくり》の宮殿や寺院に葺かれた軒瓦と類似することから高句麗系と呼ばれている。

図11　豊浦寺の金堂跡
（南から、奈良県立橿原考古学研究所提供）

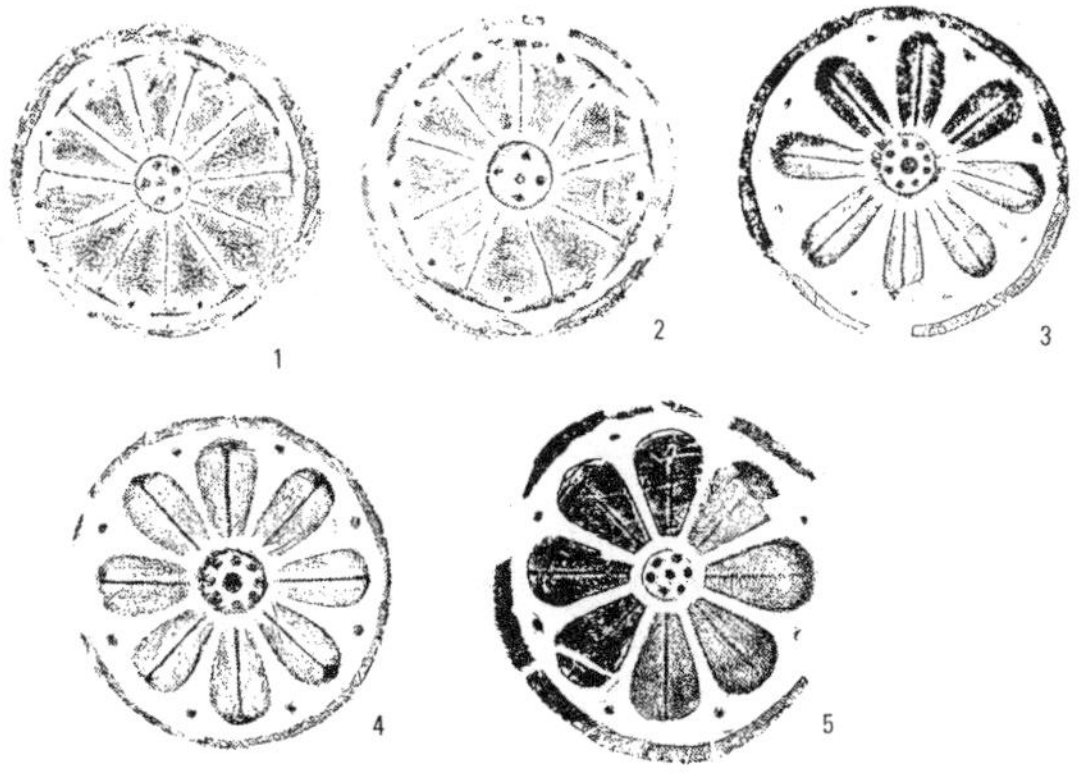

図12　豊浦寺跡の軒丸瓦
（花谷浩「京内廿四寺について」奈良国立文化財研究所『研究論集』XI、2000年）

隼上り瓦窯の発掘

一九八二年（昭和五十七）、京都府宇治市にある隼上《はやあが》り瓦窯《がよう》の発掘で、飛鳥の豊浦寺に葺かれた軒瓦が多量に焼成されていることが明らかになった。それまで、飛鳥に建てられた寺院の屋瓦は、飛鳥やその周辺の大和に設けられた瓦窯で焼成されているものと思われていた。それだけに、隼上り瓦窯で焼成されたことが判明したときは、少なからず驚きをもって報道された。

この隼上り瓦窯は、宇治市の西南、北から南へ傾斜する低い丘陵地に設けられていた。ここでは、四基の瓦窯が見つかっており、これには、須恵器《すえき》窯と同様の平坦な床面のものと床面に階段を設けた瓦窯固有の形態である有階式のものとがある（図13）。そして、これらの瓦窯で焼成した軒丸瓦（図14）・丸瓦・平瓦が豊浦寺に運ばれている。

宇治と飛鳥では四五㌔ほど隔たっている。豊浦寺に葺かれた屋瓦は、どのような背景から、山背の宇治市で焼成されたのか。ここは瓦窯の近くを宇治川が流れ、当時は西方に巨椋池《おぐらいけ》があった。そこで、焼成した屋瓦を、近くの岡屋津《おかやつ》の港津から船に載せ、巨椋池から淀川、難波津へ、さらに大和川と飛鳥川を溯上して豊浦寺に運ばれたものと推測される。

この隼上り瓦窯では、どのような氏族が屋瓦を焼成し、豊浦寺に漕運したのか。また、この高句麗系と呼ばれる軒丸瓦の系譜の性格も、あわせて検討する必要がある。

なぜ山背南部で豊浦寺の屋瓦を焼成したのか

古代の山背の南部は、強い政治力、経済力をもつ有力氏族として、渡来系氏族である秦氏《はた》が居住した

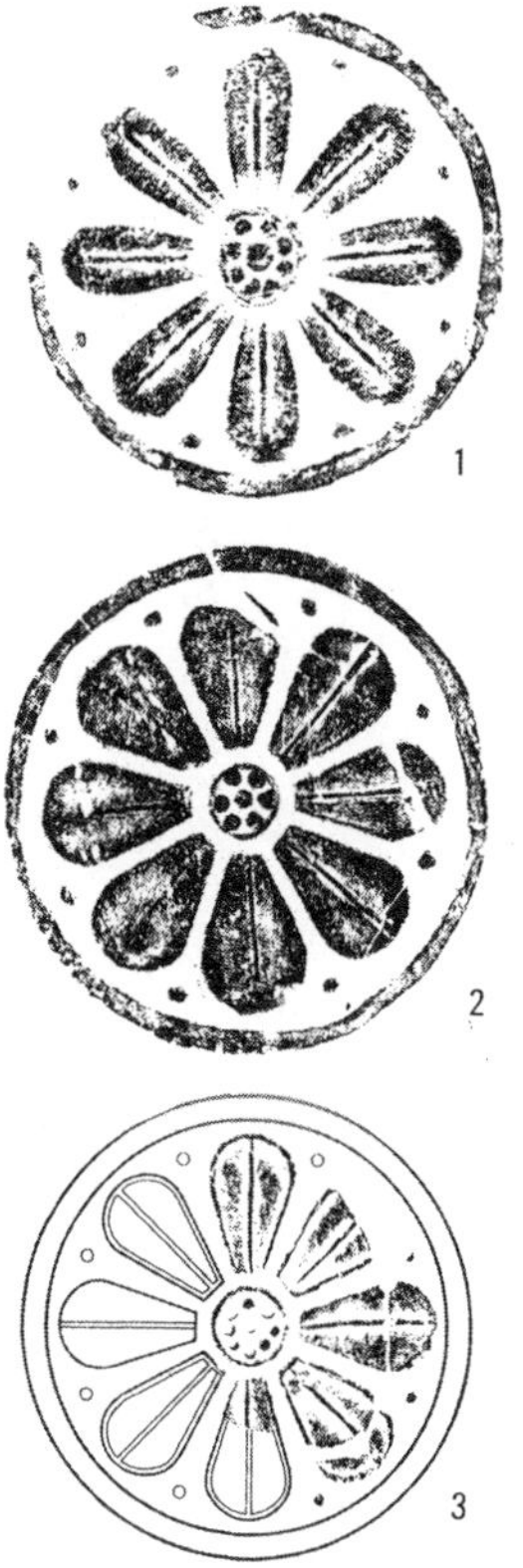

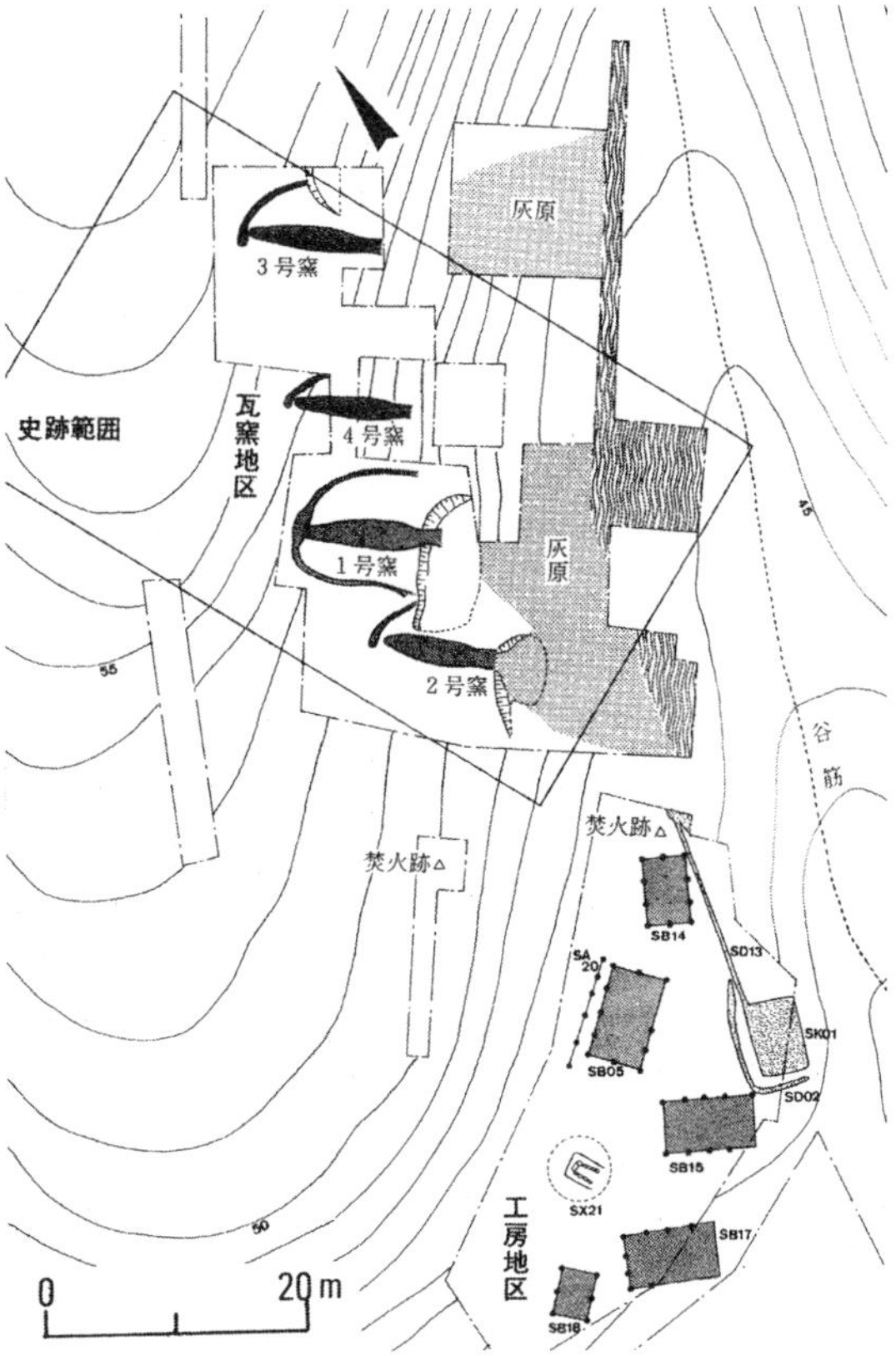

図14　隼上り瓦窯跡の軒丸瓦
（杉本、同右）

図13　隼上り瓦窯跡
（杉本宏『隼上り瓦窯発掘調査概報　第3』1983年）

地域であった。秦氏の本宗家は、葛野《かどの》郡を本拠とする有力氏族であったが、その同族や擬制的な同族関係をもった氏族は、山背南部の各地に分布していた。この隼上り瓦窯が設けられた宇治地域も、秦氏と深いつながりをもつ同族が居住する地であったことが推測される。

七世紀の前半、山背南部に強い勢力を有した秦河勝《はたのかわかつ》は、厩戸皇子《うまやどのみこ》に仕えた一官人である。『日本書紀』推古十一年（六〇三）十一月条に、秦河勝は厩戸皇子から仏像を譲り受け、山背に蜂岡寺《はちおかでら》を建立したことを記している。この秦河勝が建立した蜂岡寺は、京都市の北野にある北野廃寺に想定されている。この北野廃寺に葺かれた屋瓦は、京都市岩倉にある元稲荷《もといなり》瓦窯で焼成されている。この元稲荷瓦窯で焼成した軒丸瓦の瓦当文様は、飛鳥寺に葺いた桜花状の蓮華文（花組）である。このことは、以下のように想定される。

山背には、それ以前に寺院造営は行われていなかったので、造瓦技術をもつ工人が存在しなかった。そこで、河勝は蜂岡寺（北野廃寺）を建立した際に、屋根に葺く屋瓦の製作に対し、蘇我馬子に造瓦工人の派遣を依頼したものと推測されるのである。この河勝の依頼に応え、馬子が飛鳥寺の造営に際して編成した造瓦工人の花組の一部を、山背南部に派遣することによって、元稲荷瓦窯で屋瓦の製作・焼成がなされたのではないか。

このような馬子による造営支援に対し、その後、馬子が飛鳥寺の建立に引き続いて、豊浦寺の金堂、さらに塔を建てることになった際に、河勝は豊浦寺の塔の屋瓦を自ら焼成し、提供することにしたものと推測されるのである。そこで、山背南部で須恵器生産が行われていた宇治の丘陵地に、元稲荷瓦窯の造瓦工人の一部を派遣して隼上り瓦窯を設け、豊浦寺の塔の屋瓦を焼成し、宇治川・淀川で水運し、豊浦寺に大量の屋瓦を供給したものと考えられるのである。このように、『日本書紀』には特に秦河勝と蘇我馬子に関連する記事は記されていないが、河勝は厩戸皇子に仕えるとともに、朝廷の官人として大臣の蘇我馬子とも、政治、経済的に深いつながりをもっていたものと思われる。

中国南朝との関係

さて、豊浦寺の塔の造営には、それまでの瓦当文にはなかった厚い蓮弁上に稜線をつけ、弁間に点珠を配した高句麗系の蓮華文による軒丸瓦が葺かれた。この瓦当文の成立年代は、隼上り瓦窯から出土する須恵器からみて、七世紀の第1四半期に推測されている。

しかし、これと同一の瓦当文様は、百済の扶余《ふよ》の宮殿や寺院では見つかっていない。また、高句麗系と呼ばれているが、六世紀末ないし七世紀初めの高句麗でも、これと酷似する瓦当文様はまったく知られていないものである。

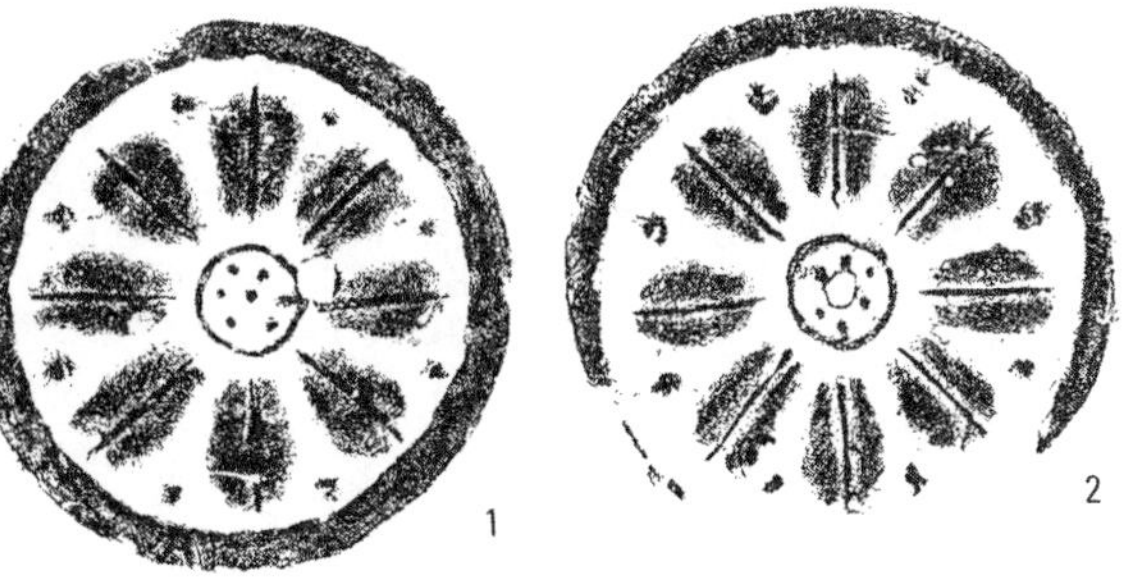

図15　南京の軒丸瓦（『文物』2009年・第5期）

二〇〇九年、中国の南京大学の賀雲翱《がうんこう》氏が、南京市内で出土する六朝時代の軒丸瓦として、高句麗系軒丸瓦と類似する軒丸瓦三点を『文物』（二〇〇九年第五期）で紹介している。それらは、南京市区張府園などで出土したもので、稜線をもつ八弁と蓮弁の間に点珠をつけたもの、一二弁の蓮弁で、点珠を配したものなどを写真と拓本で掲載している（図15）。

ただし、中房の表現は、豊浦寺の高句麗系のものとは少し異なるが、稜線をつけた蓮弁と弁間に点珠を配した文様構成は類似しており、同一系譜のものとみなしうる可能性がきわめて高いものである。

このように、これまで百済・高句麗では見つかっていない豊浦寺式の高句麗系瓦当文様は、中国の南京に存在していた可能性が少なくない。この瓦当文様は、七世紀初頭に南朝と北朝を統一した隋の時期、江南地域の寺院に採用された。七世紀初頭に派遣された遣隋使らによって、これが最新の中国の瓦当文様として帰朝の際に導入された可能性が高い。そして、秦氏が豊浦寺の塔の造営に際して瓦当笵を製作し、隼上り瓦窯で焼成し、豊浦寺の塔に葺いたのを契機に、畿内の多くの氏寺に広まったものと推測されるのである。

そして、この高句麗系瓦当文様は、隼上り瓦窯に固有の形式のもの、豊浦寺式のものとがあるが、大まかに分布をみると、大和では、飛鳥の豊浦寺を中心としながら奥山久米寺跡・和田廃寺、平群・斑鳩では平隆寺跡・中宮寺跡、さらに大和東部の願興寺跡から出土する。

また、河内では、南河内の衣縫廃寺《きぬぬいはいじ》・船橋廃寺・土師寺跡、北河内の九頭神《くずがみ》廃寺・長宝寺廃寺などから出土する。さらに和泉でも小松里廃寺・秦廃寺などから出土する。そして、隼上り瓦窯のある山背では、北野廃寺・広隆寺から出土し、さらに秦氏の氏寺である北野廃寺とのつながりによって、近江で最も古い飛鳥期に建立された大津市穴太《あのう》廃寺にも導入されている。

3　法隆寺若草伽藍跡《ほうりゅうじわかくさがらんあと》

―厩戸皇子が斑鳩宮の西に建立した伽藍―

図16　法隆寺

法隆寺の再建・非再建論争

奈良県斑鳩《いかるが》町にある法隆寺《ほうりゅうじ》は、世界で最も古い木造の金堂《こんどう》・塔が残されており、世界遺産になっている（図16）。この法隆寺の伽藍《がらん》は、西院《さいいん》と東の奈良時代に聖徳太子を弔うために建てた夢《ゆめ》殿《どの》のある東院《とういん》からなっている（図17）。推古十三年（六〇五）、厩《うまや》戸皇子《どのみこ》（聖徳太子）は磐余《いわれ》の地から、斑鳩宮に遷った。法隆寺は、その西に建立した斑鳩寺の後身とみなされている。

『日本書紀《にほんしょき》』天智九年（六七〇）四月三十日条は、「夜半の後に、法隆寺に災《ひつ》けり。一屋も余ることなし」と、法隆寺は全焼したと記している。この記事によると現存する法隆寺西院は、その後に再建されたことになる。しかし、一九〇五年（明治三十八）、建築史家の関野貞《せきのただし》氏は、法隆寺の金堂・塔の様式は奈良時代のも

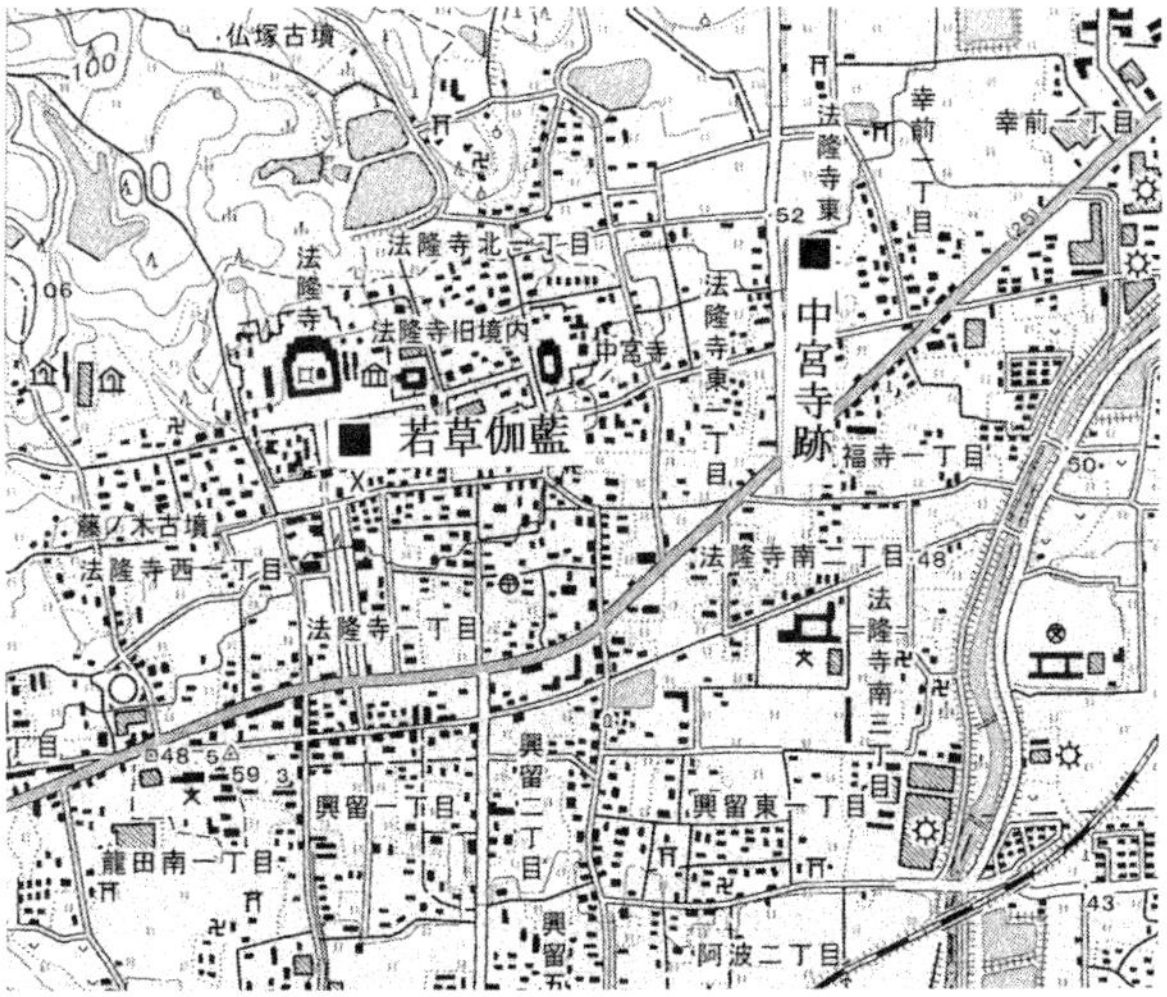

図17　法隆寺若草伽藍の位置

のより古い様式であり、高麗尺《こまじゃく》を使用しているので、飛鳥時代のものとし、法隆寺の金堂・塔は焼失していないとした。美術史家の平子鐸嶺《ひらこたくれい》氏も、『上宮聖徳《じょうぐうしょうとく》太子伝補闕記《たいしでんほけつき》』をもとに、法隆寺は燃えたが、『日本書紀』の編集者が干支《かんし》を誤って一巡下げており、六二〇年に焼失し、すぐに再建されたものとした。

それに対し、喜田貞吉氏は、関野氏の様式の考えを批判し、また高麗尺は七世紀後半にも使用しないとはいえないとし、平子氏の見解に対しても、『上宮聖徳太子伝補闕記』よりも、『日本書紀』の方が信頼できると反論した。

その後の一九二六年（昭和元）、法隆寺西院の塔に立つ心柱の基部に空洞が見つかり、そこから舎利容器が見つかった。この舎利容器は、佐波理《さはり》の高台をもつ埦《わん》に、宝珠つまみのつく蓋が被る埦と葡萄鏡《ぶどうきょう》、埦の中に銀容器、その中に金容器、そして瑠璃《るり》瓶が収納されていた。この中には鈴・玉も埋納されていたが、これらの舎利容器では、塔の建立年代は決定できなかった。

ところで、法隆寺西院には、金堂・塔の東南にある普門院の南に塔心礎《しんそ》が遺存していた。それを、明治の初めころ、法隆寺村の北畠治房氏が自宅の庭園に運び出していた。

その後の一九三九年(昭和十四)、建築史家の足立康《あだちこう》氏は、六〇七年の銘をもつ金堂の薬師如来像《やくしにょらいぞう》は、元は若草伽藍《わかくさがらん》の金堂に祀られた本尊、釈迦三尊像《しゃかさんそんぞう》を六二三年に西院のところに別に建てた金堂の本尊とみなし、天智九年(六七〇)に焼失した後、西院に塔を加えて建て、整備したとする説を公表した。これに対し、再び喜田氏は、一九三四年(昭和九)から東院の解体修理にともなって浅野清氏が発掘した斑鳩宮の建物が、北で西へ二〇度偏しており、法隆寺西院は正南北に建てられていることから、やはり天智九年後に再建したものと反論している。

塔心礎返還にともなう発掘調査

このように再建・非再建論争が新聞紙上にとりあげられたので、若草伽藍から移動した心礎を所有する神戸市住吉に住む野村徳七氏から、この心礎を法隆寺に返還する申し入れがだされた。そこで、一九三九年(昭和十四)十二月に若草伽藍の心礎を旧位置に戻すため、発掘することになった(図18・19)。この塔心礎は、長辺三・一四メートル、短辺二・六三メートル、高さ一・三六メートルの大型もので、上面は浅く四角に彫り、さらに中央部に浅く心柱孔と四方に添柱を彫り下げている。

この発掘調査は、そのころ朝鮮半島の扶余《ふよ》で軍守里寺址《ぐんしゆりじ》の発掘をおこなった石田茂作氏が担当した。石田氏は、心礎の想定地を中心に、南北、東西方向の調査溝(トレンチ)をいくつか設定して発掘調査をおこなった。その結果、塔跡とその北で金堂が検出され、四天王寺式の飛鳥時代の伽藍が判明した。

この伽藍の中軸線は、東院で検出された斑鳩宮とみなされる建物と同じく、北で二〇度ほど西偏していることが判明した。この石田氏による若草伽藍の発掘によって、法隆寺の西院伽藍は、若草伽藍が焼失した後に再建されたものと理解されるようになったのである。

若草伽藍の再発掘

一九六八年（昭和四十三）、法隆寺西院伽藍の南面大垣が解体修理されることになった。そこで、これに先立ち、文化庁による若草伽藍の発掘調査が計画された。この発掘は二回にわたり、文化庁の研究者と奈良国立文化財研究所（当時）によって調査団が編成され、実施された。

第一次調査は、一九六八年八～九月、第二次は、翌年の九月末から十一月末まで行われた。この発掘では、一九三九年（昭和十四）に石田茂作氏がおこなった発掘溝（トレンチ）を再確認し、さらに新た

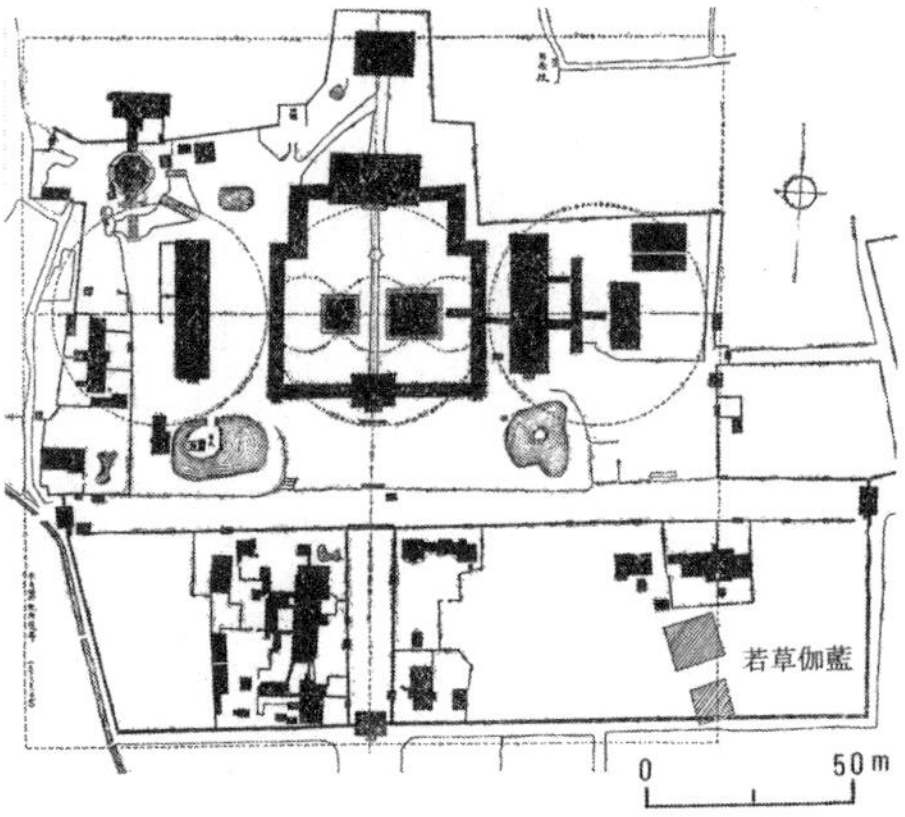

図 18　法隆寺西院と若草伽藍
（石田茂作『総説　飛鳥時代寺院址の研究』1944 年）

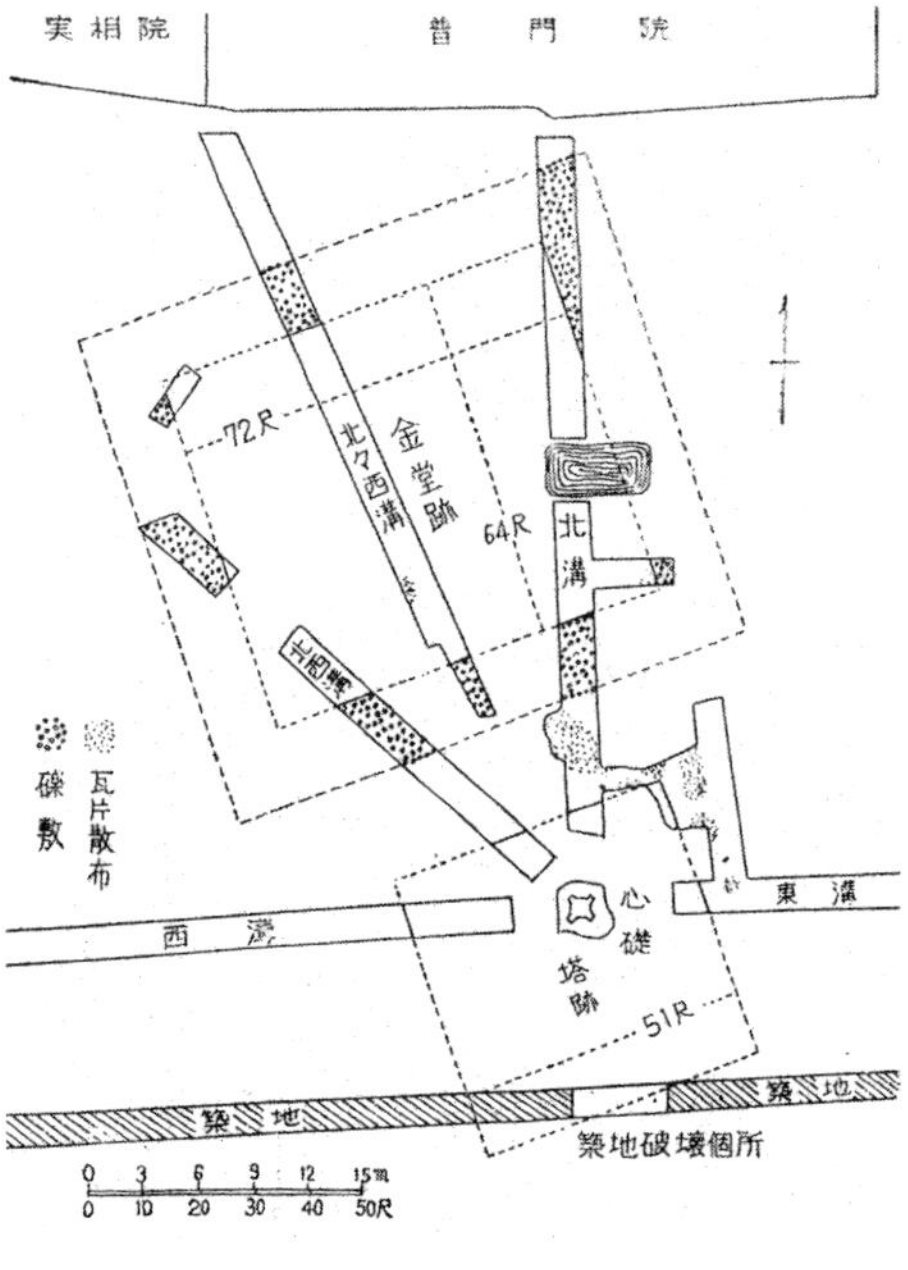

図 19　若草伽藍の発掘図
（石田、同上）

な調査溝を加えて実施している。そして、塔跡のみは、心礎の周辺を少し広めに発掘している（図20）。その結果、石田氏が検出した塔基壇《きだん》と金堂基壇を検出し、塔は基壇を築くための掘込み地業の一辺が一五・八メートル、また金堂基壇の掘込み地業は東西二二～二三メートル、南北が一九～二〇メートルであることが判明した。また、塔と金堂の中軸線が北で二〇度ほど、西へ偏していることも再確認された。そして塔跡と金堂跡から出土した軒瓦類（図21）からみて、金堂が先に、その後に塔が建てられたことも明らかになった。

二回の発掘調査は、いずれも現地説明会がおこなわれた。そのときに参加した著者の印象では、石田氏の調査を再確認したのみで、新たに判明した知見は少なかったように思った。

図20　塔跡の発掘（奈良文化財研究所提供）

西院伽藍の年代

『日本書紀』皇極二年（六四三）十一月二日条には、蘇我《そがの》入鹿《いるか》が巨勢徳太《こせのとこた》、土師娑婆《はじのさば》を遣わし、斑鳩宮に住む山背大《やましろのおお》兄王《えのおう》を襲わせたことを記している。そのとき斑鳩宮は焼失し、その後、山背大兄王ら一族は、斑鳩寺で自害したとしている。そこで、この記事から、再建された法隆寺西院に葺かれた軒瓦を六五〇年ころとし、若草伽藍は山背大兄王が自害した際に焼失し、その後に西院が再建されたものとする説が追加されている。

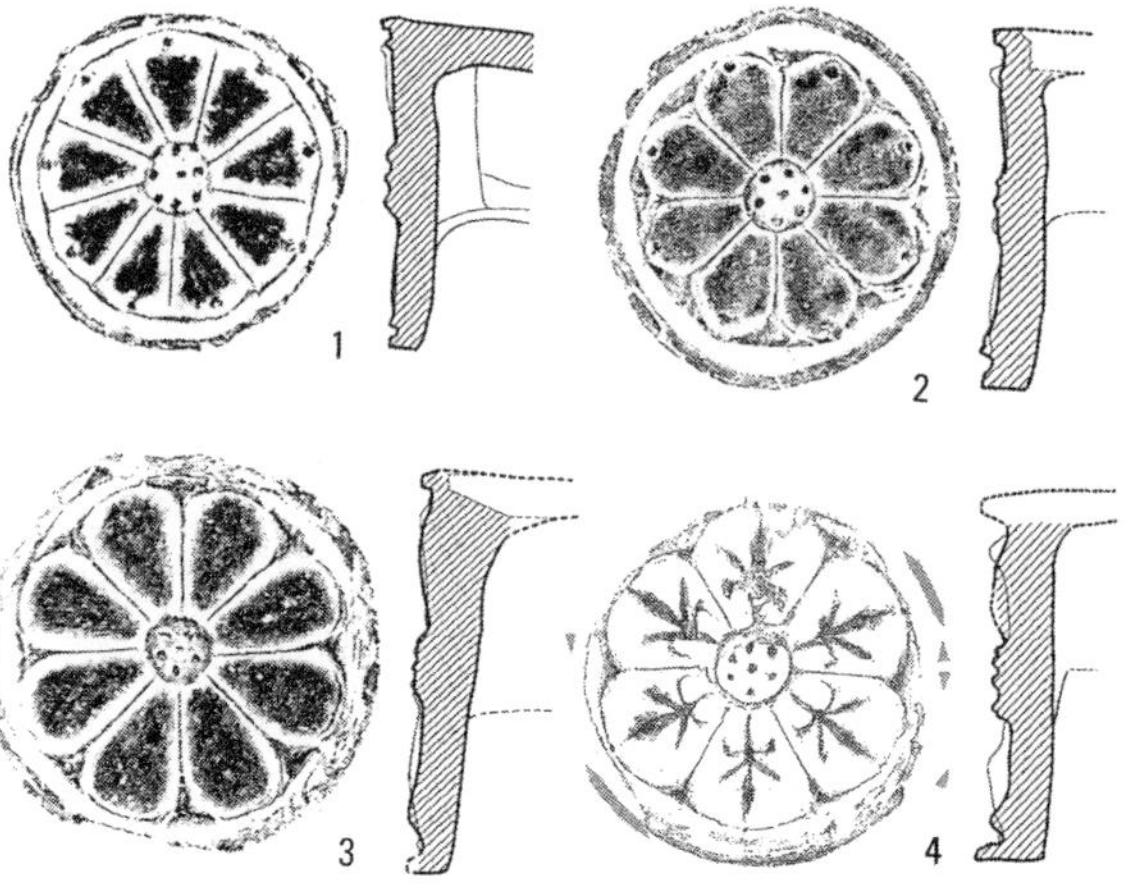

図21　若草伽藍の軒丸瓦
（石田茂作『総説　飛鳥時代寺院址の研究』1944年）

さて、若草伽藍を再発掘した『法隆寺若草伽藍跡発掘調査報告』は、遅れて二〇〇七年（平成十九）に奈文研からだされている。この報告書では、金堂跡・塔跡から出土した軒瓦を整理し、金堂と塔の軒瓦を明確に区分している。また天智九年（六七〇）に焼失した法隆寺は、若草伽藍であったことを再確認している。そして、山背大兄王が倒されたときの六四三年とする説を否定している。

また、再建された法隆寺西院の金堂は、金堂外陣の天井板の古材から六六八〜六六九年とする年輪年代をもとに、その後に構築を開始し、六八〇年までには完成したとしている。一方の塔は、構築工事が行われた後、柱・扉口などに風蝕があり、中断した期間があったことが知られており、金堂の構築からさほど遅れない六七〇年代に完成したとみなす考えと、塔内の四面に塑像が造られた和銅四年（七一一）まで遅れた可能性もあるとしている。

法隆寺西院伽藍再建の財源

このような法隆寺西院伽藍の再建は、上宮王家はすでに滅亡し、しかも天武朝以降、国家的な財政の支援は特に記されていないので、少なからず困難であったものと考えられる。この法隆寺の再建に要した財源だが、天平十九年（七四七）に作られた『法隆寺資財帳《ほうりゅうじしざいちょう》』に、近江・摂津・河内・播磨・讃岐・伊予などに法隆寺が所有する水田・薗地・庄倉・山林が多く記されており、これらによる財源で再建されたものと推測される。

しかも、その再建時に葺かれた法隆寺式の軒丸瓦《のきまるがわら》は、これまで近江・摂津・河内・播磨・讃岐・伊予の地域に顕著に分布していることが鬼頭清明氏によって注目されている。そして、鬼頭氏は、これらの法隆寺式軒瓦の分布と法隆寺の庄倉の所在とがよく対応することを重視している（鬼頭一九九七）。これらの庄倉は、たとえば近江では栗太郡物部《もののべ》郷にある。この物部郷の庄倉は、用明二年（五八七）に、蘇我氏と上宮王家らが物部氏を倒した際に、それまで物部氏が有する領地を上宮王家が得たものと推測される。そして讃岐や伊予の庄倉にも、その可能性が高いものが多くふくまれているであろう。

二〇一八年（平成三十）年十一月、滋賀県栗東市蜂屋廃寺《はちやはいじ》で、法隆寺の軒瓦と同笵《どうはん》の忍冬唐草文《にんどうからくさもん》の軒丸瓦、法隆寺式の複弁八弁蓮華文軒丸瓦などが出土した。この蜂屋廃寺の所在地は、近江の栗太郡物部郷にあり、建立した氏族は、法隆寺が所有する庄倉の管理と深くかかわる氏族であった可能性が高いであろう。

しかも蜂屋廃寺を建立した氏族は、法隆寺西院の再建に際し、多大な財政的な支援を行ったことが想定される。そして、そのような協力によって、蜂屋廃寺の氏寺の造営に際し、法隆寺西院の造瓦所から軒丸瓦の瓦当笵《がとうはん》の提供を受けることができたものと推測されるのである。

図22　坂田寺跡

4　坂田寺跡《さかたでらあと》

―飛鳥寺の仏像を造った渡来系氏族の尼寺―

坂田寺建立の経緯

明日香村の大字坂田から栢森《かやのもり》に至る道と、阪田の集落へ通ずる道の分岐点にあたる祝戸の地に坂田《さかた》寺《でら》跡がある（図22・23）。近年、国営飛鳥歴史公園の祝戸地区の整備と関連して坂田寺跡の発掘がおこなわれている。

坂田寺に関連する『日本書紀《にほんしょき》』の記事には、用明《ようめい》二年（五八七）四月二日条に鞍部《くらつくりの》多須奈《たすな》が、用明天皇が病になったため出家し、丈六の仏像を造ることを申しでて、このときに造った仏像が坂田寺の木造丈六仏像と脇侍菩薩であるという所伝をのせている。また、推古十四年（六〇六）五月五日条に、鞍作鳥《くらつくりのとり》（止利）が飛鳥寺の銅造の丈六仏が完成した際に、金堂《こんどう》の戸よりも高く、堂に入れることができなかったが、鳥が戸を壊さずに巧みにおさめたことから、その功として近江坂田郡の水田二〇町を賜わり、これを財源として、天皇のために金剛寺を造営したことが記されている。これが南淵の坂田尼寺のこととしている。

一方、『扶桑略記《ふそうりやっき》』欽明十三年（五五二）十月十三日条に、「坂田寺縁起」として、継体十六年（五二二）春三月に来朝した司馬《しば》達等《たつと》（多須奈の父）が、大和国高市郡坂田原に草堂《そうどう》を営み、本尊を安置したことを記している。これは坂田寺の創建の記事ということになるが、『日本書紀』敏達十三年（五八四）条に、十一歳の娘の嶋を出家させて善信尼《ぜんしんに》と称したと記しており、嶋の年齢が合わないので、この記事を採用する場合は、干支を一巡下げて敏達十一年（五八二）に達等が来朝した年とみなしており、そのように理解すべきだろう。

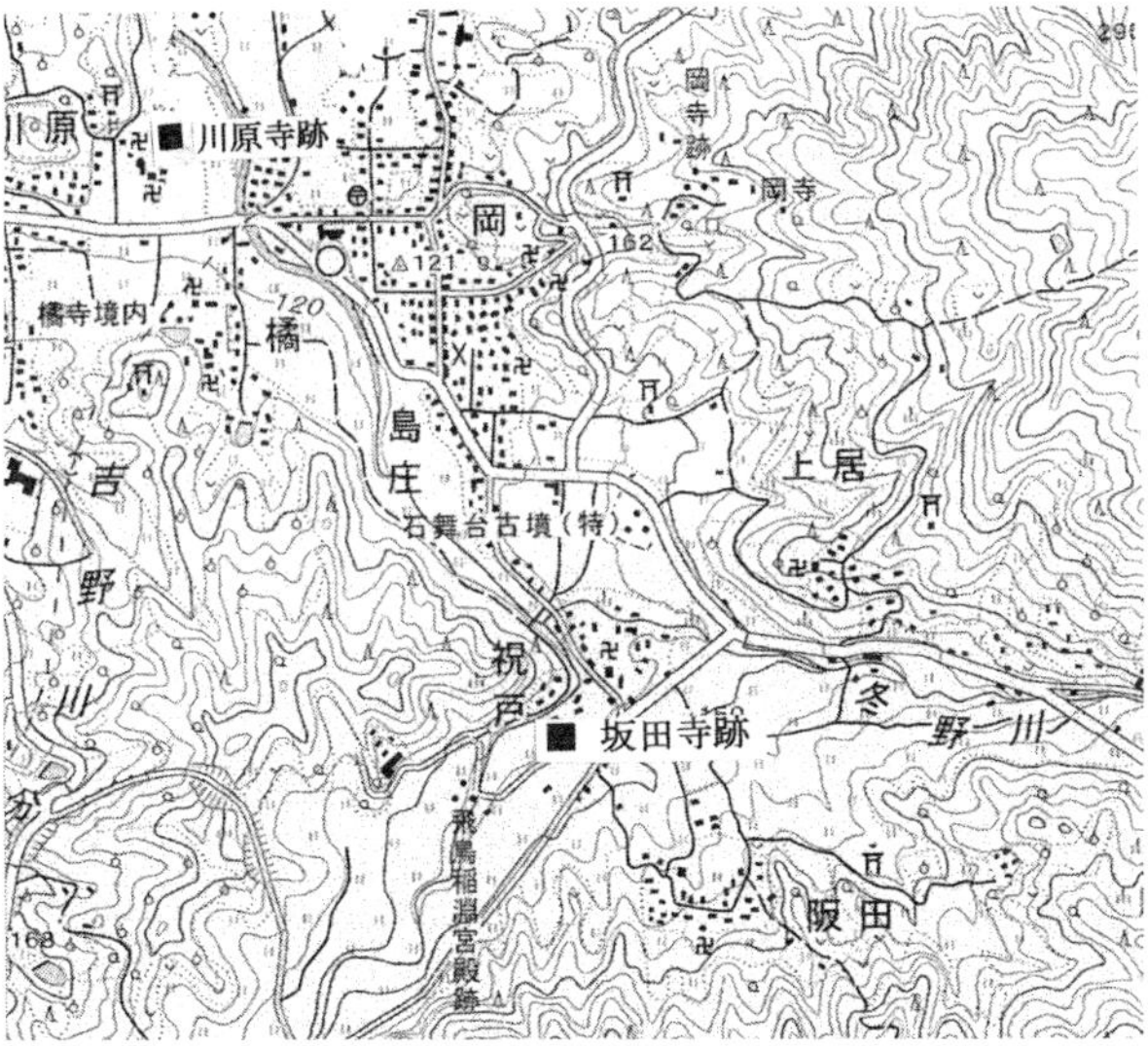

図23　坂田寺跡の位置

奈良時代の天平九年（七三七）には、坂田寺の尼信勝《しんしょう》が経典を内裏《だいり》に進上したことが『正倉院文書《しょうそういんもんじょ》』に記されている。また、『東大寺要録《とうだいじようろく》』には、天平勝宝元年（七四九）に、東大寺大仏殿の両脇侍像のうち、東の観音菩薩像を寄進したことを記しているので、この頃の坂田寺の隆盛さを推測させる。

坂田寺の伽藍と発掘

坂田寺の伽藍《がらん》に対しては、古く石田茂作氏が『飛鳥時代寺院址の研究』（一九三六年）で、島庄からのびる道と阪田へ通じる道が分岐する三叉路の付近を北門に想定し、これより南へ伽藍があったものと推測している。

坂田寺跡の発掘は、飛鳥の国営歴史公園に関連し、奈良国立文化財研究所（当時）によって第一次調査（一九七三年）が通称「まら石」と呼ばれる石造物の北側でおこなわれ、掘立柱塀《ほったてばしらべい》などが検出され、七世紀前半以降の土器類と飛鳥時代の軒瓦《のきがわら》が出土している。その後の南側の発掘では、北側で方形の井戸、その南側で複数の溝が検出されている。ここからは多量の瓦類や「坂田寺」「厨」などと記された墨書土器《ぼくしょどき》をふくむ多くの土器類が出土しており、厨《くりや》があった可能性がある。

さらに東側の一段高い水田に立てられている「坂田金剛寺址」の石碑の東南部では、基壇《きだん》と桁行《けたゆき》七間、梁行《はりゆき》四間の礎石《そせき》を配した南北棟建物が見つかっている。礎石は花崗岩《かこうがん》のもので、円形の柱座を造りだし、身舎の中央部は周囲より二〇センチ高くなっており、凝灰岩《ぎょうかいがん》の切り石によって仕切られた須弥壇《しゅみだん》とみなされるものがある。その中に基壇全体に黄褐色土を積み、八花鏡一、金箔一、水晶玉一、琥珀《こはく》玉二、銅銭二八、刀子《とうす》一、金銅製挟子一、灰釉陶器《かいゆうとうき》の双耳瓶一、絹片からなる鎮壇具《ちんだんぐ》が埋納されていた。これらのうち、銅銭は和同開珎《わどうかいちん》二枚、万年通宝《まんねんつうほう》三枚、神功開宝《じんぐうかいほう》一一枚があり、この建物は神功開宝が発行された天平神護元年（七六五）よりは遡らない奈良時代後半の建物であることが知られた。そして、坂田寺の奈良時代の伽藍が、この付近に建てられていたことが判明したのである（図24・25）。

さらに、この建物には南端から南にのび、さらに西にのびる南面回廊も検出されている。そして、この回廊は南側からの土砂崩れで一〇世紀後半に倒壊している。しかも、崩れた土砂には、多量の七世紀後半や八世紀末の瓦類、土製の小仏像が出土しており、他にも仏堂が建っていたものと推測されている。

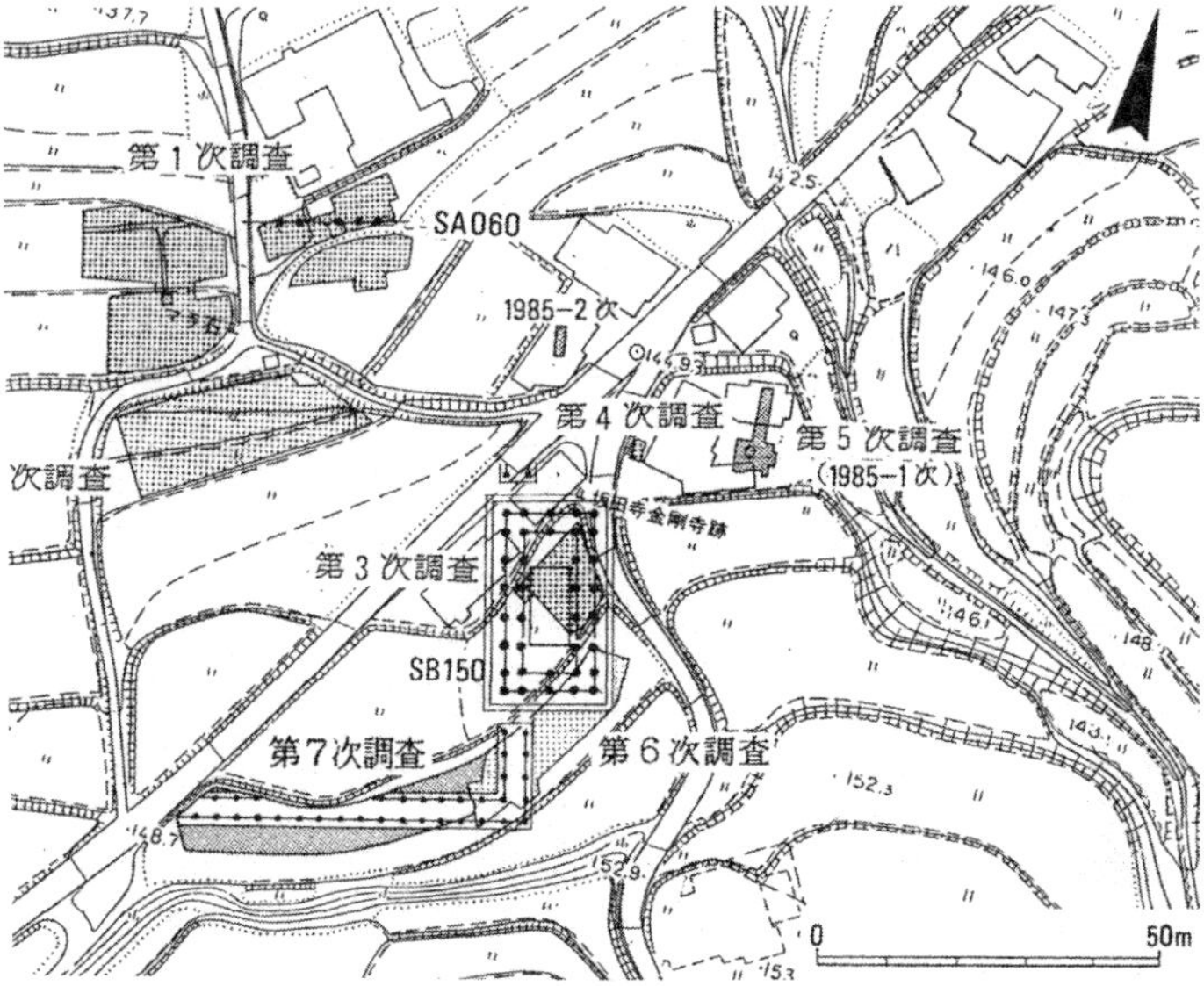

図 24　坂田寺跡の発掘遺構
（奈良国立文化財研究所『飛鳥・藤原宮発掘調査概報』22、1992 年）

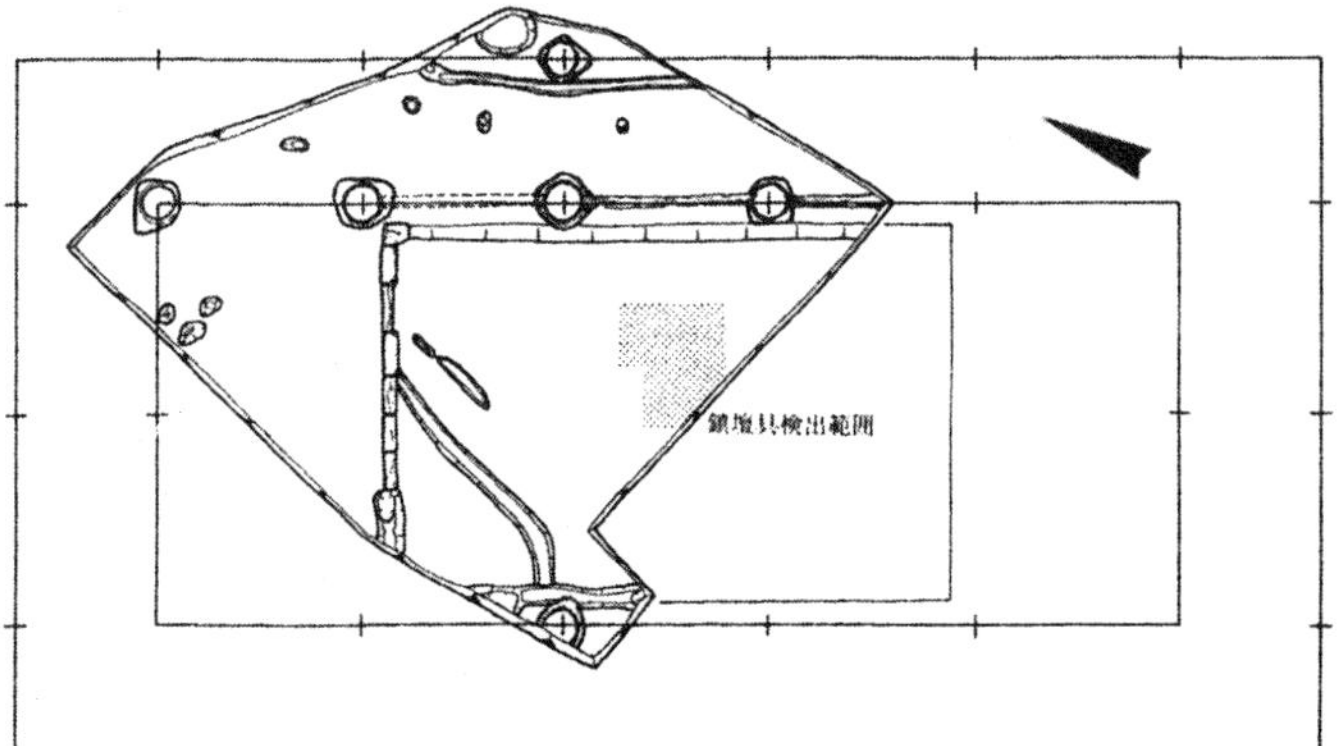

図 25　坂田寺跡検出の仏堂
（奈良国立文化財研究所、同上）

その後の坂田寺跡の発掘では、奈良時代の基壇をもつ南北建物にともなう西面回廊の西でも、基壇上に建つ南北棟の掘立柱建物が見つかっており、その西方にも奈良時代には建物が建てられていたものとみなされる。しかし、これまでの発掘では、七世紀前半の飛鳥時代の伽藍の堂塔は見つかっていないことになる。これらは、北側のより低い面に建てられていたのかも知れない。

坂田寺の瓦

これまで坂田寺跡から出土した瓦類には、飛鳥寺《あすかでら》の創建期に葺かれた素弁蓮華文で、桜花状の花組のもの、弁端点珠形式（星組）、弁端に点珠をおく細弁一六弁、坂田寺特有の楔形の間弁をもつ素弁八弁蓮華文、坂田寺式の単弁蓮華文、山田寺式の単弁蓮華文、複弁蓮華文で薬師寺《やくしじ》と同笵《どうはん》のもの、藤原宮《ふじわらきゅう》式の複弁蓮華文のものなど、七世紀の各時期の軒丸瓦《のきまるがわら》がある（図26）。軒平瓦も手彫り偏行忍冬唐草文《へんこうにんどうからくさもん》、重弧文《じゅうこもん》、藤原宮式、平安期の均整唐草文のものなどがある。

このように坂田寺からは、七世紀前半の飛鳥時代の軒丸瓦から、その後の七世紀後半のものまで、各種の軒丸瓦が出土している。しかし、坂田寺が建てられた狭い谷間の地形からみると、飛鳥寺や川原寺《かわらでら》のような大規模な伽藍がここに構築されたとは想定できない。蘇我《そが》氏が僧寺の飛鳥寺と尼寺の豊浦寺《とゆらでら》を建てたことからすると、鞍作氏も坂田尼寺を建てる以前に、司馬達等が草堂を建てていたことからみて、坂田尼寺を建立した付近に、それ以前に小規模ながら僧寺の金堂を建てていたことを想定すべきだろう。

さらに、坂田寺で出土する軒丸瓦で注目されるものに、外縁が素文の単弁軒丸瓦で、香芝市尼寺廃寺《にんじはいじ》に葺かれた創建軒丸瓦と同笵のものがある（図26―6）。これは鞍作氏が何らかの理由で、尼寺廃寺の

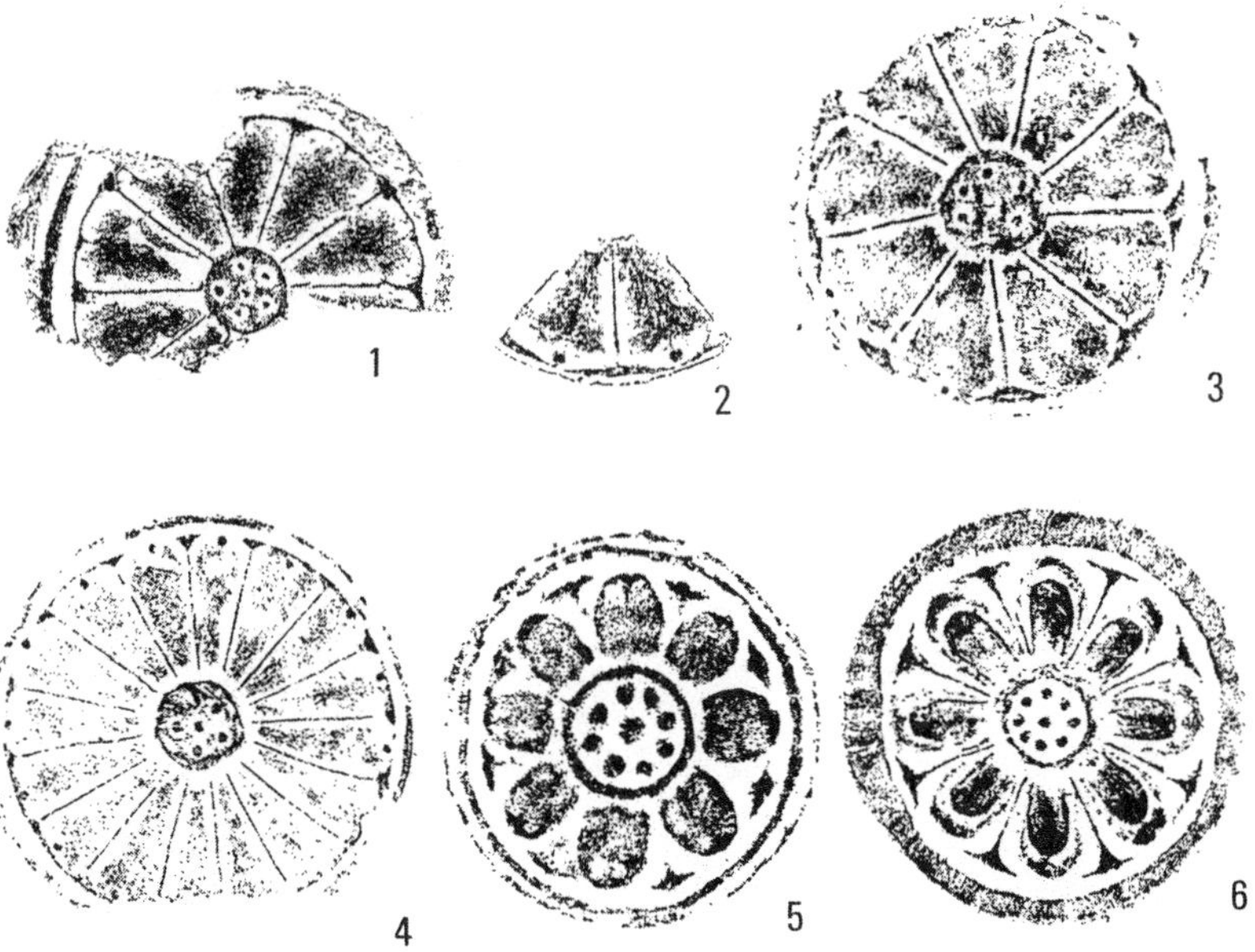

図26　坂田寺跡の軒丸瓦（奈良国立文化財研究所『飛鳥・藤原宮発掘調査概報』22、1992年）

造営氏族と深いつながりをもったことから、七世紀後半に尼寺廃寺の造営の際に、瓦当笵《がとうはん》を提供し、また造瓦工人を派遣するなど、協力したものと推測される。

尼寺廃寺に坂田寺の同笵瓦が葺かれただけでなく、同一形式の軒丸瓦が紀伊国の紀の川流域に初期に建立された北山廃寺・最上廃寺・西国分廃寺にも葺かれている。このようなことから、著者は尼寺廃寺を紀氏が建立した氏寺に想定している（詳細は尼寺廃寺の項目を参照）。

鞍作氏の活動

さて、坂田寺は、『日本書紀』推古十四年条に金剛寺と記している。この寺院名に関連するものも、奈良時代の土師器坏の底部に「坂田寺」と墨書したものが出土しており、確認されている。

鞍作氏は、鳥（止利）が飛鳥寺中金堂の丈六の仏像を造ったように、その後も飛鳥のみならず大和で建立された仏像の製作にもかかわった可能性が高い。『元興寺《がんごうじ》縁起《えんぎ》』には、蘇我馬子が飛鳥寺を造営した際に、百済から僧侶・寺工・露盤《ろばん》博士・瓦博士・画工らを招来したが、その造営では日本側の工人として、東漢直《やまとのあやのあたい》が中心となり、金工部門では忍海首《おしぬみのおびと》、朝妻首《あさつまのおびと》、山西首《かわちのおびと》とともに、鞍部首《くらつくりのおびと》が金工工人としてかかわったことを記している。

推古三十一年（六二三）には、聖徳太子の母の穴穂《あなほ》部間人《べのはしひと》皇女と、聖徳太子と太子の妃の膳部臣《かしわでのおみの》菩《ほ》岐々《きき》美郎女《みのいらつめ》の冥福を祈って、法隆寺金堂の釈迦三尊像を造ったことが光背銘に刻まれている。これは異論もあるが、七世紀前半に活動した止利派が製作した仏像の典型例とみなされている。これも新たに始まった仏像製作の新分野に対し、鞍作氏が飛鳥を本拠とする高度な金工技術をもつ工人集団として、活動した一端を示すものと推測される。

なお、坂田尼寺を造営する財源を担った近江坂田郡では、長浜市柿田《かきだ》遺跡から、七世紀前半の飛鳥期の軒瓦が多く出土している。仏堂は見つかっていないが、ここに近江の最古期の飛鳥時代の氏寺が建てられていたものとみてよい。これは坂田郡の氏族が、飛鳥の坂田寺と深いつながりをもつことによって、氏寺を建立したものと思われる。

5 奥山久米寺跡《おくやまくめでらあと》

——上宮王家とつながる蘇我傍系氏族の氏寺——

図27　塔跡（南から）

奥山久米寺の立地と発掘

飛鳥の中心部には、東西に阿倍・山田道が走っている。この阿倍・山田道が飛鳥川を東に越えたところの北に、奥山《おくやま》の小さな集落があり、ここに奥山久米寺《くめでら》という寺院跡がある。飛鳥寺の北東六〇〇㍍の地である。奥山集落への狭い南北路を北に少し進み、西へ折れると東門がある。境内に本堂があり、その南に塔跡の基壇《きだん》がある。柱座をもつ大きな礎石《そせき》がよく残っている（図27）。心礎《しんそ》の付近には、鎌倉時代とみなされている十三重の石塔が立っている。

この廃寺は、古く『高市郡志料』に、聖徳太子の弟の久米《くめの》皇子《みこ》が建てたもので、畝傍にある久米寺の前身寺院としている。『古今目録抄《ここんもくろくしょう》』にも、久米寺の項目に、用明《ようめい》天皇の皇子であり、聖徳太子の弟の久米皇子が建てた寺と記しており、その寺院とみなしている。また、近年では、まだ見つかっていない天武朝に建てられた高市大寺《たけちおおでら》に想定されたこともある。また、早くから塔の北にある本堂の位置に、金堂《こんどう》を配した四天王寺《してんのうじ》式の伽藍《がらん》をなすものと想定されてきている。

奥山久米寺は、奈良国立文化財研究所（当時）によって数回にわたって発掘され、塔跡の一部とその北の本堂の前で金堂の一部、さらに北で講堂の一部が確認されており、これまでの推測通り、四天王寺式の伽藍だったことが判明している（図28）。

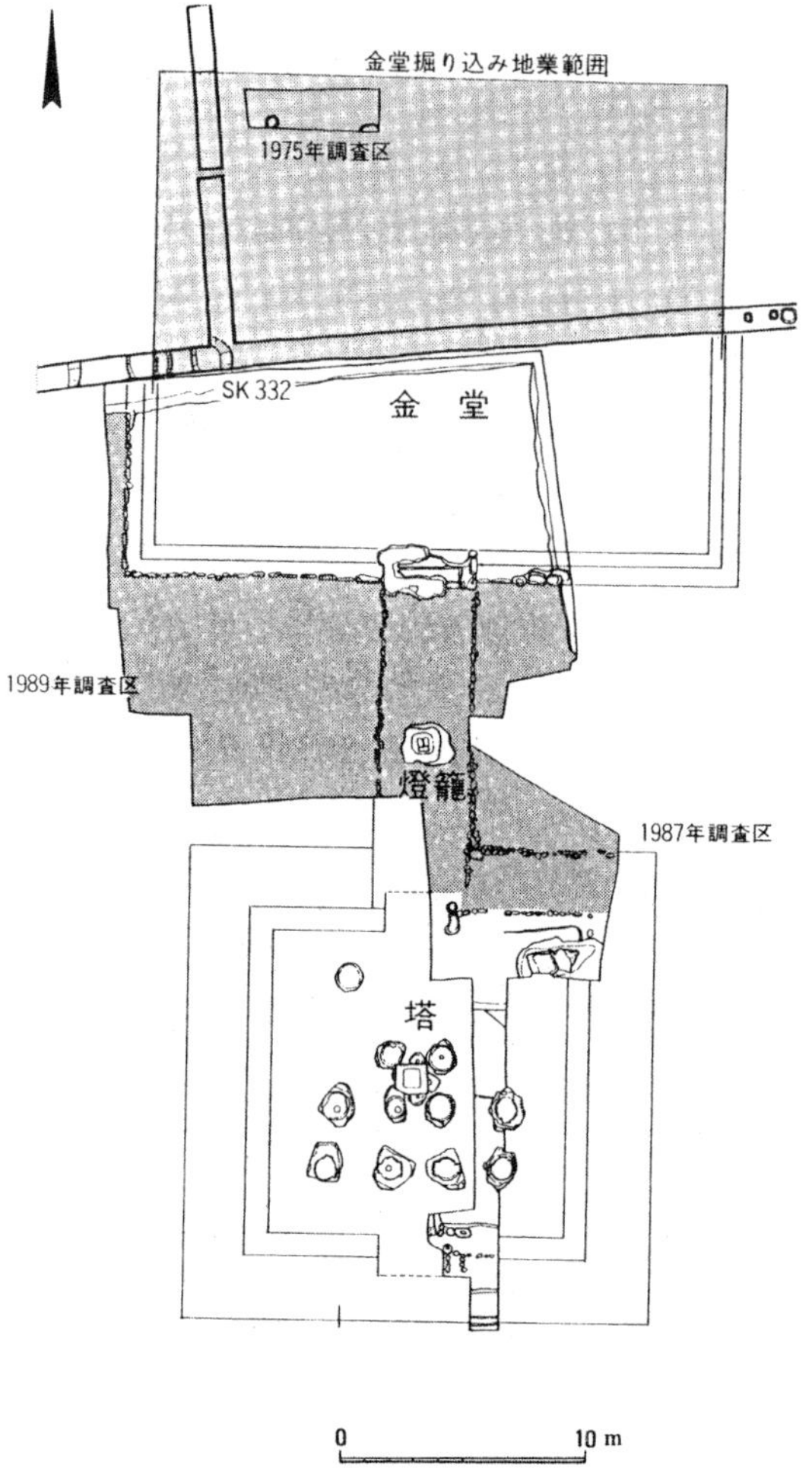

図28　奥山久米寺跡の発掘図
（奈良国立文化財研究所『飛鳥・藤原宮発掘調査概報』20、1990年）

出土した軒瓦の種類・時期と瓦窯

ここからは、早くから角張った蓮弁の端に点珠をつける角端点珠形式（藤澤一九六一）の軒丸瓦《のきまるがわら》など飛鳥時代の軒瓦が採集されている。また発掘では、多種類の軒瓦類が出土し、奥山久米寺の創建時に葺かれた角端点珠形式が五種類、飛鳥寺《あすかでら》・豊浦寺《とゆらでら》・和田廃寺《わだはいじ》の創建軒丸瓦、大阪府の船橋廃寺の軒丸瓦と同一の型で作られた同笵《どうはん》軒丸瓦、さらに多数の山田寺式の軒丸瓦が出土している（小笠原二〇〇五）。

これらの軒瓦からみると、奥山久米寺は、七世紀の第1四半期に金堂が造営されたものとみてよい。しかし、その後は七世紀の第2四半期のものが出土していないので、一時的に造営が中断したものと思われる。そして、山田寺式の軒瓦によって、七世紀の後半に塔・講堂が建てられ、完成したものと推測される。

また、奥山久米寺には、A～Eの五種の創建時に葺かれた軒丸瓦がある（図29）。これらは、五條市にある今井の天神山窯で焼成されている。ただしDのみは四天王寺の屋瓦を焼成した京都府と大阪府の境にある楠葉《くずは》・平野山瓦窯《がよう》で焼成《しょうせい》されたことが知られている。

このように、奥山久米寺は、飛鳥寺・豊浦寺といった蘇我《そが》氏の氏寺、蘇我傍系氏族の葛城《かつらぎ》氏が建てたとみなされている和田廃寺から同笵軒瓦が供給されているので、蘇我傍系氏族によって建てられた氏寺と推測されている。また、四天王寺の瓦窯で焼成されたD類は、京都府城陽市にある久世《くぜ》廃寺にも供給されており、山背南部の氏族とも深いつながりがあったものとみてよい。

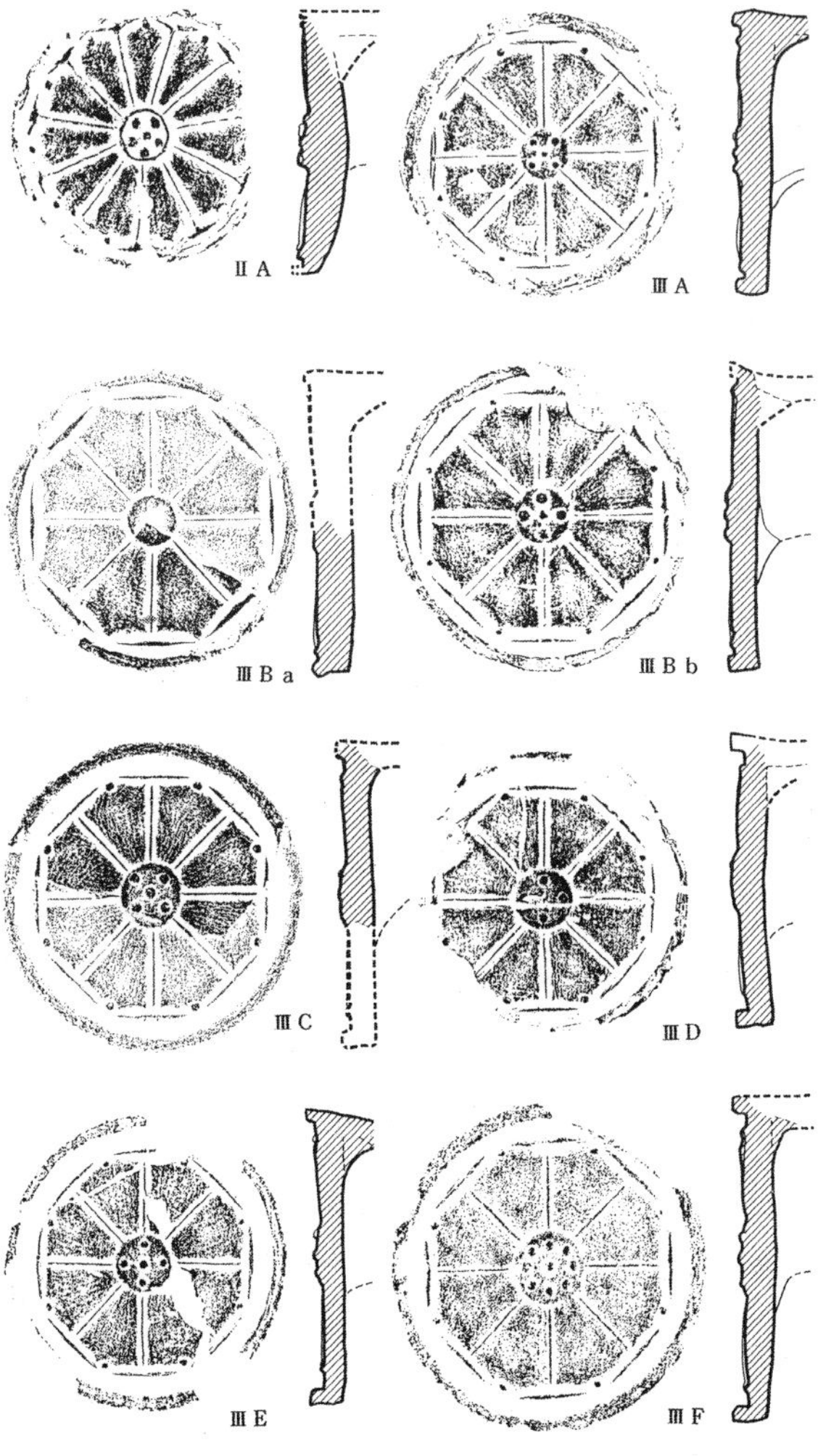

図29　奥山久米寺跡の軒丸瓦
（奈良国立文化財研究所『飛鳥・藤原宮発掘調査概報』20、1990年）

軒瓦からみた氏族のつながり

奥山久米寺の造営では、この氏寺の建立のために造られたA～Eの五種の瓦当笵《がとうはん》（型）によって軒丸瓦が製作され、屋根に葺かれている。これらのうちE種は飛鳥寺にも供給されている。また、前述したように飛鳥寺・豊浦寺・和田廃寺から同笵の軒丸瓦が奥山久米寺に供給されている。飛鳥寺・豊浦寺は蘇我馬子《うまこ》が建立した氏寺、和田廃寺は飛鳥寺の西一・三キロにある蘇我傍系氏族の葛城氏が建てた氏寺と推測されている（大脇一九九四）。

これらの奥山久米寺から出土する同笵軒丸瓦からみると、この寺は蘇我馬子とつながりの深い蘇我傍系氏族によって建てられた氏寺とみて疑いがないものである。しかも飛鳥寺のすぐ東北の位置に建てられていることから、蘇我馬子と最も強いつながりをもつ傍系氏族であったとみてよい。

また、一方では、上宮王家の四天王寺の屋瓦を焼成した楠葉・平野山瓦窯で、奥山久米寺のD種の軒丸瓦が焼成されており、上宮王家とも深いつながりがあったことがわかる。しかも、このD種は山背南部の久世廃寺にも葺かれているので、秦《はた》氏一族とも深いつながりがあったことも推測することができる。

さらに、奥山久米寺の角端点珠形式の軒丸瓦は、大和では斑鳩《いかるが》の西方にあたる平群《へぐり》氏の氏寺である平隆《へいりゅうじ》寺（平群寺）にも葺かれている。重要なのは、平隆寺の屋瓦を焼成した今池瓦窯から、奥山久米寺式の軒丸瓦が斑鳩の中宮寺と法起寺にも供給されていることである。そして、これらの軒丸瓦は、奥山久米寺のものと同笵軒丸瓦ではなく、新たに同形式の瓦当笵を製作したものとがある。全体として奥山久米寺式の軒丸瓦を葺いた氏寺の広がりは、上宮王家とつながりをもつ氏族の寺院に限られているといってよい。

境部摩理勢による建立か

ところで、『日本書紀《にほんしょき》』推古《すいこ》二十年（六一二）二月二十日条は、欽明《きんめい》天皇の妃の一人であった堅塩媛《きたしひめ》（推古の母、蘇我馬子の妹）を欽明陵に合葬したことを記している。この合葬にともなった誄《しのびごと》の葬送儀礼が、飛鳥の西の軽衢《かるのちまた》で行われている。この儀式では、推古天皇、皇子たち、大臣の蘇我馬子による誅がおこなわれ、ついで蘇我馬子が多数の傍系氏族を率いながら、同族を代表して境部摩理勢《さかいべのまりせ》が誅の言葉を述べている。この誅での記載からすると、蘇我氏の傍系氏族では、馬子の弟に推測されている摩理勢が最も有力な氏族であったと推測される。

推古三十六年（六二八）二月、推古が没すると、その後継者をめぐって、田村《たむら》皇子と山背大兄王《やましろのおおえのおう》との間に皇位継承問題がおこった。大臣の蘇我蝦夷《えみし》は田村皇子を推し、叔父にあたる摩理勢は山背大兄王を強く推薦したことから紛糾し、蝦夷は摩理勢を説得しかねて殺害した。

このように、境部摩理勢は蘇我氏の傍系氏族では、最も有力であり、奥山久米寺式の軒丸瓦の分布からみると、飛鳥寺のすぐ北にある奥山久米寺は、摩理勢が建てた可能性がきわめて高いように推測される。そして、もし摩理勢が奥山久米寺を建立したとすると、馬子が建立した飛鳥寺・豊浦寺の同笵軒瓦を奥山久米寺に供給したものと理解される。しかも、前述したように、推古後の皇位の継承に際し、山背大兄王を強く推したことからみて、上宮王家とのつながりも深かったものと推測される。さらに、奥山久米寺跡の発掘では、金堂が建てられた後に造営は中断し、七世紀の後半に山田寺式によって完成していることが判明しているのも、摩理勢が蝦夷によって倒されたことと関連するものと思われる。

なお、奥山久米寺の講堂跡の一部から土師器《はじき》の坏に「小治田寺」と記した八世紀末の墨書土器《ぼくしょどき》が出土している。この墨書土器の寺院名は、奥山久米寺が建立された地域が小治田《おはりだ》の地であったことによって呼ばれた名である可能性が少なくない。

6 平隆寺跡《へいりゅうじあと》

―上宮王家と関係のある平群氏の氏寺―

図 30　平隆寺

交通の要衝に建てられた平隆寺

平隆寺《へいりゅうじ》は、大和盆地の西北部、生駒郡三郷町《さんごうちょう》勢野《せや》に所在する古代寺院である。付近は信貴山《しぎさん》の東南斜面から平坦になった裾部にあたっており、大和川北岸の低い丘陵上に建てられている。東には少し離れて竜田川が大和川に流れこんでいる。そして、この大和川は平隆寺の南で蛇行して流れ、その川向うに王寺の地域が広がっている。

この平隆寺は、河内から信貴山の南を抜ける信貴山越の古道と竜田川沿いの道とが交差する付近にあり、交通の要衝の地に建てられている。周辺には、それ以前に築造された五世紀末から六世紀代の在地首長の古墳である勢野茶臼山《ちゃうすやま》古墳、烏土塚《うどづか》古墳、椿井《つばい》宮山《みややま》古墳などが分布している。

早くから現在の平隆寺の境内から飛鳥時代の軒《のき》瓦《がわら》が採集され、古代寺院としてよく知られている（図30・31）。この廃寺を紹介した保井芳太郎氏の『大和上代寺院志』（一九三二年）に、『興福《こうふく》寺《じ》官務《かんむ》牒疏《ちょうそ》』に、平群郡勢益原に平群寺があり、平群神手《かみて》将軍が建立したことを記すとともに、近くの今池から古式の古瓦が出土することを述べ、それ以前に寺院が建てられた地に想定している。また、石田茂作氏の『飛鳥時代寺院址の研究』（一九三六年）は、勢野村の古地図に平隆寺と記し、そこに、「塔址」と「芝地」とあるのに注目し、「塔址」は現本堂の門前の東、「芝地」は、道を隔てた西に想定している。そして、本堂の地に講堂があったとみなし、法起寺《ほっきじ》式の伽藍《がらん》が建てられていたと推測している。

その後、田中重久氏は、平隆寺の本堂下の調査を試み、土壇の規模とそこに礎石《そせき》が遺存することを確認した。これには造出しのあるもの、火災を受けているものがあることから、本堂を金堂《こんどう》跡に想定した。そして、その東に塔、金堂の北に講堂を配した平隆寺式を提起している。また、保井氏が以前の平隆寺の位置に想定した今池の瓦散布地を、瓦窯《がよう》とみなす考えを述べている（田中一九七八）。

図31　平隆寺跡の位置

平隆寺の発掘

一九七四年（昭和四十九）、奈良県立橿原考古学研究所によって、平隆寺の寺域想定地に、二〇ヵ所にわたる調査用のトレンチが設定され、発掘がおこなわれている。塔跡の想定地では土壇は失われており、心礎《しんそ》を据えるために設けた斜め坑とみられる遺構が見つかった。この状況から、塔は、地下式ないし半地下式に心礎がおかれたものと推測されている。また、現本堂は文化十一年（一八一四）に建てられており、田中氏が床下で確認した礎石群は、現本堂が作られる以前の近世のものであるとしている。さらに、塔心礎の位置に対し、北西方向の土壇状の高まりを金堂跡と推測し、この金堂の東南に塔を配した特異な伽藍を配した時期があり、これは奈良・平安時代の可能性を想定している。

その結果、塔が造営される以前に建てられた金堂の位置は明らかでないとしながらも、全体の地形から、なお塔跡の北に金堂を配した四天王寺《してんのうじ》式の伽藍があったものと推測している。この発掘調査では、これまで採集されている軒瓦などと同様の飛鳥時代に遡る軒丸瓦《のきまるがわら》や白鳳期の法隆寺《ほうりゅうじ》式の軒丸瓦などが出土し、この寺院の堂塔が建てられた時期がほぼ明らかになった。そこで、この寺院が造営された過程と造営者の性格を少し考えてみることにする。

出土した軒瓦の系譜

平隆寺は、大和の西北部、平群谷の南端付近に建てられた氏寺である。この寺院はその創建時に、角張った蓮弁で、弁端に点珠をつける奥山久米寺《おくやまくめでら》式が葺かれている。また、稜線をもつ厚い素弁の蓮弁で、

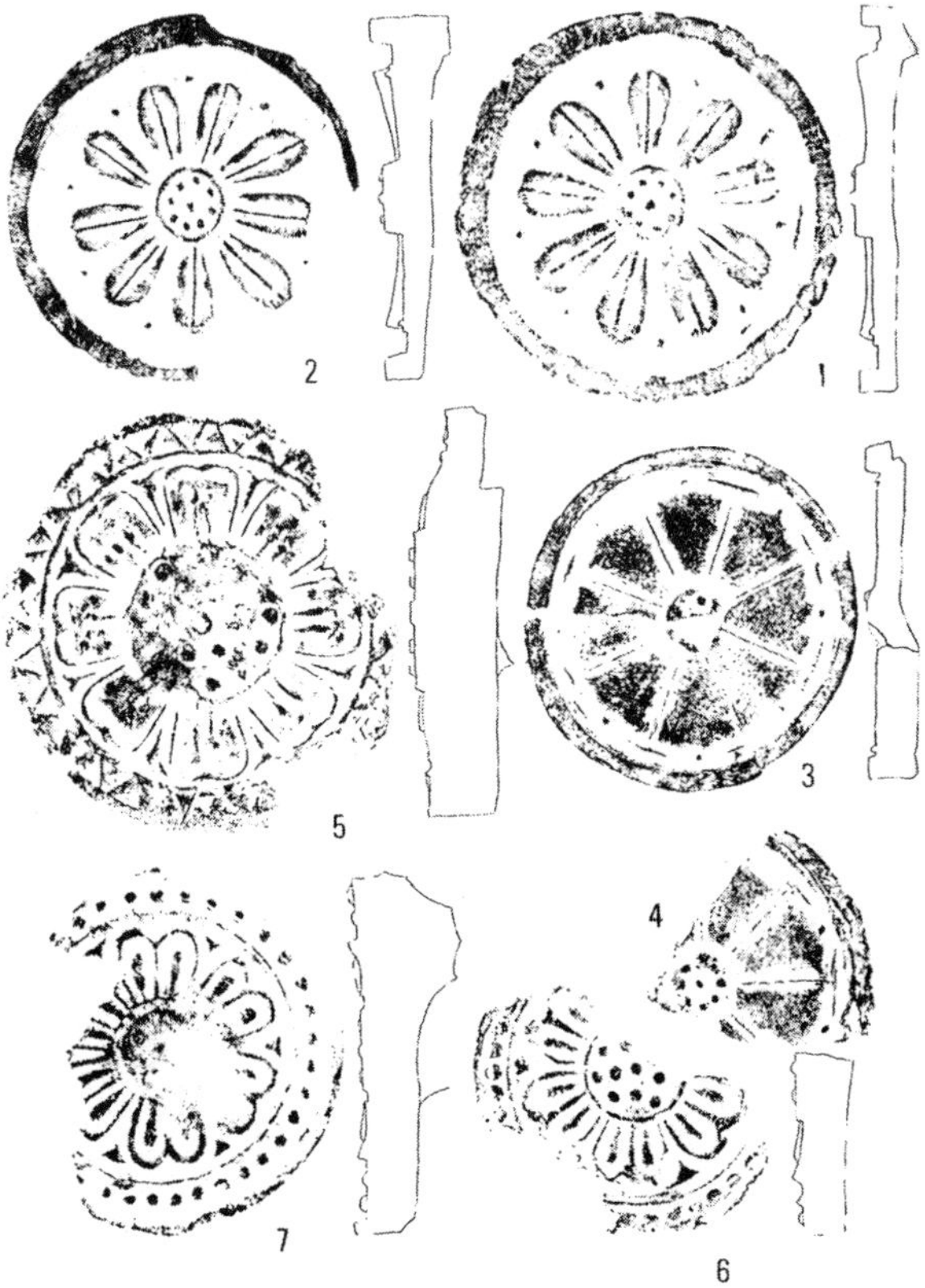

図32　平隆寺跡の軒丸瓦
（石田茂作『飛鳥時代寺院址の研究』1944年）

蓮弁と蓮弁との間に点珠を配した高句麗系とよばれる豊浦寺《とゆらでら》式のものがある（図32）。これらは、いずれも平隆寺の北にある今池瓦窯で焼成《しょうせい》されている。

　しかも前者の奥山久米寺式の軒丸瓦は、中房に一＋四の連子をつけるものと、連子を彫り加えて一＋八にしたものがあり、前者は斑鳩《いかるが》の法起寺に、後者は中宮寺《ちゅうぐうじ》に供給している。

　また、高句麗系の豊浦寺式軒丸瓦は、豊浦寺の項目で記したように、秦《はた》氏によって山背の宇治にある隼上《はやあが》り瓦窯で初めて創出された瓦当《がとう》文様である。この平群氏の平隆寺にも、これと同形式の瓦当文様が葺かれたのは秦氏と強いつながりをもつ上宮王家との関連から導入されたものとみてよい。しかも、今池瓦窯で焼成した同笵《どうはん》の高句麗系軒丸瓦も、中宮寺に提供されている。

平群氏と寺院造営

さて、平隆寺は先述のように平群氏の本拠地に建てられた古代寺院で、『興福寺官務牒疏』には平群《へぐりの》神手《かみて》が建てたとしている。この神手は、『日本書紀《にほんしょき》』崇峻《すしゅん》即位前紀の用明二年（五八七）七月条に記す物部守屋《もののべのもりや》と蘇我馬子《そがのうまこ》・厩戸皇子《うまやどのみこ》らとの戦いでは、蘇我氏側の軍に加わっている。さらに、『日本書紀』推古三十一年（六二三）是歳条に、新羅《しらぎ》が任那《みまな》を攻撃したとき、境部雄摩侶《さかいべのおまろ》・中臣国が大将軍、河辺祢《かわべのね》受《ず》らとともに平群宇志《うし》が副将軍に任じられている。このように平群臣宇志も副将軍に任命されているので、平群氏の中心的な人物であったものと思われる。そして、奥山久米寺が境部臣摩理勢《まりせ》によって造営されたと推測すると、将軍の雄摩侶と平群臣宇志との強いつながりから、平隆寺の造営に際し、奥山久米寺式の瓦当文様が導入されることになったものと推測される。

また平隆寺に葺かれた屋瓦は、いずれも平隆寺の今池瓦窯で焼成されている。そして奥山久米寺式の同笵瓦が法起寺と中宮寺へ、高句麗系の同笵軒丸瓦も中宮寺へ供給されているので、平群氏は、じつに上宮王家と深いつながりを有していたことがわかる。

しかし、上宮王家も、皇極二年（六四三）に山背大兄王《やましろのおおえのおう》が蘇我入鹿《いるか》によって倒され、その際に斑鳩宮も焼失した。その後のことであるが、天智九年（六七〇）に斑鳩寺（若草伽藍《わかくさがらん》）も焼失している。そして、再建された法隆寺の伽藍には複弁八弁蓮華文で、線鋸歯《きよし》文《もん》をつける法隆寺式の軒丸瓦と忍冬唐草《にんどうからくさ》文《もん》の軒平瓦が葺かれている。平隆寺の建物にも、これらの法隆寺の再建時の軒丸瓦、軒平瓦を模したものが葺かれている。しかも、平隆寺に葺かれた法隆寺式の複弁八弁蓮華文と同笵の軒丸瓦は、四国の伊予の松山市にある朝生田《あそだ》廃寺から出土しており、また忍冬唐草文の軒平瓦と同笵のものが同じ松山市内の中ノ子廃寺から出土している。

これについて、鬼頭清明氏によって、法隆寺が各地に所有した庄倉の経営にともなってこの法隆寺式の軒瓦の瓦当文様が広まったとする注目すべき考えがだされている（鬼頭一九九七）。いずれも、それ以前から上宮王家と平群氏が強いつながりを有し、その後も継続して平群氏が法隆寺と深いつながりを有したことが推測されることになる。

7 中宮寺跡《ちゅうぐうじあと》

―上宮王家が建立した尼寺―

聖徳太子ゆかりの尼寺

中宮寺《ちゅうぐうじ》跡は、現在の中宮寺の東五〇〇《メートル》に建てられていた古代寺院跡である。ここは、『法隆寺《ほうりゅうじ》縁起《えんぎ》幷流記資財帳《ならびにるきしざいちょう》』に、上宮聖徳法王《じょうぐうしょうとくほうおう》（聖徳太子）が法隆寺学問寺・四天王寺《してんのうじ》・橘尼寺・蜂丘寺《はちおかでら》・池尻尼寺などとともに中宮尼寺を造営したとし、この中宮尼寺に想定されている寺院である。

平安時代の『聖徳太子伝暦《しょうとくたいしでんりゃく》』や『聖徳太子伝私記《しょうとくたいしでんしき》』などには、聖徳太子の母の穴穂部間人皇女《あなほべのはしひとのひめみこ》の宮を寺院にしたと記している。また一方では、斑鳩宮《いかるがのみや》と岡本《おかもと》宮、葦墻《あしがき》宮の中間にあるので、中宮と呼ばれる宮があり、後に寺に改修したことから中宮寺と呼ばれたともいわれている。

中宮寺の伽藍構成

法隆寺東院《とういん》（夢殿《ゆめどの》）のすぐ東にある中宮寺は、天寿国曼荼羅繍帳《てんじゅこくまんだらしゅうちょう》や弥勒菩薩像《みろくぼさつぞう》を所蔵する著名な寺院であるが、十七世紀のはじめまでに移転したとみなされており、中宮寺跡は、その旧寺地に想定されているところである。

中宮寺の旧寺地には、旧殿・赤門前・西ノ門などの小字が残っている。一九三四年（昭和八）、福山敏男氏は『聖徳太子《しょうとくたいし》絵《え》伝《でん》』や『諸寺雑記』の記載から、桁行《けたゆき》五間、梁行《はりゆき》四間、重層入母屋造《いりもやづくり》の金堂と初層に裳階《もこし》をつけた三重塔が南北に並ぶ四天王寺《してんのうじ》式伽藍《がらん》をなしていたと論じている。また、石田茂作氏は、『飛鳥時代寺院址の研究』（一九三六年）に、建物の基《き》壇《だん》とみなされる土壇が南北に二つあるので、四天王寺式の伽藍があったと推測している。

戦後の一九六三年（昭和三十八）、石田氏がここを発掘し、金堂《こんどう》と塔の心礎《しんそ》を検出し、七世紀前半の四天王寺式伽藍の寺院であることを明らかにした。さらに、一九七二～八七年（昭和四十七～六十二）にかけて、奈良県立橿原考古学研究所が五次におよぶ発掘調査をおこない、ほぼ寺域の範囲も確認し、一九九〇年（平成二）に国史跡になった。近年は斑鳩町教育委員会が、二〇〇八～一一年（平成二十～二十三）、この中宮寺跡に対し、史跡整備をおこなうことを目的とした再発掘を実施し、二〇一三年（平成二十五）に発掘調査報告書を刊行している。

これまでの発掘によると、中宮寺の寺域は北面と西面の築地を検出しており、東西一二八メートル、南北一六五メートルをなしている。中心部の伽藍は、寺域中央の南寄りに塔と金堂を南北に配した四天王寺式である（図33）。

中宮寺の金堂と塔

金堂の創建期の基壇は、東西一七・九メートル、南北一五・二メートル、基壇土を搗《つ》き固めた版築《はんちく》技法によって積まれたもので、高さ一～一・二メートルほど遺存していた。基壇上の礎《そ》石《せき》の抜取り穴に凝灰岩《ぎょうかいがん》の切石片があるので、凝灰岩切石による外装をめぐらした壇上積《だんじょうづみ》基壇をなしていたと推測されている。基壇上に円形の柱座をもつ礎石が一個ながら遺存していた。

創建期の金堂は、平安時代の十世紀ごろに焼失し、瓦積《かわらづみ》基壇による基壇に外装を変え、建物を再建している。さらに鎌倉時代に花崗岩《かこうがん》の割石による乱石積《らんせきづみ》基壇にしていたことが判明している。基壇上の礎石（東妻柱列北第二）は、創建当初の位置をそのまま保っており、この礎石と礎石の抜取り穴によって、桁行五間、梁行四間で四面に庇をもつ建物であることが判明した。

塔跡は金堂跡の南五・二メートルに接するように位置している。金堂に比して基壇が少し損なわれており、基壇の外装は知りえない。その規模は、基壇土を積んだ高さ一・二メートルの版築土から一辺が一四メートルほどのものと推測されている。基壇の上面から二・五メートル下で長方形をなす切石の心礎が検出された。この心礎に立てた心柱の周囲に貼りつけた根巻き粘土があり、その内側から、一九六三年の発掘で、金環二個、金糸片一個、金延板小塊一個、琥珀棗玉《こはくのなつめたま》二個、ガラス捩玉一個、丸玉二個、水晶角柱一個などが出土している。これらは心礎上面に舎利《しゃり》孔《こう》が彫りこまれていないので、心柱の根元に穿った小孔内に納められたものと推測されている。

図 33　中宮寺跡の塔跡と金堂跡整備（東南から）

金堂基壇と塔基壇とは、なぜかわずか五メートルほど隔てるだけで近接して構築している。この塔は、前述したように一九三四年(昭和九)に福山氏が『聖徳太子絵伝』などによって三重塔が建てられていたとしており、三重塔が金堂と軒を接するように建っていたものと推測される。

斑鳩町教育委員会による塔基壇の発掘では、中央部の地下に心礎を運び入れるため、また心礎上に長い心柱を立てる手立てとして、東側に傾く斜路《しゃろ》を検出している。さらに、基壇上の西側では四個の柱穴も検出している。これらの柱穴は、塔の心柱を立てるために、信州の諏訪《すわ》大社で御柱《おんばしら》を立てる際に設けるような高い櫓が構築されていたものと推測されている。

中宮寺出土の軒瓦

中宮寺跡からは、これまで多くの種類の軒瓦《のきがわら》が採集されている。古く保井芳太郎氏の『大和上代寺院志』(一九三二年)、石田茂作氏の『飛鳥時代寺院址の研究』(一九三六年)に、飛鳥時代前半の軒瓦として、素弁の八弁蓮華文で、端に点珠をつける奥山久米寺《おくやまくめでら》式のもの、七世紀後半の周縁に線鋸歯文《きょしもん》をつける複弁八弁蓮華文の法隆寺式のものなどが収録されている。

発掘調査では、さらに飛鳥時代前半のものとして、突出する中房と肉厚で細い稜線をつける蓮弁を九弁つけ、蓮弁の間に点珠を配した高句麗系の軒丸瓦《のきまるがわら》も出土している。それらより少し遅れる七世紀中頃のものでは、法隆寺から出土している忍冬文《にんどうもん》をつける単弁六弁蓮華文や法起寺創建の軒丸瓦と同笵《どうはん》のものも出土している。これらの軒瓦からみると、中宮寺は創建時の金堂に奥山久米寺式の軒瓦が葺かれたとみてよい。これは斑鳩町の西にある三郷町にある平隆寺《へいりゅうじ》(平群寺)の屋瓦を焼いた今池瓦窯《がよう》で焼《しょう》

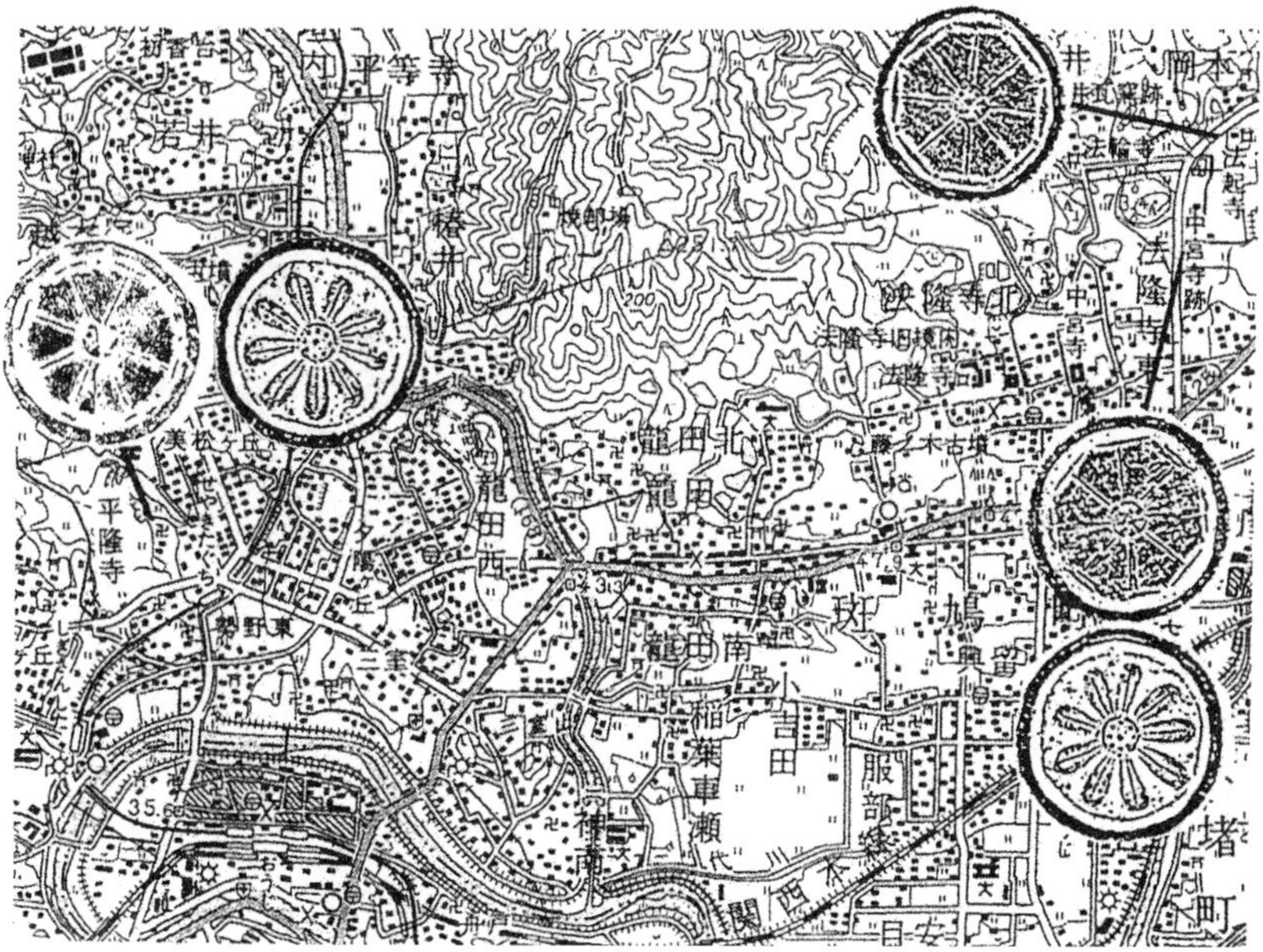

図34　中宮寺跡と平隆寺跡の軒丸瓦

成《せい》されたものと同一の笵型で造られ、平群《へぐり》氏によって供給されたものである。

これに続く塔には、高句麗系の軒丸瓦が葺かれたものと推測される。これも今池瓦窯で焼成されたものと同笵のもので、再び平群氏によって供給されたものである（図34）。

中宮寺の軒瓦からみた平群氏と秦氏

このように、中宮寺の金堂と塔に葺かれた軒瓦をみると、この寺院は上宮王家の本拠である斑鳩に造営された寺院であるが、竜田川流域を本拠とした平群氏の平隆寺に葺く屋瓦を焼成した今池瓦窯から、屋瓦が供給されている。しかも、中宮寺の金堂に葺いた奥山久米寺式の軒丸瓦は、この形式の軒瓦を葺いた氏寺の大半が上宮王家と深いつながりをもつ氏寺に葺かれているものである。これは、平群氏の本拠地が斑鳩に近いのみでなく、上宮王家と政治的に強いつながりをもっていたことから、中宮寺を造営する際に、平群氏が積極的に協力したものと推測される。

また、中宮寺の塔に葺かれた高句麗系軒丸瓦は、蘇我《そが》氏の豊浦寺《とゆらでら》に初めて葺かれた新様式の軒丸瓦である。この豊浦寺の高句麗系軒丸瓦は、豊浦寺の項で記したように、京都府宇治市にある隼上《はやあが》り瓦窯で焼成されたものである。この隼上り瓦窯は、山背南部に大きな勢力をもつ秦《はた》氏が設けた瓦窯と思われる。そして、この高句麗系軒丸瓦の新様式の軒瓦が平群氏の今池瓦窯でも焼成されたのは、上宮王家を介して、平群氏が秦氏とも深いつながりをもったことによるものと推測される。

このような中宮寺に葺かれた軒瓦をみると、この寺院は上宮王家の寺として建てられたものであるが、この造営では平群氏、さらに山背の秦氏と強いつながりをもって進めたことがわかる。

これまで中宮寺跡は、中宮寺の東方に広がる水田のなかに、忘れられたように遺存していた。しかし、斑鳩町は二〇〇八〜一一年に史跡整備のために再発掘を行なうとともに、金堂基壇と塔基壇に礎石を配する史跡整備に着手し、二〇一八年（平成三十）五月、史跡公園が完成している。

高く残る塔跡と金堂跡の基壇に登ると、古代の中宮寺の寺域を一望することができ、この古代寺院の所在を改めて認識することになる。しかも、西に法隆寺の塔、西北に法輪寺の塔、東北に法起寺の塔をのぞむことができ、古代の斑鳩の歴史的景観をよく思い描くことができるようになった。

8 巨勢寺跡《こせでらあと》

——蘇我氏とつながりをもつ巨勢氏の氏寺——

図35　巨勢寺の塔跡

曽我川流域の巨勢寺

飛鳥の西にあたる軽の地や檜隈《ひのくま》の地から南には、市尾や古瀬《こせ》を抜けて紀国へと続く紀路が通っていた。そして、五條の重阪《へいさか》から流れだす曽我川が北に流れている。この曽我川の流域にある古瀬の地に建立された古代寺院としてよく知られるのが巨勢《こせ》寺《でら》跡である。

保井芳太郎氏の『大和上代寺院志』（一九三二年）に、JR和歌山線の東側にある大日堂の前に塔心礎《しんそ》が残されていることを記している（図35）。この線路を建設する際に、北側にあった土壇を削ったところ、礎石《そせき》が多く見つかっており、ここに金堂《こんどう》跡があったと推測している。また、古瓦は奥山久《おくやまく》米寺《めでら》式の飛鳥期のもの、複弁八弁形式の白鳳期のものなどい

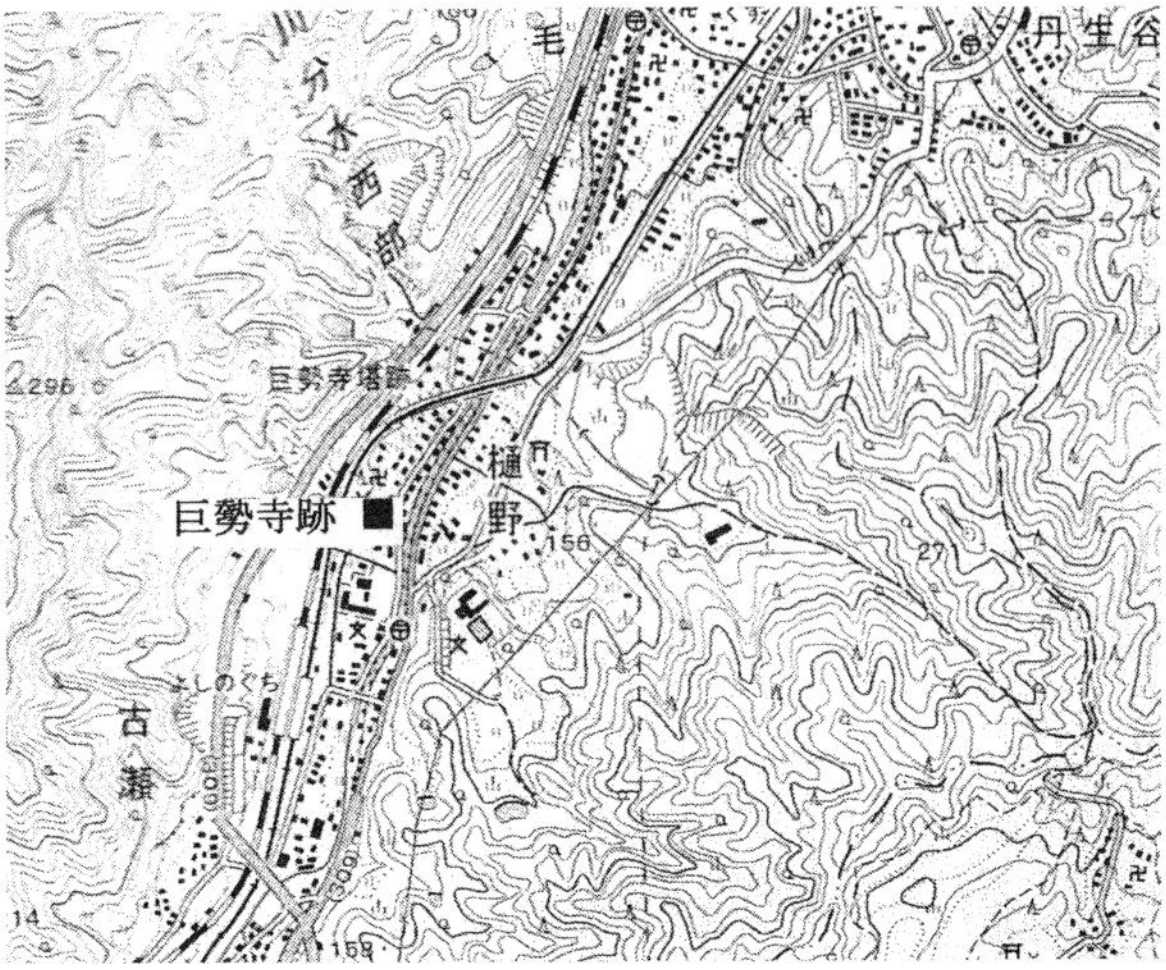

図36　巨勢寺跡の位置

くつか紹介して飛鳥時代まで遡る寺院であることを記している。

石田茂作氏の『飛鳥時代寺院址の研究』（一九三六年）でも、塔心礎とともに塔の東北にあったと想定される基《き》壇《だん》に対し、それを金堂ではなく講堂とみなし、四天王寺《してんのうじ》式を想定して記述している。そして、それまで採集されている飛鳥期の素弁軒丸瓦《のきまるがわら》、白鳳期の単弁系、複弁系軒丸瓦を掲載している。いずれの著書にも『日本書紀《にほんしょき》』朱鳥元年（六八六）八月二十三日条に、巨勢寺に二〇〇戸の寺封が与えられた記事を載せており、この古代寺院は巨勢氏が建てたものとしている。戦前に記された巨勢寺跡に対する知見は、それ以上をでていない。

巨勢寺跡の発掘

しかし、この狭長な巨勢谷に国道三〇九号のバイパスを通すことが計画されたのにともなって、一九八七～九〇年（昭和六十二～平成二）、三次にわたって巨勢寺跡とその周辺で寺域を確認するための発掘が実施されている（図36）。この発掘によって、塔跡の西から講堂跡と回廊、幢竿支柱《どうかんしちゅう》、梵鐘《ぼんしょう》鋳《ちゅう》造《ぞう》遺構、瓦窯《がよう》跡などの遺構が検出されている（図37）。まず、塔心礎の西にあたる一段高い地区では、南北に長い桁行七間の大きな建物基壇の西端部が検出された。この建物基壇には平瓦を積んだ瓦積《かわらづみ》基壇の外装が施されていた。この塔跡の西に建てられた南北棟の建物は、桁行の規模からみて、講堂跡に想定されている（図38）。基壇の北端と南端部では、北と南に延びる回廊の礎石も検出されている。

　このように、講堂は南北棟でその北と南に回廊が延びる。その東南に塔があるので、その東北に金堂が配された東面する法隆寺《ほうりゅうじ》式の伽藍《がらん》を配していたものと推測されている。このような伽藍配置の復元は、これまで保井氏が南面する法隆寺式、石田氏が南面する四天王寺式を想定したものとはまったく異なるものである。

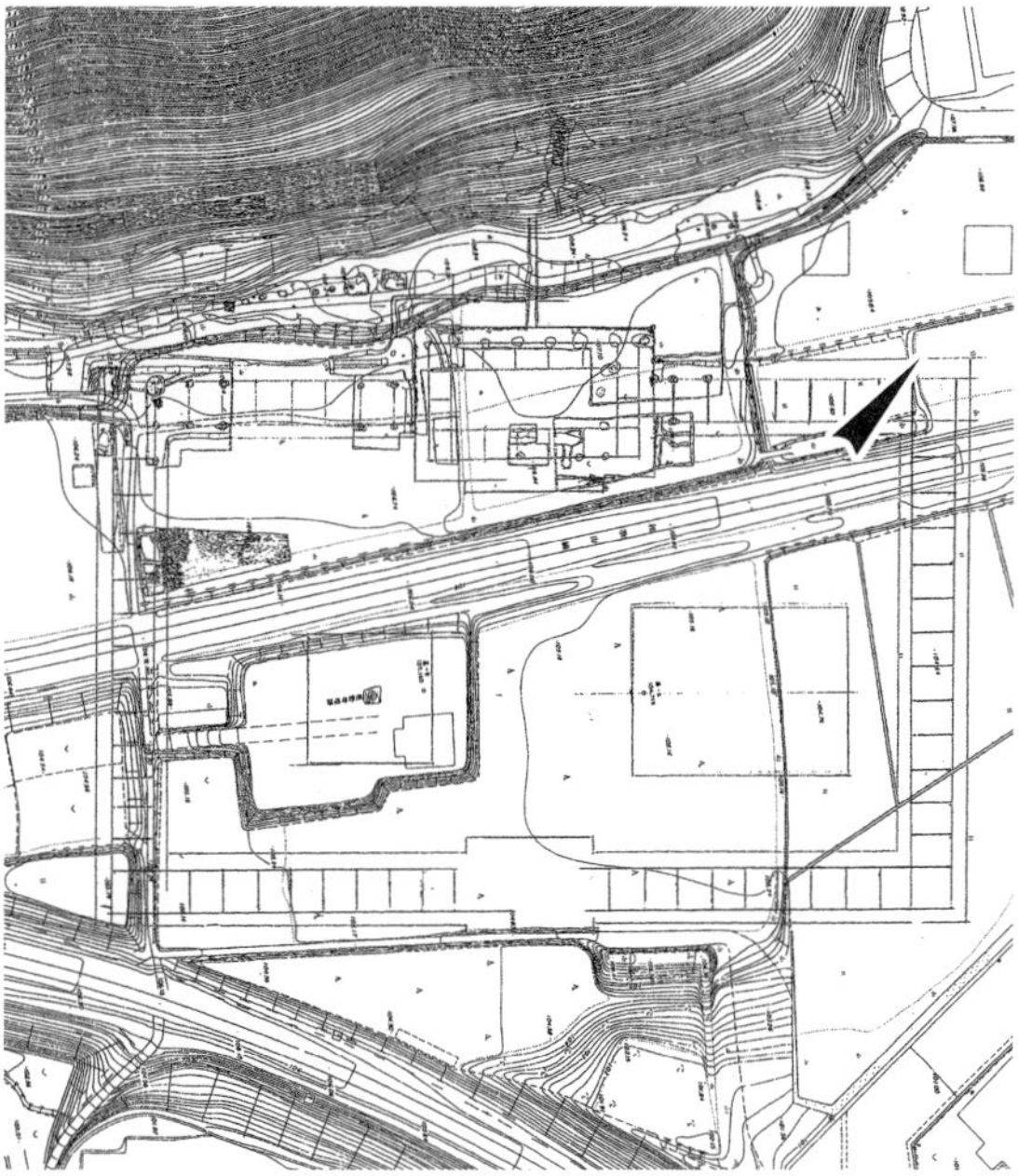

図 37　巨勢寺跡の伽藍配置図
（奈良県立橿原考古学研究所『巨勢寺（橿原考古学研究所調査報告第 87 冊）』2004 年）

　この発掘では、飛鳥時代から奈良時代の多量の軒瓦《のきがわら》が出土している。そして、出土した軒瓦からすると、飛鳥時代に奥山久米寺式軒丸瓦によって当初は小さな仏堂が建てられ、その後の白鳳期に金堂や塔に単弁式軒丸瓦と重弧文《じゅうこもん》軒平瓦、講堂に複弁八弁蓮華文軒丸瓦と偏行唐草文のものを葺いて伽藍を整備し、法隆寺式伽藍を完成させたものと推測している（図39）。

　また、講堂から少し南西に離れたとこ

図38　巨勢寺の講堂跡（奈良県立橿原考古学研究所提供）

ろに、一対の大きな柱穴が検出されている。これらの柱穴は幢竿支柱が設けられていたもので、この寺院でおこなわれる斎会《さいえ》の際に、幢竿で幟《のぼり》があげられていた。さらに、講堂には南北方向の築地が南五〇《メートル》にわたって検出されており、その南端付近から平安期の梵鐘鋳造遺構や掘立柱《ほったてばしら》建物が見つかっている。

　このように、巨勢寺跡の発掘では、飛鳥期に創建されその後の白鳳期、さらに奈良時代から平安初期まで、その寺観をよく維持していたことがうかがえるものであった。

巨勢氏と上宮王家・蘇我氏

巨勢寺跡から出土した最も古い飛鳥期の軒丸瓦には、奥山久米寺式のものがある（図39―2）。この軒丸瓦は、奥山久米寺の項で述べたように、上宮王家と深いつながりをもつ寺院に葺かれており、この氏寺を創建したころは、巨勢氏も厩戸皇子《うまやどのみこ》の上宮王家と政治的に深いつながりがあったものと推測される。
しかし、皇極二年（六四三）十一月、巨勢徳太《とこだ》は蘇我入鹿《そがのいるか》に命じられ、土師娑婆《さば》とともに、斑鳩宮《いかるがのみや》にいた山背大兄王《やましろのおおえのおう》を襲い、殺害を実行している。このことから、巨勢氏は厩戸皇子が没した後は、上宮王家とのつながりから離れ、建内宿禰《たけうちのすくね》を祖とする同族関係を有する蘇我本宗家とのつながりをより強くしていたことがわかる。

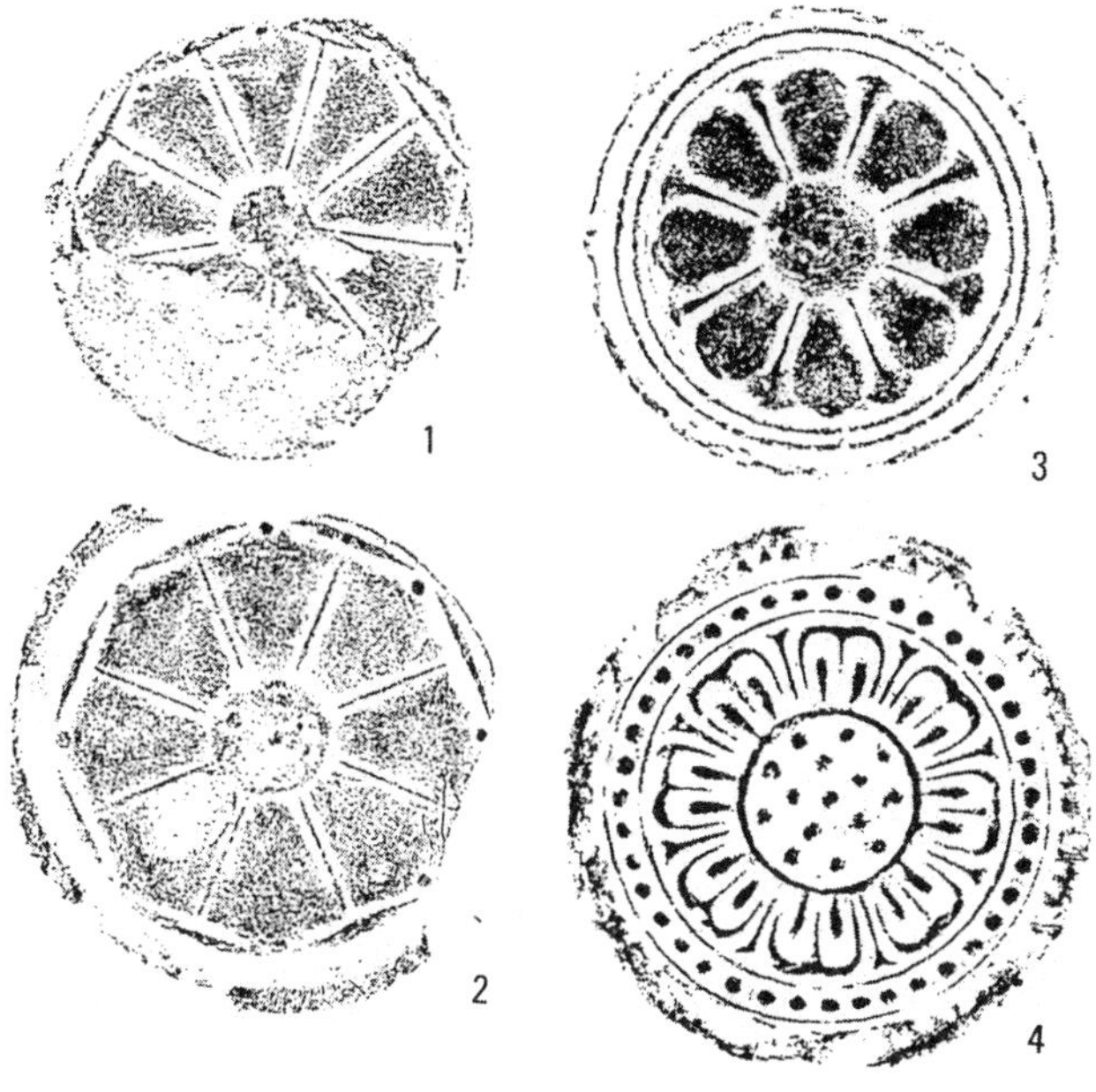

図 39　巨勢寺跡の軒丸瓦
（奈良県立橿原考古学研究所『巨勢寺（橿原考古学研究所調査報告第 87 冊）』2004 年）

ところが、『日本書紀』によると、皇極四年（六四五）六月、蘇我本宗家を倒した乙巳《いっし》の変《へん》では、入鹿が討たれた後、甘檮丘《あまかしのおか》に陣取った蘇我蝦夷《えみし》に東漢氏《やまとのあや》が戦うようにすすめていたとき、中大《なかのおお》兄《えの》皇子によって巨勢徳太が派遣された。そして、徳太は君臣の区別があることを蘇我蝦夷に説いて、降伏をすすめたことから、蝦夷は戦うことを止めて自害し、この戦いは終結した。その後の孝徳五年（六四九）、難波《なにわ》に遷った孝徳《こうとく》朝の阿倍倉《あべのくら》橋麻呂《はしまろ》、蘇我石川麻呂《いしかわまろ》の左右大臣があいついで没すると、巨勢徳太が左大臣、大伴徳太古が右大臣となっており、政界の中心的な位置を占めている。

巨勢氏の政界活動

その後の巨勢氏の活動をみると、巨勢人《ひと》が御史大夫《ぎょしたいふ》となり、六七二年の壬申《じんしん》の乱《らん》では、近江朝廷軍の将軍として、大海人《おおあまの》皇子軍を襲撃しようとしたが内紛によって失敗し、流刑に処されている。しかし、この乱の後は、持統朝に多益須《たやす》が藤原不比等《ふじわらのふひと》らとともに判事についている。

さらに、奈良時代になると、巨勢麻呂《まろ》は陸奥鎮東将軍に任じられ、真人は征隼人軍の副将軍、奈氏麻《なてま》呂《ろ》は参議として聖武《しょうむ》天皇が平城京から恭仁京《くにきょう》に遷都した際に、平城宮の留守官に任じられている。このように、巨勢氏の七・八世紀の活動をみると、政界の中心で活動しており、推古《すいこ》朝では大臣につぐ大夫として重要な役割を担い、また七世紀半ばの孝徳朝では、政界の中心的役割をはたしている。

以上のように巨勢氏は、七世紀の初期には上宮王家とつながりをもちながらも、厩戸皇子が没すると、蘇我本宗家と深いつながりをもつ行動をとっている。しかも、蘇我本宗家が倒れた後も、新たな体制側とつながりをもっており、朝廷で衰退することなく重要な役割を継続して担っている。そして、八世紀には藤原氏に抑えられながらも、なお政界で重要な役割をはたす人物を輩出している。

巨勢寺の伽藍整備

一方の氏寺である巨勢寺をみると、創建は飛鳥期まで遡るが、整備されたのは、軒瓦からみると七世紀後半の単弁系軒丸瓦の時期である。この軒丸瓦は、巨勢徳太が孝徳朝の左大臣を担ったころのものである。この時期に、飛鳥期に建てていた小規模な金堂から、規模の大きな堂塔による伽藍が整備されたものと推測されている。そして壬申の乱後も、七世紀後半、さらに奈良時代の軒瓦からみると、この氏寺から檀越《だんおつ》である巨勢氏は衰退することなく政界で活動したことが、伽藍の堂塔に葺かれた軒瓦にじつによく反映している。

巨勢寺は、南北に長い狭長な巨勢谷の制約された地形から、氏寺を改修し、整備した時期に、東を通る巨勢路からよく見えるように、東面する伽藍を配している。そして、丘陵裾にあたる西側の高台に建てた講堂の南西に幢竿支柱を設け、曽我川沿いの巨勢路からよく見える位置に幟《のぼり》を立てていたことがわかる。

巨勢氏は大和を本拠として、飛鳥期から奈良時代まで、有力氏族としての力量をそのまま維持し続けたことを、発掘された巨勢寺跡は、じつによく対応しているとみることができる。

9

檜隈寺跡

ひのくまでらあと

―東漢氏による特異な伽藍と安芸国との関係―

図40　檜隈寺跡の位置

檜隈寺の伽藍配置

飛鳥の西南部にあたる檜前《ひのくま》に、阿知使主《あちのおみ》を祀る於美阿志《おみあし》神社がある。この社殿のまわりには檜隈寺《ひのくまでら》にかかわるいくつかの土壇があり、その一つに、十三重塔の石塔が立っている。『日本《にほん》書紀《しょき》』雄略七年是歳条に、東漢直掬《やまとのあやのあたいつか》が新しく訪れた渡来人らを、みずから住む檜前の東の上桃原、下桃原と真神原の三ヵ所に移して居住させたと記しており、檜前は東漢氏の本拠とみなされる地域である（図40）。

於美阿志神社の境内地は、一九六九年（昭和四十四）以降、奈良国立文化財研究所（当時）

によって数回の発掘調査がおこなわれ、伽藍《がらん》の建物が検出されている（図41）。それによると、社殿の北に礎石《そせき》がいくつか残る大きな土壇があり、これが講堂跡である。講堂は桁行《けたゆき》七間、梁行《はりゆき》四間で、四面に庇《ひさし》がつくきわめて大きな建物である。版築《はんちく》して築かれた基壇《きだん》の外装は、飛鳥の他の寺院では例が知られていない平瓦を半截《はんさい》して積んだ大和では例の少ない瓦積《かわらづみ》基壇がよく残っていた（図42）。この基壇上には、北側に配された礎石もほぼ半分が遺存していた。

その南には二つの基壇があり、石塔が立っているところが塔跡、その南側の基壇が金堂《こんどう》跡に推測されている。塔は地山の上に築成された基壇の上に建てられており、基壇外装は判明していない。礎石は二

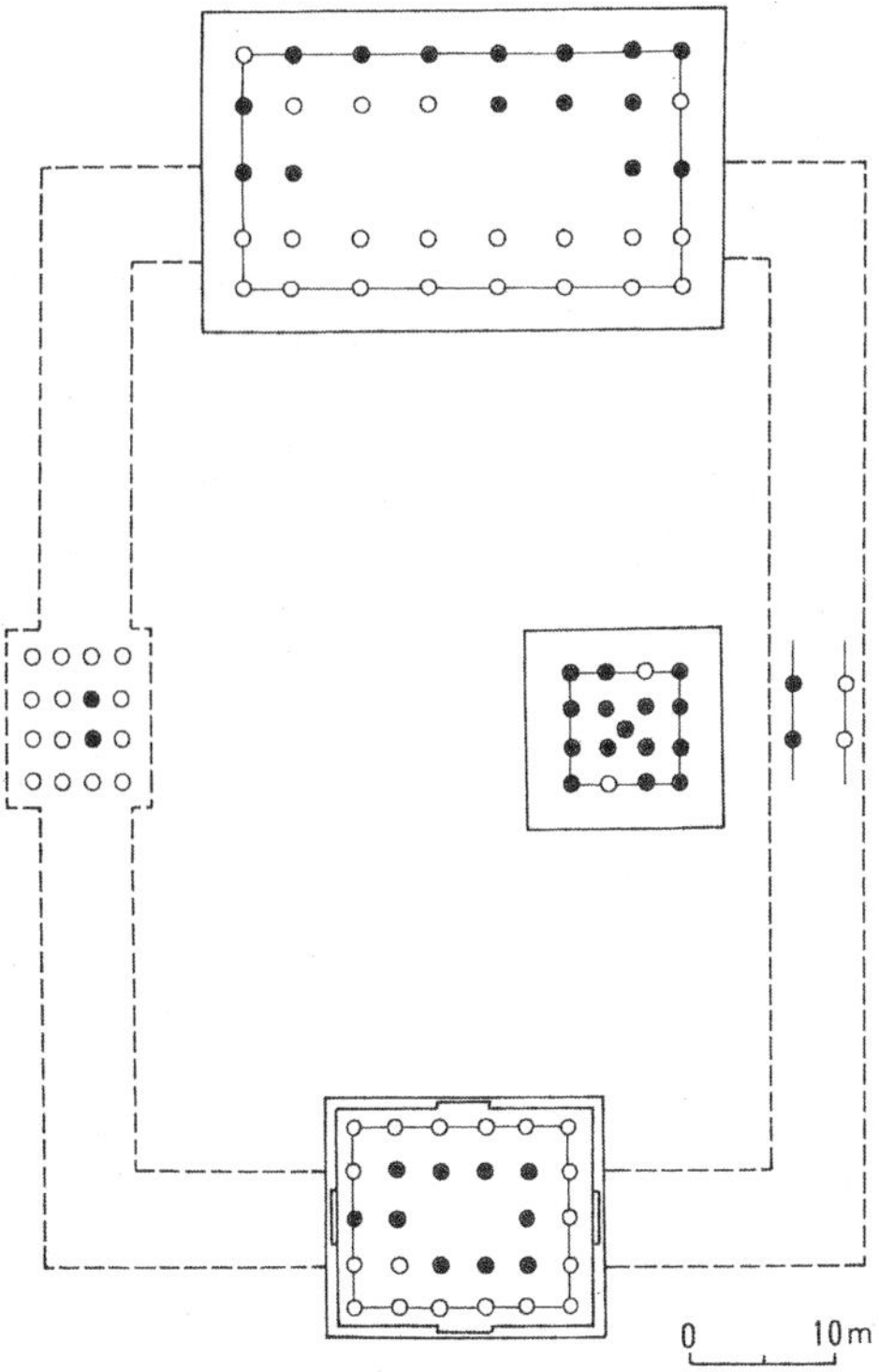

図41　檜隈寺跡の伽藍図
（飛鳥資料館図録『渡来人の寺』1983年）

図42　講堂跡の発掘

図43　発掘された金堂跡（奈良文化財研究所提供）

個のみが失われていた。金堂はそれまで門跡に想定されていたものである。しかし、発掘すると、二段にしつらえた規模の大きな二重基壇をなすものであった。下成基壇の上面は平たい河原石が敷かれ、上成基壇に桁行三間、梁行二間の身舎の礎石が遺存し、庇にあたる位置では礎石が抜き取られた痕跡があり、桁行五間、梁行四間の建物であることが判明した（図43）。この金堂は東西に回廊がついていたものとみなされている。

中門は西側で桁行三間、梁行三間の南北棟のものが検出されており、西面する伽藍が配されていたことが明らかになった。このように檜隈寺の伽藍は通常の古代寺院とは異なり、西向きで、しかも金堂が北面して建てられており、まさに他に例のないものであった。

軒瓦からみた造営年代

これらの検出された堂塔を配した伽藍は、出土した多くの軒瓦類からみると、七世紀後半に造営されたものと推測されている。『日本書紀』朱鳥元年（六八六）八月二十一日条には、軽寺、大窪寺とともに、檜隈寺に「三十年を限り各百戸を封ず」と記されており、この時期には建てられていたことがわかる。しかも、堂塔に葺かれた軒瓦《のきがわら》と出土した土器から、七世紀後半に金堂と西門、少し遅れて七世紀末に講堂と塔が建てられたものと推定されている。また発掘調査では、七世紀の前半に遡る飛鳥時代の軒瓦も少なからず出土しているので、検出された伽藍の堂塔に先行する時期に、それらを葺いた金堂もしくは伽藍が近くに存在したものと推測されている。

このように、檜隈寺は、東漢氏によって造営された氏寺であるが、二時期にわたって伽藍が構築されたことが推測される。檜越の東漢氏は、大和を本拠としながら、外交・軍事・財政・土木・建築・金工技術・文筆など、多様な分野の職掌にかかわった渡来系氏族であった（関一九五三）。『元興寺《がんごうじ》伽藍縁起《がらんえんぎ》幷《ならびに》流《る》記資《きし》財帳《ざいちょう》』に、飛鳥《あすか》寺《でら》の造営に際し、東漢氏が金工分野でかかわっていることを記しているように、初期には蘇我《そが》氏とじつに深いつながりをもった氏族である。しかし、皇極四年（六四五）の乙巳《いっし》の変《へん》で蘇我本宗家が倒れた後の天武《てんむ》六年（六七七）、天武によって七罪を犯していると叱責されており、東漢氏は氏族の再編成がはかられたものと推測される。検出された七世紀後半の西面する伽藍は、まさに、そのような時期に改修された伽藍ということになるであろう。

安芸国へ移動した瓦当笵

檜隈寺跡からは、飛鳥期以降の多くの軒瓦類が出土している（図44）。これには、伽藍が検出された七世紀後半のもの、それ以前の七世紀前半に遡るもの、さらに八世紀の奈良時代のものなどがある。これらのうち、七世紀後半に葺かれた軒丸瓦の一つに、複弁八弁で外縁に放射状をなす輻線文《ふくせんもん》をつけたも

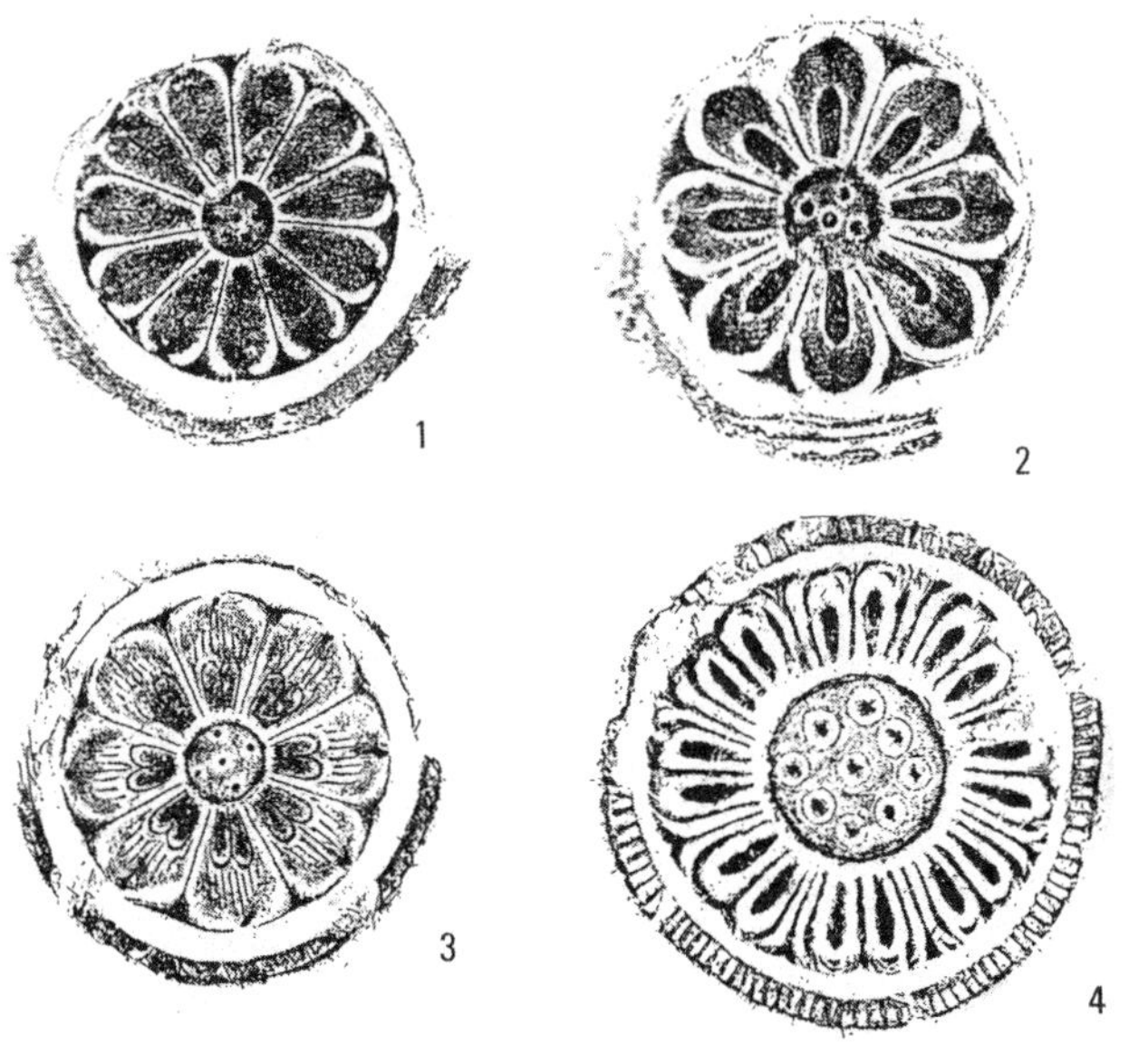

図44　檜隈寺跡の軒丸瓦
（花谷浩「京内廿四寺について」奈良国立文化財研究所『研究論集』XI、2000年）

のがある（図44―4）。この輻線文は、近江の渡来系氏族の氏寺に顕著にみられ、檜隈寺もそのような性格の寺院として、この瓦当《がとう》文様が採用されたものとみてよい。また、輻線文をつけた檜隈寺の同笵《どうはん》の軒丸瓦は、御所市二《に》光寺《こうじ》廃寺《はいじ》でも出土している。二光寺廃寺は、御所市の南郷《なんごう》遺跡群内に所在し、すぐ近くの朝妻廃寺からも同笵軒丸瓦が供給されているので、朝妻氏が造営した僧寺と尼寺の性格をもつものと推定されるものである。

さらに注目される檜隈寺跡から出土した七世紀後半の軒丸瓦の一つに、山田寺《やまだでら》系の単弁八弁蓮華文で、蓮弁に火焔状の鎬《しのぎ》をつけたものがある（図45）。この軒丸瓦と同笵の軒瓦は、古く保井芳太郎氏によって採集されたものがあり、現在は天理参考館が所蔵している。この火焔文軒丸瓦は、山田寺の単弁蓮華文のものと酷似するので、長く山田寺出土とみなされてきた。しかし、そうではなかったのである（図45―1）。しかも、近年に実施された広島県下の発掘では、この火焔文軒丸瓦と同笵のものが大和から遠く隔てた安芸国（広島県）の横見《よこみ》廃寺・呉原廃寺・明官地《みようかんち》廃寺から出土する

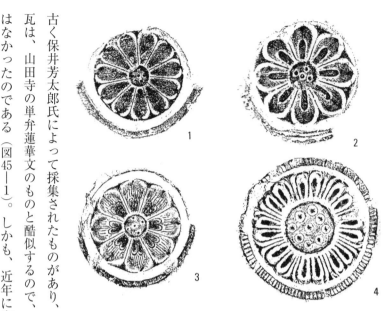

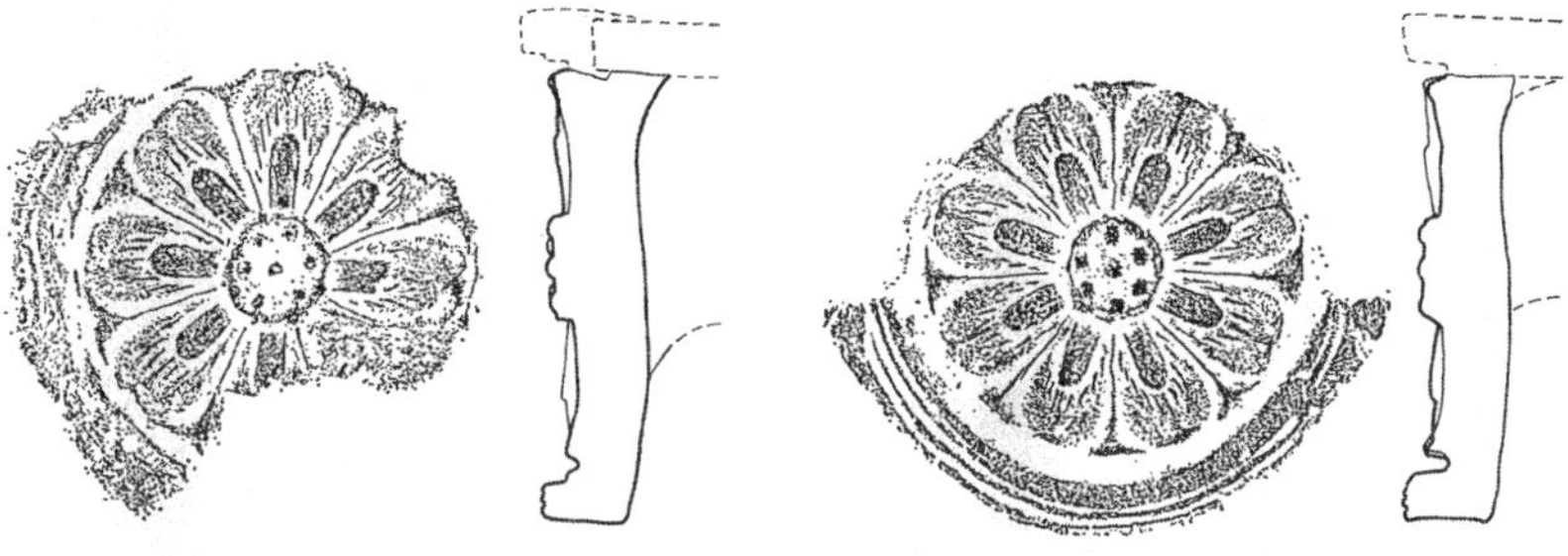

1　伝山田寺（檜隈寺）出土の火焔文軒丸瓦　　2　横見廃寺の火焔文軒丸瓦

図45　火焔文山田寺式軒丸瓦（花谷浩、同右）

ことが明らかになった（図45―2）。さらに、これらは軒丸瓦の製作技法や胎土などがいずれも異なり、また瓦当笵に残る笵傷《はんきず》から、飛鳥の檜隈寺から安芸国に瓦当笵のみが移動したことも判明した。さらに、この瓦当笵は、横見廃寺の造営に際して檜隈寺から移動したものと推定されている。その後に、この瓦当笵によって明官地廃寺や呉原廃寺の軒丸瓦が製作されている。

なぜ安芸国に瓦当笵が移動したか

このように、檜隈寺の火焔文軒丸瓦の当笵が、横見廃寺に移動したとすると、どのような要因から、遠く隔てた瀬戸内の安芸に建てられた横見廃寺の造瓦所（瓦窯《がよう》）にわたされたのか、その要因を解明することが課題になる。この研究課題は、これらの軒丸瓦を詳細に追いかけた妹尾周三《せおしゅうぞう》氏によって、つぎのように考えられている。

『日本書紀』白雉元年（六五〇）是歳条に、倭漢直県《やまとのあやのあたいあがた》、白髪部連鐙《しらかべのあたいあぶみ》、難波吉士胡座《なにわのきしあぐら》を安芸国に遣わして、百済船《くだら》二隻を造らせたことを記している。この記事によって、倭漢直県氏らが、安芸国で大型の船を造ることになったことがわかる。しかも、『和名抄《わみようしよう》』によると、安芸国で造船とかかわりをもつ可能性が高い船木郷は、安芸郡・高田郡・沼田郡の三ヵ所がある。これらのうち、安芸郡船木郷は呉市の東部にあたり、小河川しかないので大型船を造るには適さない。高田郡船木郷は山間部にあり、日本海に注ぐ江の川の上流に位置するので、ここもそのようにはみなせない。そして、沼田郡船木郷のみは、その南の沼田郷一帯に及ぶ沼田川がその候補地としてふさわしいことになる。さらに、『日本書紀』推古二十六年（六一八）是歳条に、河辺臣を安芸に派遣し、船を造らせたことを記している。安芸での造船の記事はそれのみでなく、奈良時代でも天平十八年、宝亀二年・六年・九年の記事が『続《しょく》日本紀《にほんぎ》』にも記されている。

そこで妹尾氏は、白雉元年（六五〇）に船を造るために派遣された倭漢直県が東漢氏の一族であることからみると、安芸国の沼田の有力氏族が造船工事を引き受けたことから、その後、安芸国の有力氏族が横見廃寺を造営した際に、東漢氏の檜隈寺から軒丸瓦の瓦当文に、火焔のつく単弁蓮華文の瓦当笵が提供されたものと推測している（妹尾一九九四）。これは、安芸国の有力氏族が東漢氏による政治的活動に協力しただけでなく、自らが造営する堂塔に対し、大和の渡来系の有力氏族である東漢氏の軒丸瓦を並べて誇示したものと推測している。この研究は、安芸国に葺かれた氏寺の軒瓦の関連のみでなく、安芸国と中央の朝廷に関連する歴史の一側面をもみごとに解いたきわめて優れた見解というべきである。

10 吉備池廃寺《きびいけはいじ》

――舒明天皇が建立した百済大寺――

図46　吉備池廃寺の遠景（テントの右辺が金堂跡）

吉備池付近で見つかった瓦

香久山の東北、耳成山《みみなしやま》の東南にあたる桜井市吉備には、吉備池《きびいけ》という東西に長い池がある。この池にめぐる堤防の東南隅から古瓦が採集されている。それには子葉が重なり、外縁に重圏文《じゅうけんもん》をつける山田寺《やまだでら》の軒丸瓦《のきまるがわら》とよく似たものがある。この軒丸瓦は、子葉が重なった単弁様式ながら、山田寺よりも径が少し大きく、蓮弁の端も鋭角をなしている。これと同一の型で作られた同笵《どうはん》瓦は、藤原宮《ふじわらきゅう》の東南にあたる橿原市木之本町と大阪市の四天王寺《してんのうじ》から採集されている。

一九八五年（昭和六十）から八七年にかけて、藤原宮の東南三〇〇《メートル》付近の木之本町での発掘で、吉備池から採集されている単弁蓮華文と同笵軒丸瓦がまとまって出土した。これには、忍冬《にんどう》唐草文《からくさもん》の型を押してつけた軒平瓦も出土した。発掘では、寺院の建物跡は見つかっていないが、寺院の伽藍《がらん》があったものと推測され、その地名から木之本廃寺《きのもとはいじ》と呼ばれている。一方、吉備池の方は、採集される屋瓦に焼けて溶着した瓦片があったことから瓦窯《がよう》跡とみなす考えが有力視されるようになった（図46・47）。

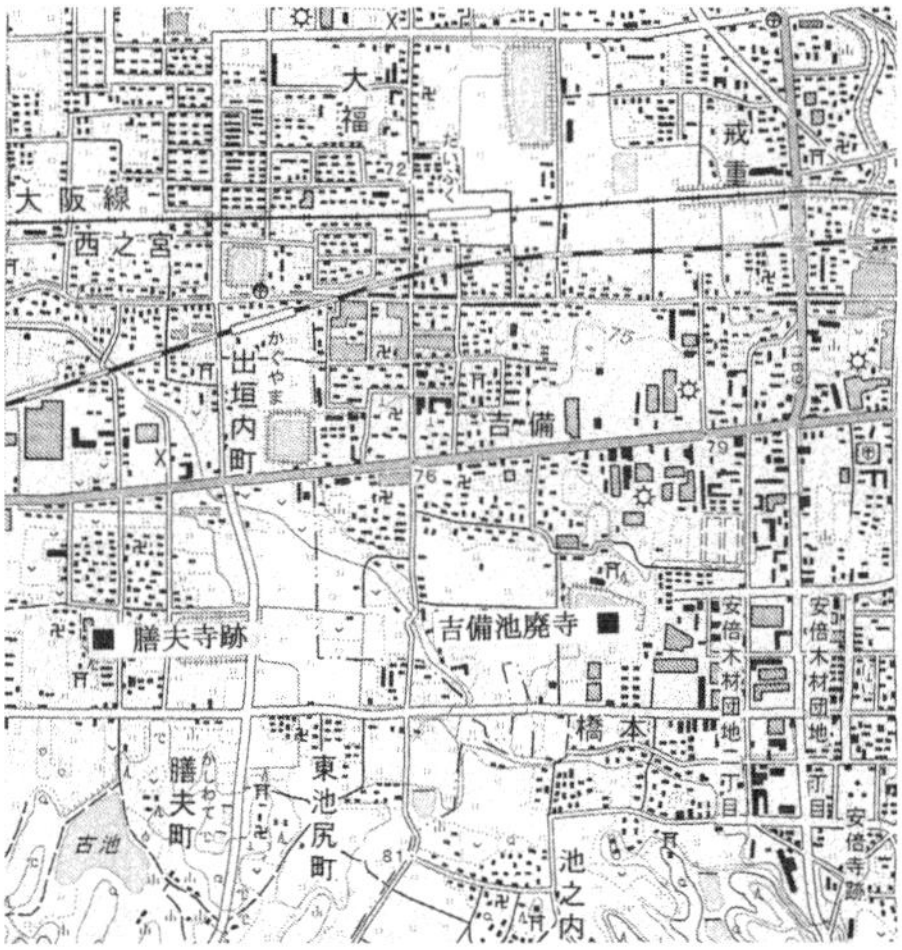

図47　吉備池廃寺の位置

図48　吉備池廃寺の金堂跡
（東から、奈良文化財研究所提供）

巨大な金堂・塔の基壇

一九九七年（平成九）、この吉備池にめぐらされた堤の改修工事がおこなわれることになり、それに先立って、奈良国立文化財研究所（当時）によって池の東南隅で発掘調査が実施されている。その結果、

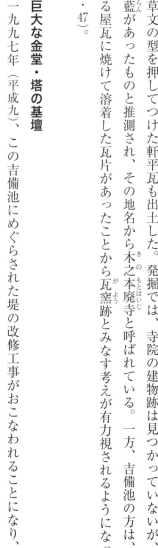

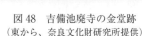

東西三七メートル、南北二五メートルのじつに大きな金堂基壇《こんどうきだん》が検出され（図48）、話題になった。この基壇は、黄色粘土と砂質土を交互に搗《つ》き固める版築《はんちく》技法でなされており、周辺からは、これまでのものと同じ単弁八弁蓮華文の軒丸瓦と軒平瓦にパルメットの忍冬唐草文を押したものが出土した。また、翌年におこなわれた池の西南隅の発掘では、一辺が三二メートルで方形をなす大規模な塔跡が検出されている。さらに、その後の発掘で、回廊が金堂と塔をめぐって設けられ、その北に講堂、僧房なども検出されている。そして伽藍としては、東南に金堂、西南に塔を配した法隆寺《ほうりゅうじ》と同一の伽藍をなすことが判明し、吉備池廃寺と呼ばれるようになった（図49）。

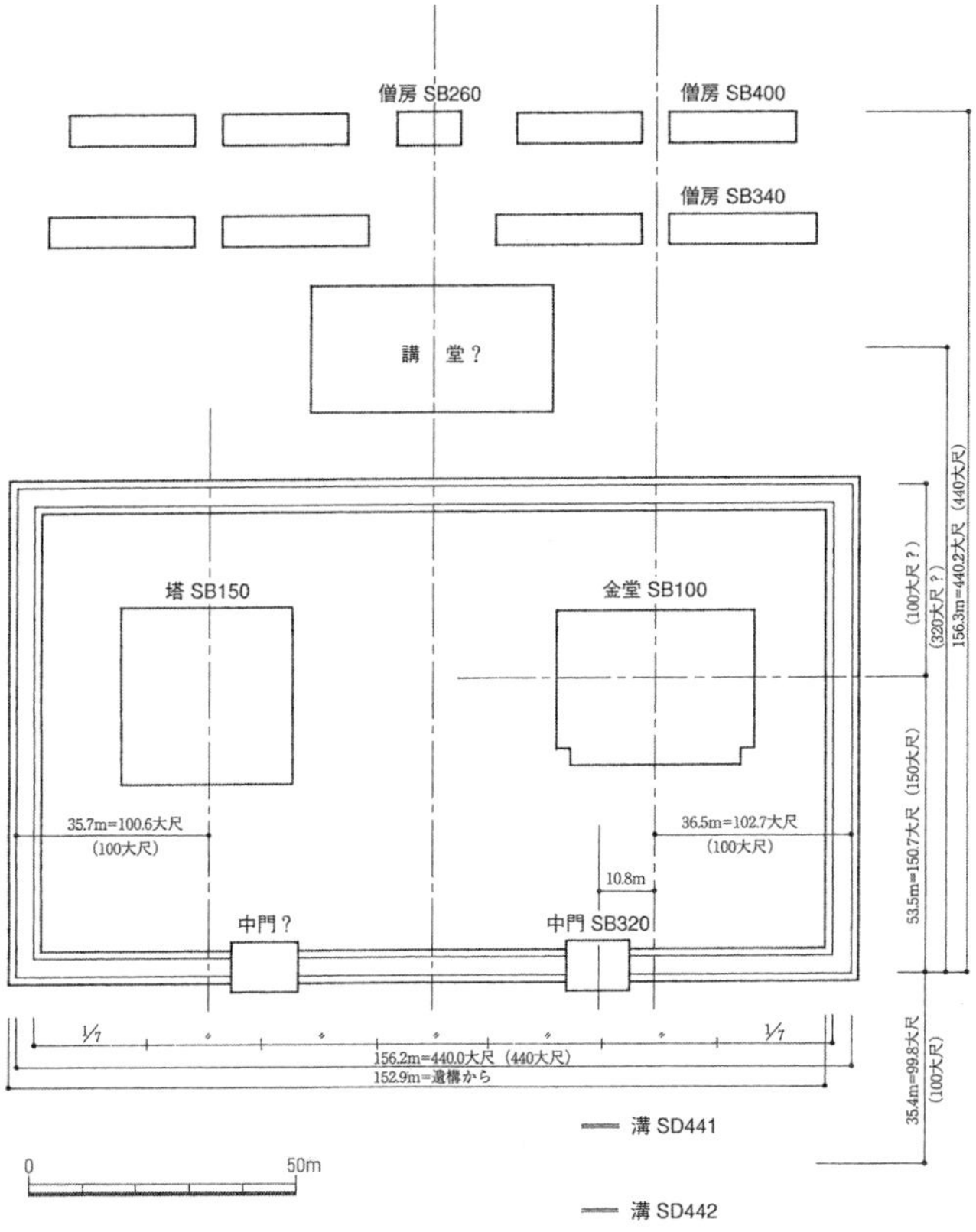

図49　吉備池廃寺の伽藍配置復元図
（奈良文化財研究所『大和吉備池廃寺』2003年）

百済大寺の発見

この大規模な金堂・塔を配した吉備池廃寺の付近は、それ以前に和田萃《あつむ》氏が香久山の西北に百済《くだら》の地名を想定したことがある（和田一九八四）。そこで、その百済の地名が広く東にも及ぶものと考えられ、『日本書紀《にほんしょき》』舒明《じょめい》十一年（六三九）に、百済川のほとりに百済宮と百済大寺《くだらおおでら》を建立したと記すことから、百済大寺に想定されることになった。しかも、百済大寺には九重塔を建てたと『日本書紀』に記されるので、検出された大規模な塔はまさに九重塔とみなされるものであった。

吉備池廃寺を百済大寺とする想定は、葺かれた軒丸瓦の様式が、蘇我倉山田石川麻呂《そがのくらやまだのいしかわまろ》が舒明十三年（六四一）に造営を開始し、皇極二年（六四三）に金堂を建てたとする山田寺の軒丸瓦よりも蓮弁と外区の圏線の表現からみて先行し、年代的にも妥当なものと推測されている。この吉備池廃寺が百済大寺であるとすると、『大安寺資財帳《だいあんじしざいちょう》』に舒明天皇が聖徳太子の熊凝精舎《くまごりしょうじゃ》を本格的な寺院にするよう依頼を受けて建立したとする縁起を記しており、また建てた直後に焼失したとする記述に相当する。

東アジアの九重塔

吉備池廃寺は、百済大寺と呼ぶのにふさわしい大伽藍が造営されていた。しかも九重塔を建てていた。九重塔は、中国では北魏《ほくぎ》が洛陽《らくよう》に建立した永寧寺《えいねいじ》に建てられており、永熙三年（五三四）焼失したことも知られている。

また、朝鮮半島では、百済の武王《ぶおう》（六〇〇〜六四一）のとき、扶余《ふよ》の南にあたる益山の弥勒寺《みろくじ》に九重塔を建てている。新羅《しらぎ》も、善徳女王十四年（六四五）に慶州の皇龍寺《こうりゅうじ》に大規模な九重塔を構築した。舒明天皇も、百済が弥勒寺に建てた九重塔を意識して建立したものと推測される。

軒瓦の文様と系譜

百済大寺に葺いた軒平瓦には、斑鳩寺《いかるがでら》（若草伽藍《わかくさがらん》）の軒平瓦の瓦当《がとう》文様をつけた同じパルメット文様の笵（型）による忍冬唐草文を施文している。これは、聖徳太子が建てていた小規模な熊凝寺を舒明天皇が国家的な百済大寺として建てることになったので、斑鳩寺からこの軒平瓦の笵型が提供されたものとみてよい。しかも、斑鳩寺に葺いたパルメットの忍冬唐草文は、横方向に交互に上下を反転しながら施文しているのに、百済大寺では同一方向に並べて施文している。これは、斑鳩寺から軒平瓦の笵の提供をうけながら、斑鳩寺と同一に施文するのをあえて避けたものと推測される。この笵の移動によって、『大安寺資財帳』の縁起に記載する熊凝寺との関連を具体的に裏付けたことになる（図50）。

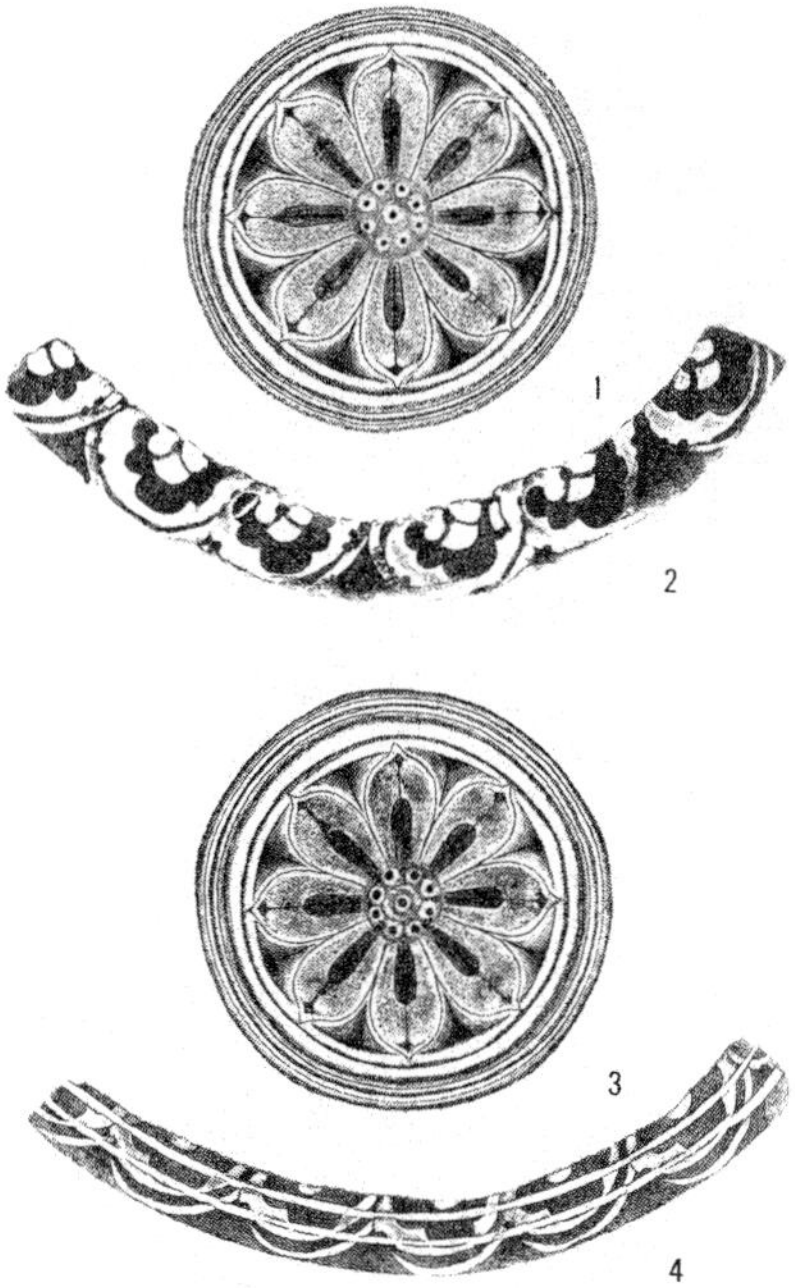

図50　吉備池廃寺の軒瓦
（飛鳥資料館図録『幻のおおでら―百済大寺』1999年）

百済大寺の伽藍は、東に金堂、西に塔を配しており、それまでにない新様式の伽藍配置であった。この配置は塔と金堂を南北一列に配す四天王寺式を側面から見た配置である。しかも塔よりも金堂を優位にみなし、東に配したものと推測される。天智九年（六七〇）、斑鳩寺（若草伽藍）が焼失すると、法隆寺西院の伽藍は、この伽藍様式で再建し、今日に至ったので、広く法隆寺式と呼んでいる。

さて、百済大寺の単弁八弁様式の軒

丸瓦は、これと同笵のものが大阪市の四天王寺でも葺かれている。これは四天王寺の瓦窯である楠葉・平野山瓦窯で焼成したことも判明している。では、百済大寺の軒丸瓦が四天王寺に葺かれたのはなぜだろうか。

阿倍倉橋麻呂と百済大寺の再建

『大安寺資財帳』は、建立された直後に百済大寺が焼失したので、再建のため、皇極朝に阿倍倉橋麻《あべのくらはしま》呂《ろ》と穂積百足《ほづみのももたり》を造寺司に任命したことを記している。蘇我氏が倒された乙巳《いつし》の変《へん》の後、都が飛鳥から難波《なにわ》に遷ると、阿倍倉橋麻呂は、孝徳朝の左大臣になった。『日本書紀』大化四年（六四八）二月四日条に、この倉橋麻呂が四天王寺の塔に仏像四体と霊鷲山《りようじゆせん》という釈迦が法華経などを説いた山の形を造っておさめたことを記している。そこで、菱田《ひしだ》哲郎《てつお》氏は、この塔での修造の際に、百済大寺の造寺司とかかわっていた倉橋麻呂が百済大寺の瓦窯から楠葉・平野山瓦窯に瓦当笵を移動させ、同笵の軒丸瓦を焼成して塔に葺いたものと推測している（菱田一九九四）。このときの塔の修造の規模は明らかでないが、部分的ながら屋根の修復もともなったものと推測し得るであろう。

では、さらに大和の橿原市木之本廃寺にも百済大寺の同笵軒瓦が葺かれたのはなぜだろうか。『大安寺資財帳』には、百済大寺を天武朝に再建して高市大寺を建てたと記しているので、高市大寺とみなす考えが有力視されている。しかし、木之本廃寺を建てた寺域の一帯は、藤原宮の東南部に位置し、古代には高市郡ではなく十市郡にふくまれる地なので、そうとは考えられないとする研究者もいる。これについては、今後の発掘により木之本廃寺の堂塔を検出し、しかも百済大寺のような大規模な金堂や九重塔を構築しているかを確認することが不可欠である。

11 山田寺跡《やまだでらあと》

——特徴ある金堂と伊賀の夏見廃寺での導入——

図51　山田寺の金堂跡

山田寺建立の経緯

古代の飛鳥の中心部には、西の軽の地（近鉄橿原神宮前駅付近）から豊浦《とゆら》、雷丘《いかづちのおか》、山田をへて阿倍《あべ》をむすぶ阿倍・山田道が通っていた。この道に接するように東の山田の地に山《やま》田寺《だでら》が建てられていた（図51・52）。

この山田寺は、蘇我《そが》氏の傍系氏族の蘇我石川麻呂《いしかわまろ》（蘇我倉山田石川麻呂ともいう）が建てたもので、『日本書紀《にほんしょき》』天武《てんむ》十四年（六八五）八月十二日条に、天武天皇が浄土寺（山田寺）を拝したことを記している。また、山田寺は『上宮聖《じょうぐうしょう》徳法王帝説《とくほうおうていせつ》』の裏文書に浄土寺と記し、この伽藍《がらん》を構成する堂塔を造営する次第《しだい》が詳細に記されていた。それによると、舒明十三年（六四一）に寺地の整地がおこなわれ、皇極二年

（六四三）に金堂《こんどう》が建てられた。しかし、大化五年（六四九）三月二十五日に右大臣の蘇我石川麻呂が謀反《むほん》という冤罪《えんざい》で自害したことから中断することになった。そして、天武五年（六七六）四月八日に塔が完成し、ようやく天武十四年（六八五）三月二十五日に丈六仏の開眼会がおこなわれ、完成したことが記されている。

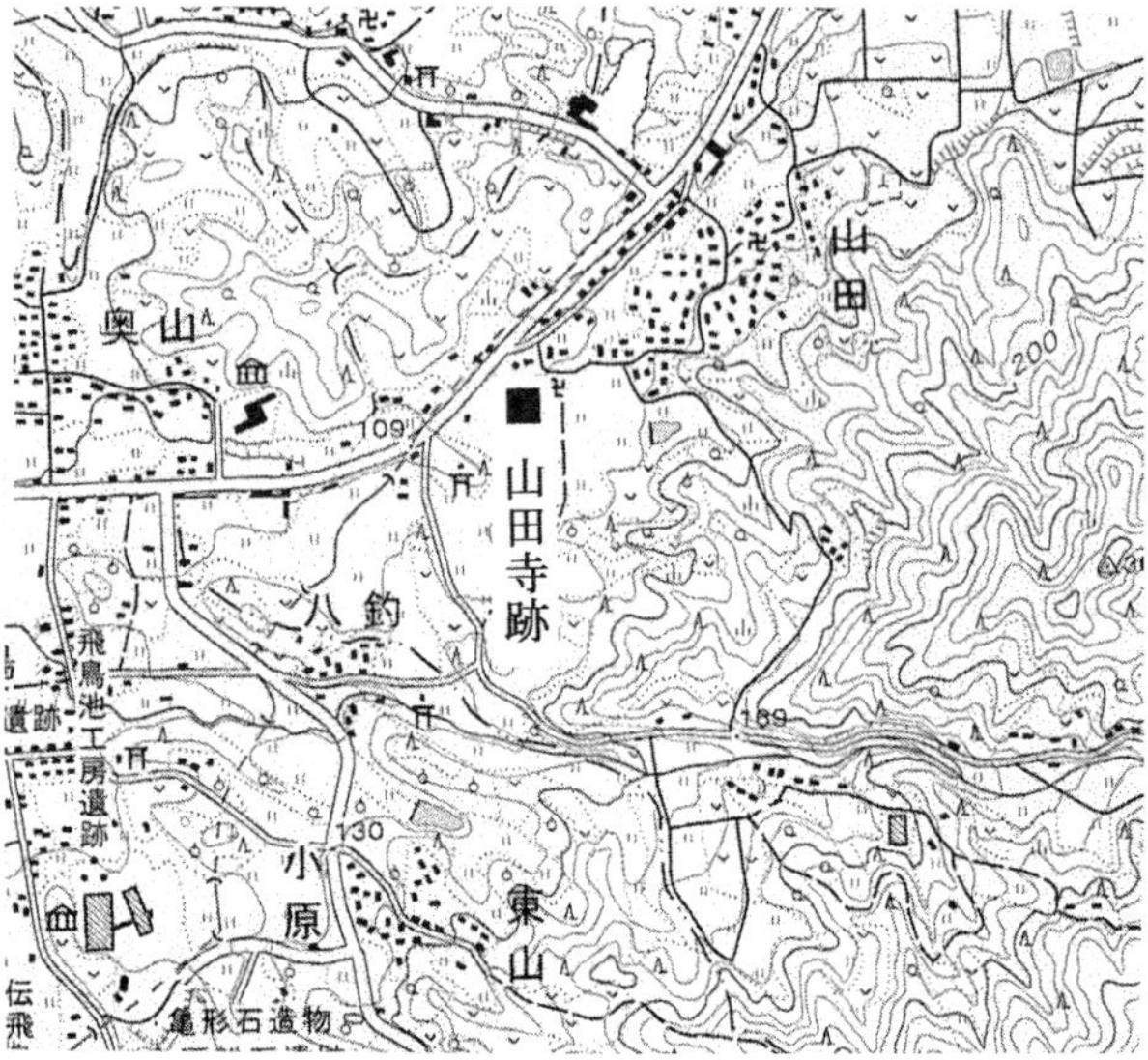

図 52　山田寺跡の位置

礎石と採集された瓦

山田寺跡は、明治三十七年（一九〇四）に高橋健自《けんじ》氏によって雑誌『考古界』第四編一号に報告された文によると、堂塔の礎石《そせき》もかなり遺存していたようで、いくつか図示している。しかし、その後の明治末年に、大阪などに礎石がもちだされたようで、金堂跡に礎石二個が残るだけになった。大阪の藤田美術館が山田寺の金堂・塔跡の礎石六個を所蔵しており、その一つに、柱座を円形に造り出し、しかも十二弁の蓮弁を彫り出したものもある。

山田寺には単弁八弁蓮華文で、外周に重圏文《じゅうけんもん》をつける軒丸瓦《のきまるがわら》と重弧文《じゅうこもん》軒平瓦を組んで葺いており、単弁様式の山田寺式としてよく知られている（図53）。この単弁様式は、陸奥国伏見廃寺《ふしみはいじ》や上総国の竜《りゅう》角寺《かくじ》跡など東国にも広まっている。金堂跡からは塼仏《せんぶつ》も多く採集されている。

発掘で判明した伽藍配置

山田寺跡は、一九七六年（昭和五十一）から奈良国立文化財研究所が継続的に発掘し、堂塔の規模や伽藍の全体がほぼ判明した。この第一次の発掘は塔跡から開始し、著者もこれにかかわった。その後の発掘では、東回廊の建物が倒壊したままの状態で検出され、飛鳥様式の貴重な建築物そのものが出土したことから注目され、また話題にもなったのである。発掘結果によると、山田寺が建立された地は、もとは東から西へ緩く傾斜する地形をなしており、東方にある丘陵の西端部を削り、西側一帯に厚く整地して、平坦な寺地を造成していたことが判明した。

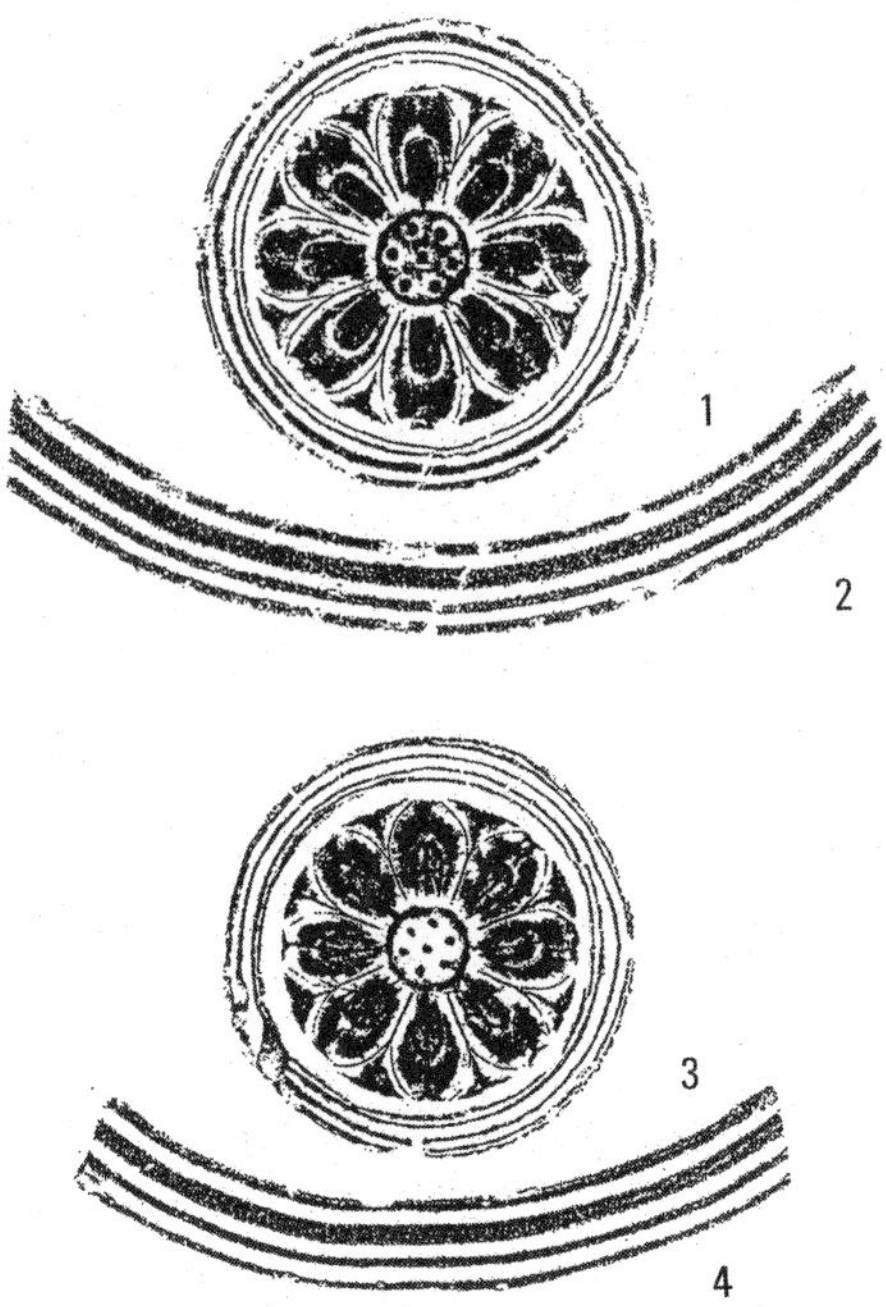

図 53　山田寺跡の軒瓦
（花谷浩「京内廿四寺について」奈良国立文化財研究所『研究論集』XI、2000 年）

それまでは山田寺の堂塔の伽藍は、塔・金堂・講堂を南北一列に配し、回廊をめぐらせた四天王寺《してんのうじ》と同様のものとみなされていた。しかし、塔・金堂・講堂は南北に並ぶが、検出された北回廊は四天王寺のように講堂にはとりつかず、金堂と講堂の間をめぐっていた。しかも南北に長い回廊ではなく、ほぼ正方形をなしており、飛鳥《あすか》寺《でら》の回廊に近いものであることが判明した。

特徴ある金堂の礎石配置

南の塔跡は、一辺一二・九メートルの方形基壇をなし、四辺の中央部に階段をつけている。礎石は四天柱のうち西北隅のものと心礎《しんそ》だけが原位置に残っていた。礎石の据え付け痕跡から、塔は桁行《けたゆき》・梁行《はりゆき》とも三間で、柱間は中央間が八尺、脇間が七尺のものであった。心礎は基《き》壇《だん》の上面から一メートル下で検出され、径一・八メートル、厚さ〇・八メートルほどのもので、中央部に径〇・三メートルの舎利《しゃり》孔《こう》を穿っていた。『上宮聖徳法王帝説』の裏文書に、心礎の舎利孔に舎利容器を納めたことを詳しく記しているが、検出された舎利孔は空の状態であった。

その北の金堂跡は、基壇上に二個の礎石が旧位置のまま遺存していただけであった。礎石の据え付け痕跡から、身舎《もや》は桁行三間、梁行二間、庇もまた桁行三間、梁行二間という飛鳥では例のない礎石の配置をなしていたことが判明した（図54）。しかも、金堂の地覆石《じふくいし》に長方形に刳りこんだものがあり、また庇の柱間に間柱《まばしら》が立っていたとみなされるので、金堂の外観は飛鳥時代に通常の金堂にみるように、桁行五間、梁行四間にみえるものであったと復元される。また、金堂基壇の西側に設けた階段の側石には、爪をたてた獣類の肢《あし》と尾が立った状態を示す浮彫りの一部があり、四神の虎を表現していた可能性が高い。

以上の塔基壇と金堂基壇は、ともに黄褐色の山土をていねいに搗《つ》き固めており、みごとに版築して築成していた。その後に進めた東回廊の発掘で、前述したように回廊の建物が倒壊した状態で検出されている。

さて、山田寺の金堂で検出された身舎、庇ともに、桁行三間、梁行二間に礎石を配する金堂の例は、じつは第二次世界大戦が終わってまもない一九四六・四七年（昭和二十一・二十二）に発掘された三重県名張市にある夏見《なつみ》廃寺で見つかっていた。そこで、ここでは夏見廃寺の発掘を紹介し、あわせて山田寺の金堂と夏見廃寺の金堂で、このような特異な礎石配置を採用した歴史的な背景を少し考えてみることにする。

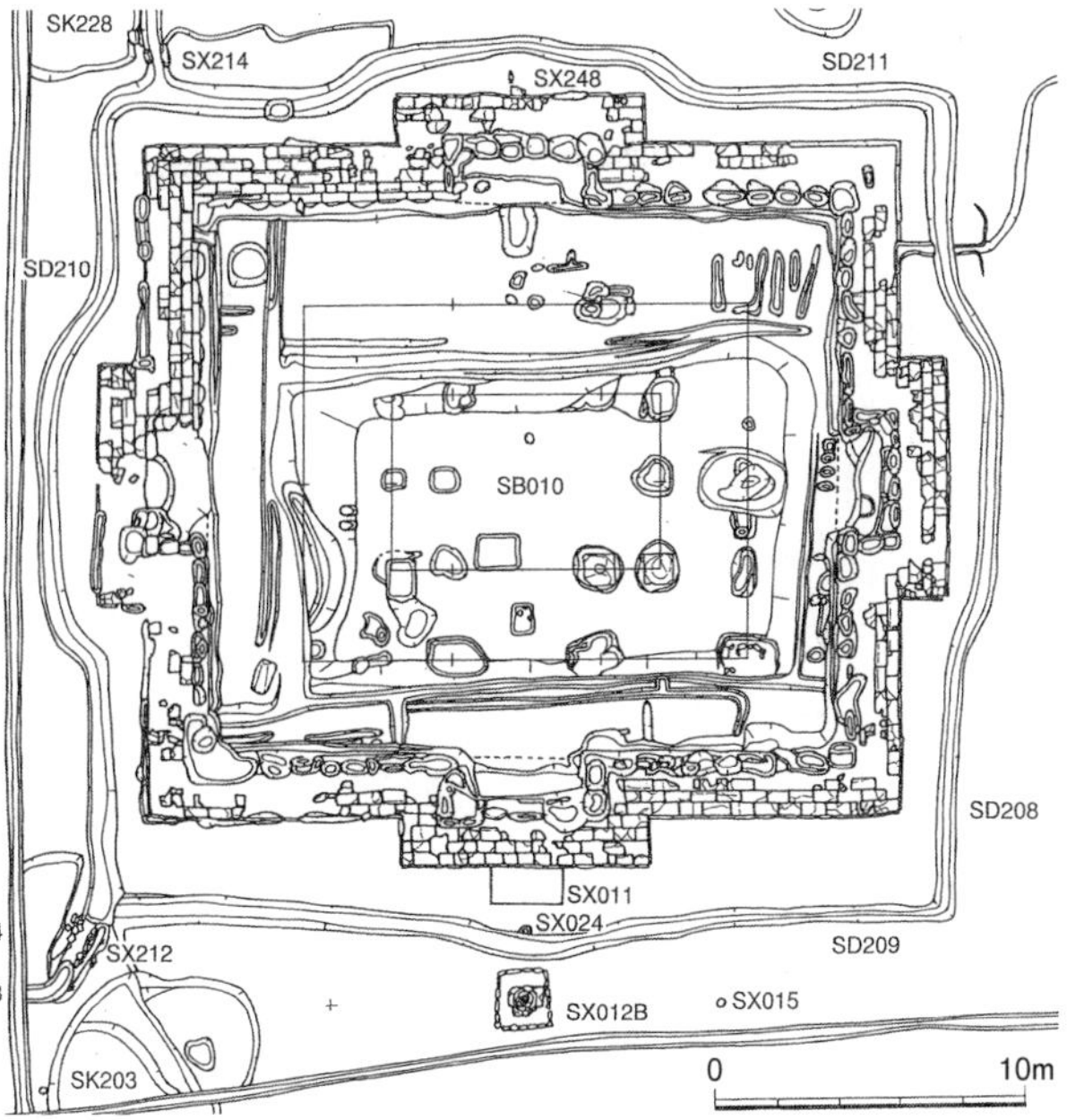

図54　山田寺の金堂跡図（奈良文化財研究所『大和山田寺跡』2002年）

伊賀の夏見廃寺の発掘

一九四六年のこと、京都大学考古学研究室は、三重県名張市にある夏見《なつみ》廃寺の発掘をおこなった。それまで夏見廃寺からは、大型で阿弥陀仏と付き従う多くの眷属《けんぞく》を表現した多《た》尊塼仏《そんせんぶつ》が採集されていたので、美術史家も注目する古代寺院であった。これと同一の笵型で製作された多尊塼仏の破片は、他に京都市左京区岡崎にある藤井《ふじい》有鄰《ゆうりん》館《かん》でも所蔵していた。

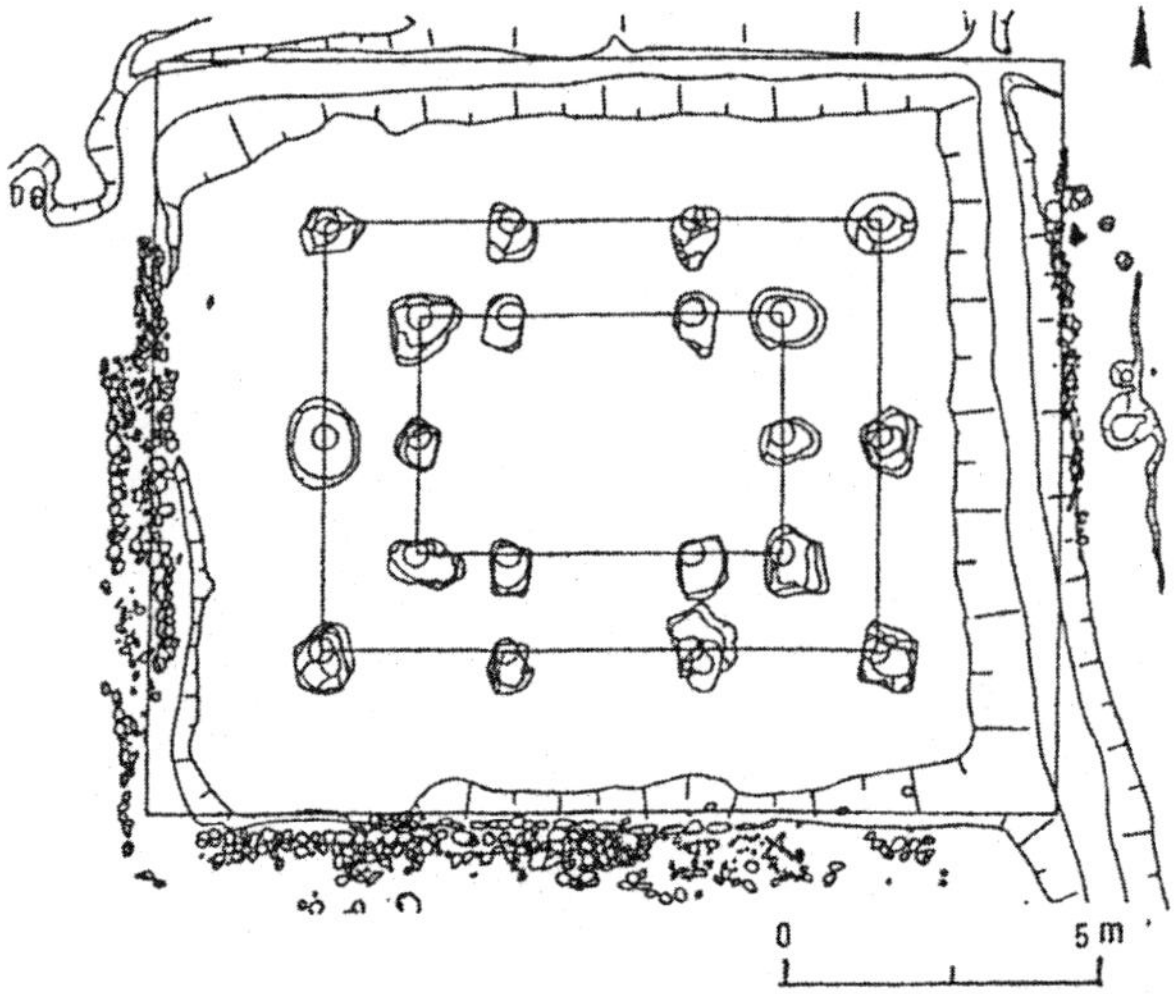

図 55　夏見廃寺の金堂跡図
（水口昌也『夏見廃寺』名張市教育委員会、1988 年）

発掘した夏見廃寺では、東に塔跡、その西で金堂跡の礎石がじつによく遺存しており、法起寺式の伽藍配置をなすことが判明した。このうち、金堂跡の礎石は、桁行の側柱列、入側柱列ともに三間、妻柱列と入妻柱列は二間に礎石を配した特異なものだった。すなわち身舎も庇も桁行三間、梁行二間に礎石を配したものであった。初めて金堂にこのような礎石を配した仏堂が検出されたのである（図55）。一方、講堂はその北側で所在する位置を探したが、発掘期間中には見つからなかった。この発掘でも、大型の多尊塼仏の破片が見つかり、夏見廃寺で多尊塼仏が出土することを確認することになったのである。

夏見廃寺は昌福寺か

それから四年後のこと、美術史家の毛利久氏が、夏見廃寺は前田家本『薬師《やくし》寺《じ》縁起《えんぎ》』により大来皇女《おおくのひめみこ》が夏見に建て、神亀四年（七二七）に完成した昌福寺《しょうふくじ》とみなされるという見解を雑誌『史迹と美術』第二一五号（一九五一年）に公表した。しかも、この『薬師寺縁起』には、大来皇女が天武天皇を弔うために建てたと記しているが、それは表向きのことで、じつは弟の大津《おおつ》皇子を弔うために昌福寺を建立したものであったとする見解を明らかにしたのである（毛利一九五一）。

　このような斬新な毛利説に対し、そうとはみなせないとする薮田《やぶた》嘉《か》一郎《いちろう》氏との間で、大津皇子か否かをめぐり、夏見廃寺論争が展開することになった。しかし、この論争は決め手がなかったので、結着をみないままに終わった。

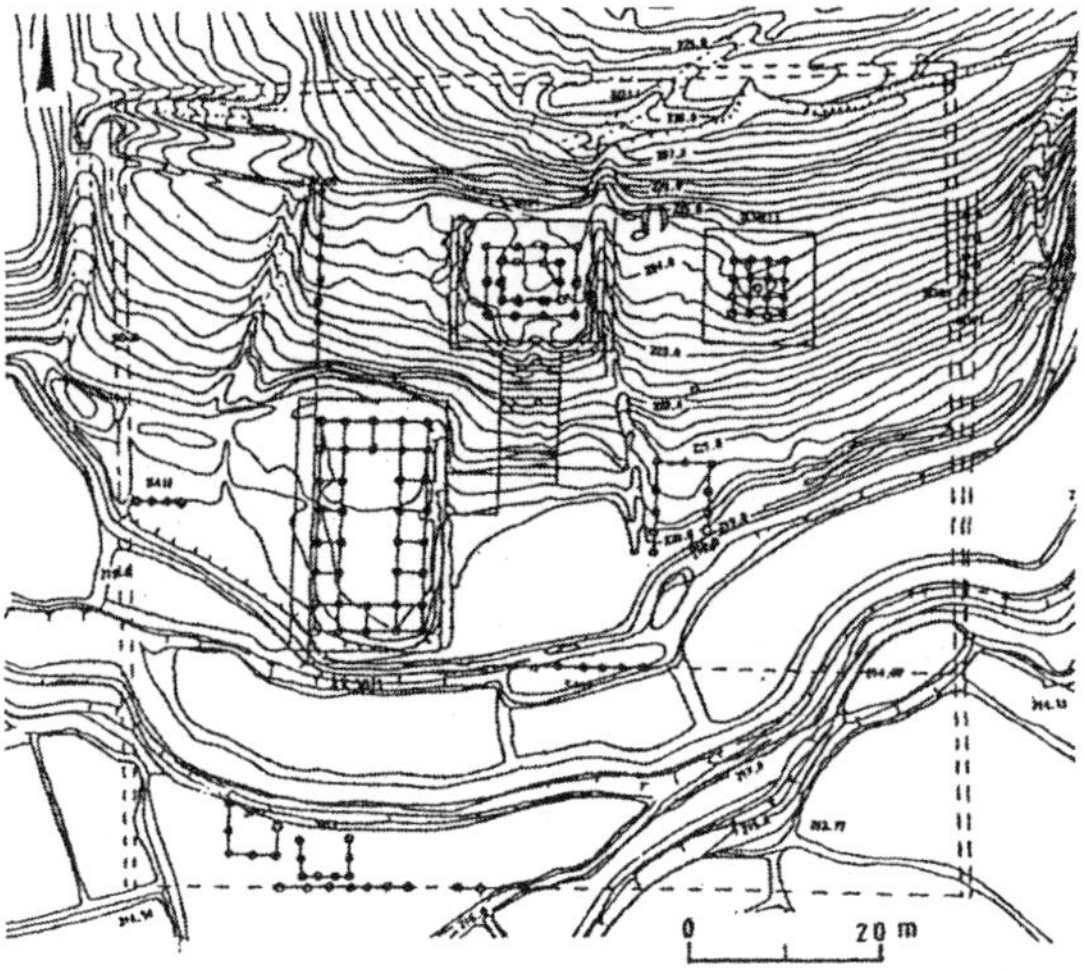

図56　夏見廃寺の伽藍配置
（水口昌也『夏見廃寺』名張市教育委員会、1988年）

再発掘で判明した講堂と大量の瓦

　一九八五・八六年（昭和六十・六十一）、名張市教育委員会は、戦後間もなく実施した京大考古学研究室によるすぐれた発掘成果をふまえ、夏見廃寺を史跡に申請することを目的に、伽藍配置の再確認と寺域の範囲を明らかにする再発掘を実施している。その結果、それまで未検出だった講堂を、意外にも金堂の西南で検出している（水口一九八八）。しかも掘立柱式による南北棟建物を構築していたことが判明した（図56）。

　この夏見廃寺の発掘では大量の瓦類が出土した。それらのうち軒丸瓦類には、創建期のⅠ類として単

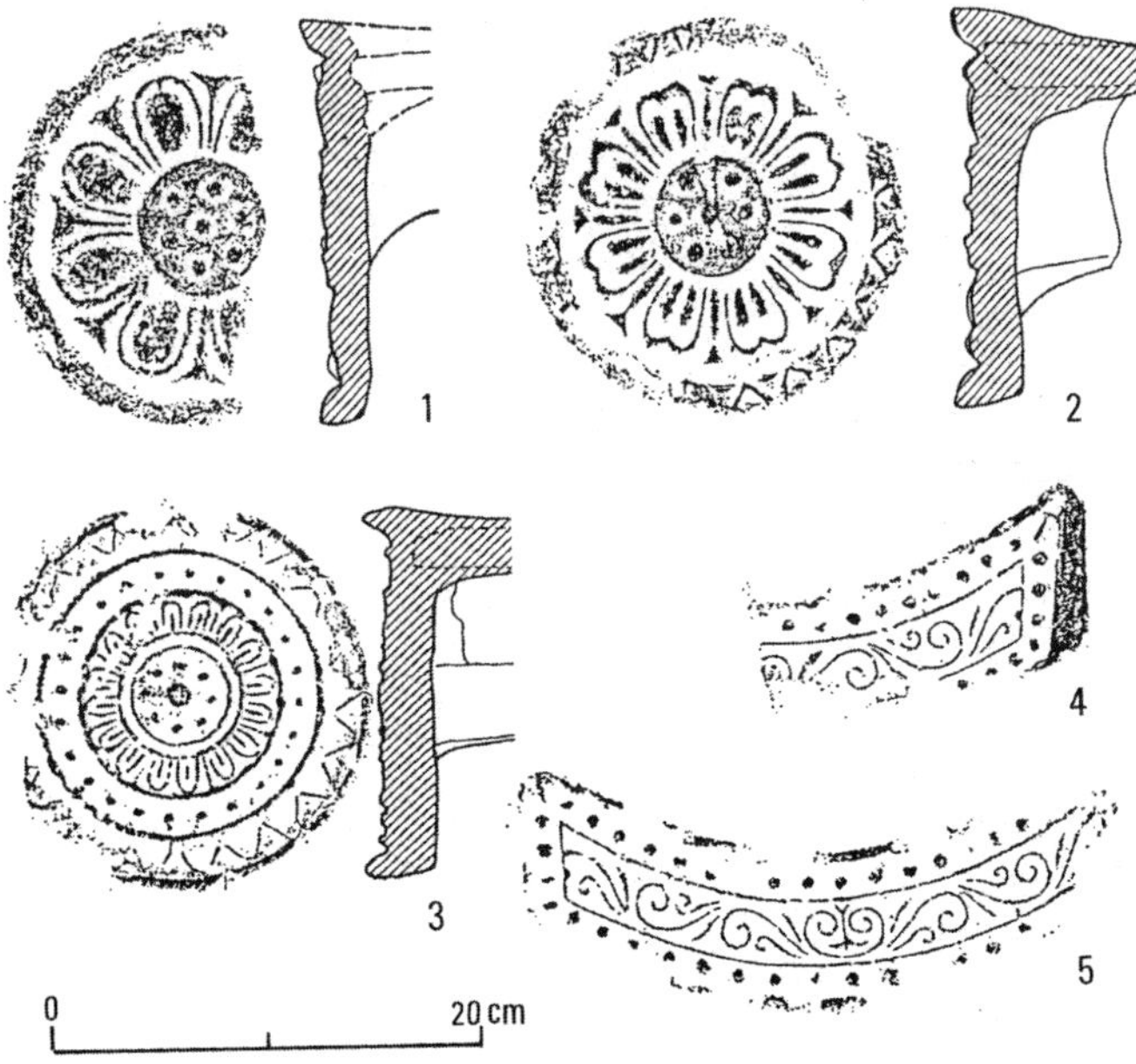

図57　夏見廃寺の軒瓦（水口昌也『夏見廃寺』名張市教育委員会、1988年）

弁八弁蓮華文の白鳳期のもの、それに続くⅡ類に複弁八弁蓮華文で線鋸歯《きよし》文《もん》縁のもの、Ⅲ類に複弁八弁蓮華文で、外区に珠文と線鋸歯文をつけるものがある。また、軒平瓦にⅠ類は三重弧文、Ⅱ類に均整唐草文のものがある。これらのうち、軒丸瓦のⅠ・Ⅱ類は七世紀末、Ⅲは平城宮の６２８２型式に類似するもので、奈良県毛原《けはら》廃寺の創建瓦と同笵《どうはん》のものである。また、軒平瓦のⅠ類は七世紀末、Ⅱ類は平城宮の６６８９型式と酷似し、しかも平城宮のものに先行するもので、毛原廃寺の創建軒平瓦と同笵である（図57）。

以上のような出土した軒瓦からみると、夏見廃寺は七世紀末に金堂が建てられ、ついで塔や講堂は、八世紀前半に大和の山辺郡に建立された毛原廃寺の岩屋瓦窯《がよう》から供給された軒丸瓦、軒平瓦によって葺かれたことが明らかになった。

夏見廃寺の造営目的

このような堂塔に葺かれた軒瓦からすると、夏見廃寺は前田家本『薬師寺縁起』に記すように、七世紀末に創建され、さらに神亀四年（七二七）に完成した可能性がきわめて高いことになるのである。また、夏見廃寺は、大来皇女が七世紀の末に金堂を建立したものと推測されるが、大来皇女は大宝元年（七〇一）に没しているので、在地の有力氏族である夏見氏、もしくは名張氏らが塔・講堂を構築し、完成させたものと推測される。

さらに、『万葉集《まんようしゅう》』巻二に収録された大来皇女が詠んだ歌、

我が背子を　大和へ遣《や》ると　さ夜ふけて　暁露に　我が立ち濡れし　（巻二―一〇五）

（私の弟を　大和へ帰るのを見送ろうとして　夜もふけて　暁の露に　わたしは立ち濡れた）

からすると、夏見廃寺は大来皇女が大津皇子を弔うために建てた可能性がきわめて高い。しかも夏見廃寺の金堂と山田寺の金堂に、身舎・庇の桁行三間、梁行の妻柱列・入妻柱列ともに二間の礎石配置をなしていることは、以下に述べるように、それを証明しているように理解されるのである。

飛鳥の山田寺金堂に導入された礎石配置は、その建立時にはじつに斬新な様式のものであったと思われる。しかし、檀越《だんおつ》であった蘇我石川麻呂が謀反の冤罪によって非業の死をとげたことから、これと同一の礎石配置による金堂を模して構築したものは、類例が乏しいことからみて、おそらく忌避されることになった可能性が少なくない。しかし、それにもかかわらず、山田寺の金堂が構築後、四〇数年後に夏見廃寺が山田寺の金堂の柱配置をモデルとし、しかも間口、奥行を半分の規模で建てている。

このように山田寺の金堂を模しているのは、大来皇女が夏見廃寺の金堂を建てた際に、謀反の罪で亡

くなった弟の大津皇子を弔うとともに、同じく謀反の疑いという冤罪で非業の死をとげた曾祖父の蘇我石川麻呂をもあわせて弔おうとしたものでなかったかと思われる。伊勢神宮の初代の斎王《さいおう》だった大来皇女は、大津皇子・蘇我石川麻呂の二人が謀反にかかわるという因果に重い歴史を感じとり、二人をあわせて弔うことを考え、山田寺の金堂を模して夏見廃寺の金堂を建立した可能性がきわめて高いものと推測されるのである。

大型多尊塼仏はだれが提供したか

一方、二〇〇五年（平成十七）、御所市二光寺廃寺《にこうじはいじ》から、夏見廃寺の大型多尊塼仏と同笵（型）の大型の破片が出土している（図58）。しかも、笵のキズからみると、二光寺廃寺のものが先に製作されたことがわかる。また二光寺廃寺からは、すぐ近くにある朝妻廃寺、さらに飛鳥にある東漢氏《やまとのあや》の檜隈寺《ひのくまでら》に葺かれた同笵軒丸瓦も出土している。

これらの出土資料からすると、夏見廃寺にもたらされた大型多尊塼仏は、二光寺廃寺の建立氏族が提供したものであったと推測される。しかも、二光寺廃寺と朝妻廃寺は同笵軒瓦が葺かれており、同一の氏族が建立したものであり、いずれも朝妻氏の氏寺であったとみてよいものである。この朝妻氏は、優れた金工技術、文化・学問、さらに軍事力を有する東漢氏と同族の氏族である。そして、大津皇子は、漢詩や漢文学によく通じていたことからすると、朝妻氏は大津皇子の乳部《みぶ》として、大津皇子の幼少時に漢詩や漢文学を教えたのではなかろうか。

夏見廃寺から出土する阿弥陀仏を本尊とする大型多尊塼仏は、まさに大津皇子を養育した東漢氏と同族の朝妻氏が、予期せぬ非業の死をとげた大津皇子を弔うために提供したものであったとみてまちがいないであろう。第二部で、二光寺廃寺と朝妻《あさづま》廃寺を取り上げることにしよう。

図58　夏見廃寺の大型多尊塼仏の復元（倉吉市博物館『塼仏』1992年）

第二部

白鳳時代の古代寺院

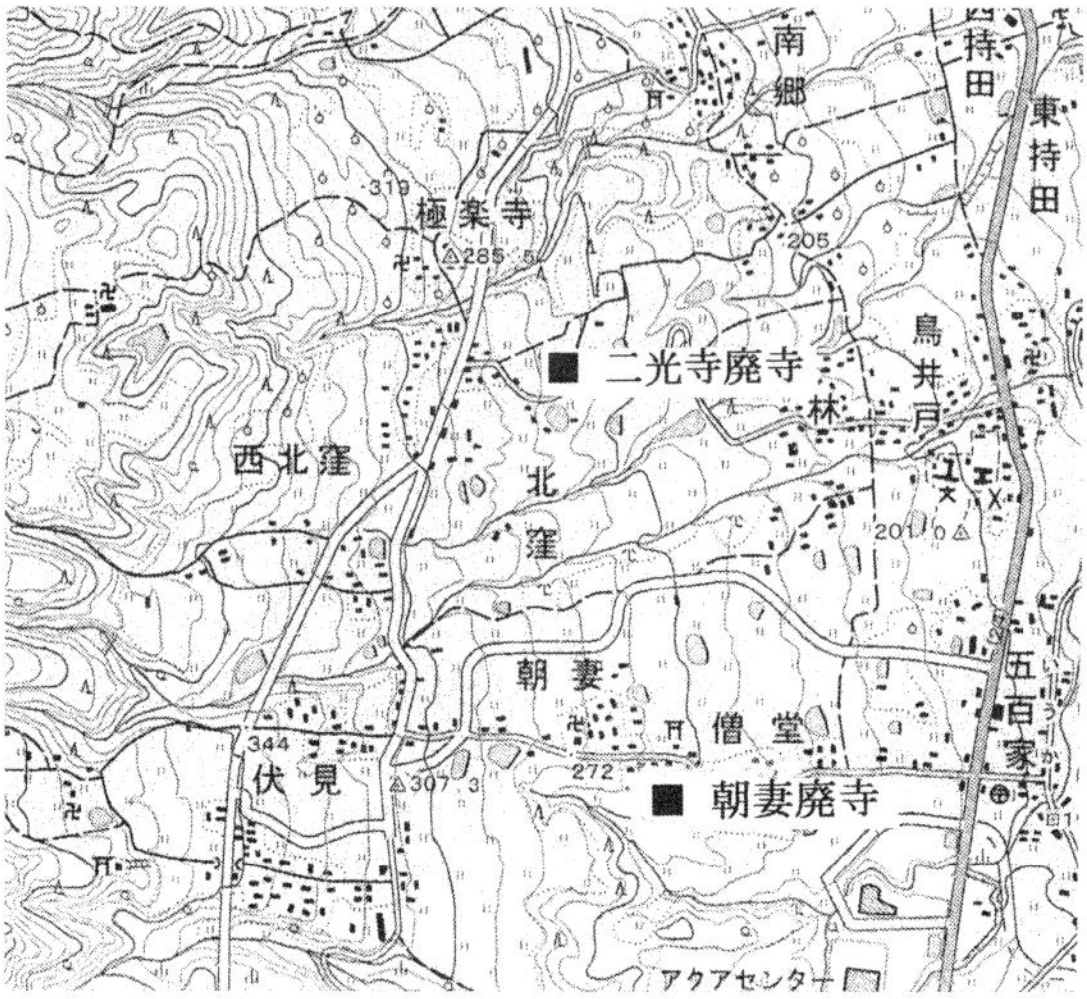

図59　二光寺廃寺の位置

1 二光寺廃寺・朝妻廃寺

にこうじはいじ・あさづまはいじ

―東漢氏の一族が建立した渡来系氏族の氏寺―

新たに見つかった二光寺廃寺

二《に》光《こう》寺《じ》廃寺《はいじ》と朝妻《あさづま》廃寺は、御所市の西南部に建立された古代寺院である。これらのうち二光寺廃寺は、一九九八年（平成十）から二〇〇四年（平成十六）にかけて圃《ほ》場《じょう》整備事業に先だって発掘された南郷《なんごう》遺跡群の一つとして、新たに見つかった古代の氏寺跡である。

二光寺廃寺は、古墳時代の首長《しゅちょう》居館《きょかん》がみつかった極楽寺《ごくらくじ》ヒビキ遺跡の南二五〇メートルの地にあった廃寺である。発掘した調査地から、古代寺院を構成する堂塔の基壇《きだん》の一部が検出されている。この堂塔の基壇は、東西一二・五メートル以上、南北一七・二メートルのもので、自然石の礎石《そせき》が基壇上に完全に残っていた（図59・60）。この仏堂は、遺存する礎石からみると、桁行《けたゆき》四間以上、梁行《はりゆき》四間の東西棟の建物で、もとは桁行五間、梁行四間をなすものであったと推測される。東西の桁行は一〇尺（二・九メートル）等間、梁行は身舎《もや》が一一尺、南北の庇が一〇尺で、金堂《こんどう》であったとみてまちがいない（図61）。

基壇の外装は、基壇端に花崗岩《かこうがん》の石列がよく残っており、乱石積したものであった。大和の西南部には、少しだけ北に離れたところに二上山があり、そこに基壇外装に適した凝灰岩《ぎょうかいがん》が産出するにもかかわらず、ここでは凝灰岩の切石は使用されていない。

図60　発掘された二光寺廃寺の礎石建物跡
（奈良県立橿原考古学研究所提供）

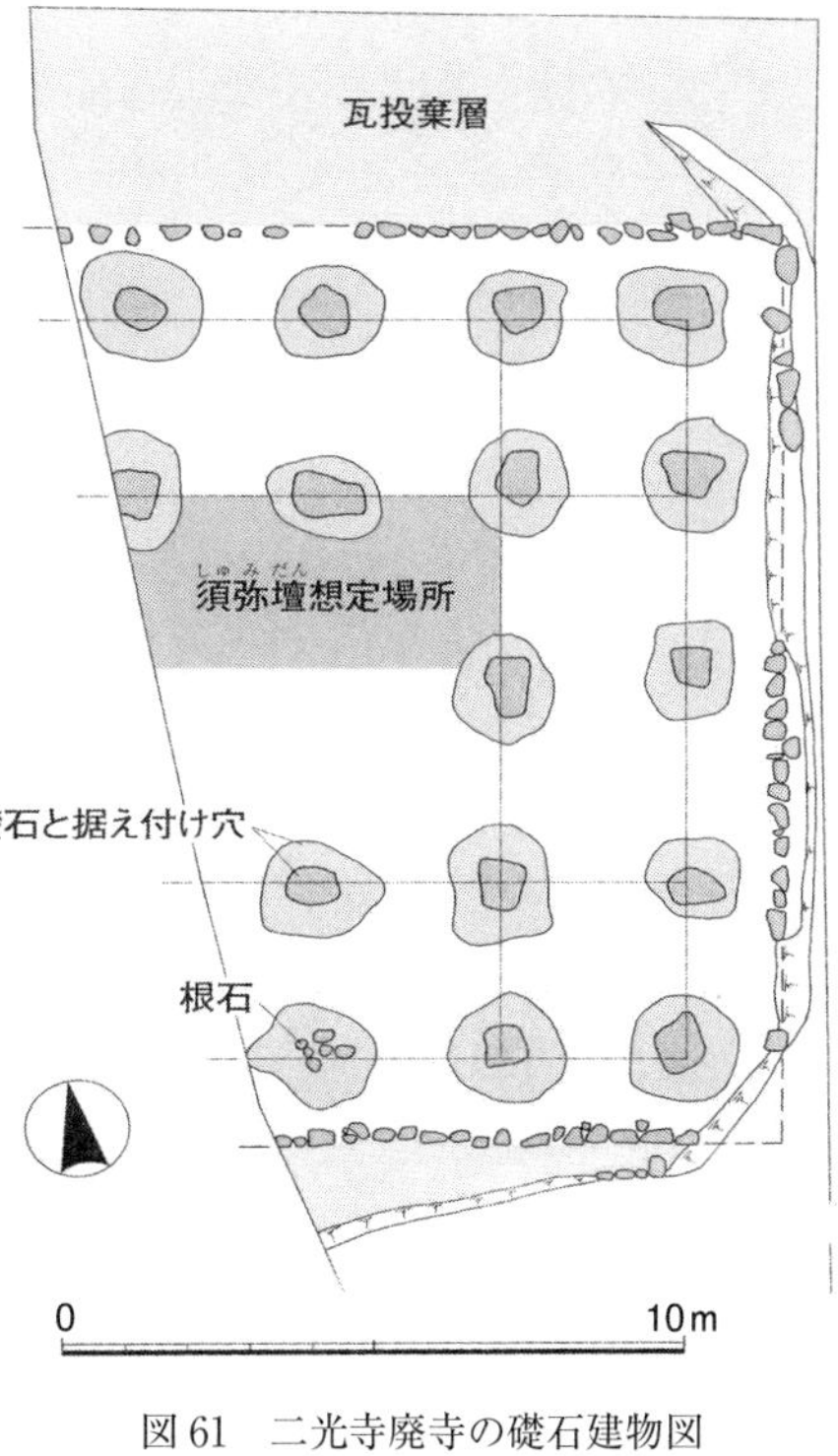

図61　二光寺廃寺の礎石建物図
（奈良県立橿原考古学研究所『御所西北窪　二光寺廃寺』リーフレット、2005年）

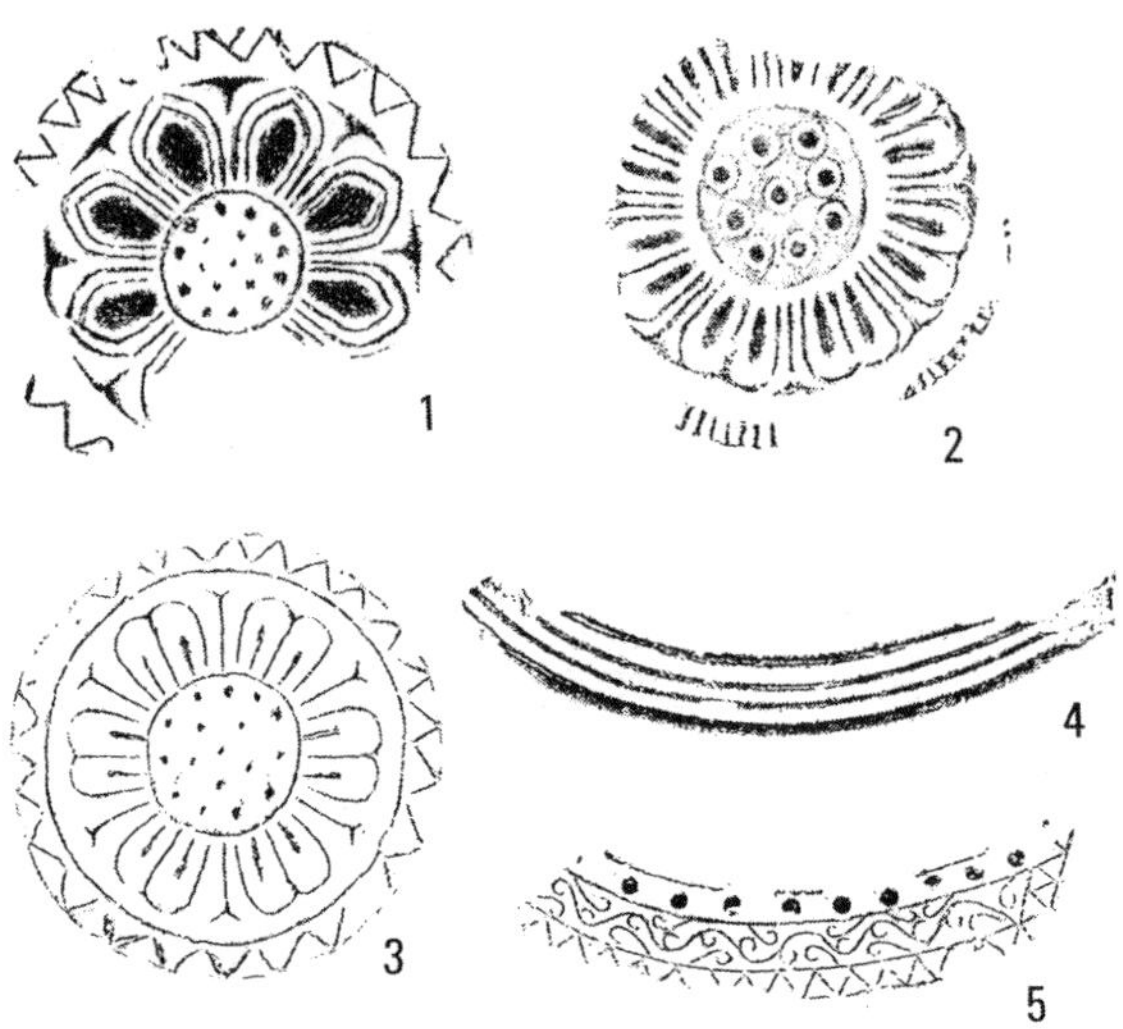

図62　二光寺廃寺の軒瓦
（奈良県立橿原考古学研究所『奈良県遺跡調査概報』2005年）

軒瓦からみた二光寺廃寺の性格

基壇の周辺からは、大量の瓦類の他に、塼仏《せんぶつ》と土器などが出土している。これらの出土した遺物では、とりわけ二光寺廃寺の性格を知るうえで、瓦類と塼仏が注目される。

出土した軒瓦《のきがわら》のうち、軒丸瓦《のきまるがわら》に複弁六弁蓮華文で外縁に線鋸歯《きょし》文《もん》をつけるもの、複弁八弁蓮華文で外縁に輻線文《ふくせんもん》をつけるものがある（図62）。前者の線鋸歯文をつけたものは南六〇〇メートルにある朝妻廃寺の軒丸瓦と同笵《どうはん》のもの（図62―3）、後者の輻線文のもの（図62―2）は、飛鳥の西南部に建立されている檜隈寺《ひのくまでら》に葺かれたものと同笵である。朝妻廃寺は塔の心礎《しんそ》と堂跡とみなされるものが遺存し、屋瓦が散布する廃寺であり、檜前寺《ひのくまでら》は東漢《やまとのあや》氏の氏寺として知られるものである。

このように、二光寺廃寺の創建時の軒丸瓦は、すぐ近くに建てられている朝妻廃寺と飛鳥の渡来系氏族の東漢氏の氏寺の軒瓦と同笵のものが葺かれていた。さらに続く奈良時代の軒瓦には、金剛山の山中に建てられた高宮廃寺のものと同笵のものもあり、朝妻廃寺から採集されている軒瓦よりも多く出土している。

こうしてみると、新たに見つかった二光寺廃寺は、朝妻廃寺に近く、しかも創建時には同じ軒丸瓦を葺いているので、同一氏族によって建立された氏寺であったとみてよい。しかも、二つの氏寺が建立された地形をみると、二光寺廃寺の方が少し広く開かれた平坦面に建てられ、規模の大きな氏寺であったものと考えられる。

朝妻氏が建てた僧寺と尼寺

そこで、同一氏族が建てた二つの氏寺とすると、規模の大きな二光寺廃寺が僧寺として、また朝妻廃寺は尼寺として建立された可能性がきわめて高いものである。しかも、朝妻廃寺を建てた地に残る「朝妻」の地名からみて、渡来系氏族の朝妻氏が建立したものとみなしてまちがいないものである。

古代の朝妻氏に関連する史料には、『元興寺《がんごうじ》伽藍《がらん》縁起《えんぎ》幷《ならびに》流記《るき》資財帳《しざいちょう》』に引用する「塔露盤銘」がある。これによると、蘇我馬子《そがのうまこ》が建てた飛鳥寺《あすかでら》（元興寺）は、百済《くだら》の昌王《しょうおう》が派遣した建築工人らの指導のもとに行われ、しかも、日本側は東漢氏が棟梁《とうりょう》となり、金工部門では忍海首《おしぬみのおびと》、朝妻首《あさづまのおびと》、鞍部首《くらつくりのおびと》、山西首《かわちのおびと》らを将《おさ》とし、多くの工人らによって構築したことが記されている。また、『新撰姓氏録《しんせんしょうじろく》』「大和国諸蕃」に、渡来系氏族の「漢」として、朝妻造が記され、「出自は韓国人都留使主《からくにのひとつるのおみ》なり」と出自を記している。朝妻氏は、畿内で最も力量を有した渡来系氏族の東漢氏と同族の氏族であったことがわかる。

二光寺廃寺に、東漢氏の氏寺である檜隈寺に葺かれた輻線文縁軒丸瓦の同笵軒丸瓦が採用されたのも、東漢氏と同族関係という深いつながりを具体的に示すものである。この輻線文縁軒丸瓦は、かつて山崎信二氏や著者が言及したように、近江では大津宮《おおつのみや》周辺を本拠とする渡来系氏族の志賀漢人《しがのあやひと》系の氏族が建立した氏寺に顕著に葺かれている瓦当《がとう》文様である。

以上述べたように、二光寺廃寺の発掘では、金堂跡が見つかっただけであるが、葛城地域の西南部を本拠とした渡来系氏族の朝妻氏が僧寺として建立した氏寺として重視されるのである。

朝妻氏の性格

二光寺廃寺は、朝妻氏が建立した氏寺とすると、それに関連する史料は、飛鳥の飛鳥《あすか》池《いけ》遺跡から出土している。ここで見つかった飛鳥池工房跡に対しては、官営工房、宮廷工房、さらに飛鳥寺の寺院工房とする説がだされているが、飛鳥寺とかかわらない金属製品やガラス製品が多く製作され、富《ふ》本銭《ほんせん》の貨幣も鋳造されているので、国家的な官営工房とみなしてよいものである。

この飛鳥池工房跡から出土した木簡に、

・官大夫前白　田□連奴加　加須波□鳥麻呂
　　　　　　□田取　小山戸弥乃

・以波田戸麻呂　安目　汙乃古
　野西戸首麻呂　大人　阿佐ツ麻人□留黒井

と表に「官の大夫《まえつきみ》の前に白《もう》す」と記し、その下と裏面に「加須波《かすわ》」「以波田《いわた》」「野西《のせ》」「阿佐ツ麻《あさつま》」など氏名を記したものがある。この「阿佐ツ麻」は、大和葛上郡の地名の「朝妻」と関連するものと推測される。この工人名を記した木簡からみると、朝妻氏は、前述した六世紀末に飛鳥寺の造営に関与したのみでなく、七世紀末の官営工房でも金工工人として活動していたことがわかる。

二光寺廃寺から出土した大型の多尊塼仏

さて、二光寺廃寺からは、大型の多尊塼仏《たそんせんぶつ》が出土した（図63）。この大型多尊塼仏は、これまで唐招《とうしょう》提寺《だいじ》所蔵のもののほか、戦後間もなく発掘された三重県名張市の夏見《なつみ》廃寺から出土して注目されたものと同一の型《かた》（笵）で製作されたものである。夏見廃寺と二光寺廃寺から出土した大型の塼仏片によって、

図63　大型多尊塼仏
（奈良県立橿原考古学研究所『奈良県遺跡調査概報』2005年）

この大型多尊塼仏の全体の意匠もほぼ判明することになった。

この多尊塼仏は、中央に阿弥陀仏《あみだぶつ》、その左右に観音菩薩と勢至《せいし》菩薩、中尊と両菩薩の間に合掌する二人の比丘《びく》と天部《てんぶ》、さらに仏や菩薩に従う眷属《けんぞく》を表現している。また、上方に豪華な天蓋《てんがい》も表わしている。さらに、下端に天人を配した須弥壇《しゅみだん》があり、その両端に「甲午□五月中」と造像銘らしい文字が記されている。甲午年は七世紀末の六九四年を示すものと理解されている。この二光寺廃寺

から出土した大型多尊塼仏は、型に残る笵傷からみると、二光寺廃寺の方が少なく、先に製作されている。

夏見廃寺と山田寺

夏見廃寺は、山田寺《やまだでら》の項目で述べたように、戦後間もなく三重県名張市で発掘され、話題になった古代寺院である。この発掘に関連し、美術史家の毛利《もうり》久《ひさし》氏が前田家本『薬師寺縁起《やくしじえんぎ》』に、大来皇女《おおくのひめみこ》が天《てん》武《む》天皇のために夏見に昌福寺《しょうふくじ》を建立したと記すのに注目し、夏見廃寺が昌福寺であり、しかも大来皇女が父の天武天皇ではなく、弟の大津皇子を弔うために建立した寺院としたことから、その是非をめぐって論争が展開した。

その後の資料を加え、著者は二〇一〇年（平成二十二）に、つぎのように論じたことがある。夏見廃寺の金堂と飛鳥の山田寺の金堂は、身舎と庇《ひさし》の柱間がいずれも桁行三間、梁行二間をなし、共通して特異な柱配置をしている。しかも夏見廃寺は山田寺の桁行・梁行の半分に構築している。山田寺金堂は、『上宮聖徳法王帝説《じょうぐうしょうとくほうおうていせつ》』の紙背文書《しはいもんじょ》に蘇我倉山田石川麻呂《そがのくらやまだいしかわまろ》が皇極二年（六四三）に建てたと記しているので、夏見廃寺の金堂は、四〇年以上も後に、様式的にはおそらく旧式の様式であった山田寺をそのまま模して建てたことが最も重視される。この夏見廃寺の金堂は、謀反《むほん》にかかわって死んだ弟の大津皇子を弔ったものであり、しかも大来皇女は蘇我石川麻呂の曾孫だったこともあり、大津皇子のみでなく、謀反の冤罪《えんざい》で亡くなった山田寺の金堂を建てた蘇我石川麻呂をも、あわせて弔うことを意図したものと思われる（小笠原二〇一〇）。

大型多尊塼仏を寄進した背景

さらに、夏見廃寺から出土した大型多尊塼仏は、前述したように、二光寺廃寺で先に製作されたものが出土している。『懐風藻《かいふうそう》』には、わが国の漢詩文学は大津皇子に始まったとしていることが注目される。この記載を重視すると、この大型多尊塼仏は、漢詩文学の教養を身につけさせた大津皇子の育ての親、すなわち幼少時の乳部《みぶ》だった東漢氏と同族の朝妻氏が、阿弥陀仏を表現した大型多尊塼仏を夏見廃寺に寄進し、不慮の死を遂げた大津皇子を弔うという歴史的な背景が推測されることになる。

以上のように著者は論じたことからして、夏見廃寺は大来皇女が大津皇子を弔った寺であるとする毛利氏説は、金堂の建物と大型多尊塼仏の出土からみて、妥当な見解と考えている。

2 川原寺跡《かわらでらあと》

――天智天皇建立の国家的伽藍と山背・近江の寺――

川原寺造営の背景

斉明《さいめい》六年（六六〇）七月、朝鮮半島で百済《くだら》が唐《とう》・新羅《しらぎ》軍に攻められ、滅亡した。その直後の十月、百済の佐平《さへい》鬼室福信《きしつふくしん》は、佐平貴智《きち》らを飛鳥の後《のちの》飛鳥岡本《あすかおかもとの》宮《みや》の朝廷に派遣し、日本に滞在する王子の余豊《よほう》璋《しょう》を帰国させ、百済を再興することを嘆願した。

斉明天皇は、それまで長く百済とつながりをもち、多くの文物がもたらされてきたことを重視し、百済の復興を支援することにした。翌年の正月六日、斉明は難波津《なにわづ》から船出し、筑紫《つくし》へ向かった。その途中で伊予の石湯《いわゆ》（道後の湯）の行宮《かりみや》に滞在し、三月二十五日、再び熟田津《にぎたづ》から筑紫へ船出した。そのときに、同行した額田王《ぬかだのおおきみ》が詠《うた》ったのが、

熟田津に　船乗せむと　月待てば　潮もかなひぬ　今は漕ぎ出でな　（『万葉集《まんようしゅう》』巻一―八）

という著名な短歌である。

筑紫に到着した後、斉明は五月に朝倉《あさくらの》宮《みや》に入った。しかし、『日本書紀《にほんしょき》』斉明七年（六六一）七月二十四日条は、斉明が朝倉宮で没したことを記している。そのため、皇太子の中大兄皇子《なかのおおえのみこ》は即位する

ことなく、称制して政務を担うことになった。天智は、斉明の遺体を飛鳥に戻し、十一月七日、飛鳥川のそばの川原で殯《もがり》をしている。その後は飛鳥にあった川原宮《かわらのみや》を大改修し、川原寺の造営をおこなったものと推測されている。

図64　川原寺跡

川原寺の発掘と伽藍配置

川原寺は、飛鳥川の西岸、橘寺の北に建てられた寺院であった（図64）。一九五七〜五九年（昭和三十二〜三十四）、大和平野農業用水導水路の工事に先立ち、飛鳥寺《あすかでら》に続いて奈良国立文化財研究所によって大規模に発掘されている。その結果、南から南門・中門・回廊・塔・西金堂・中金堂・講堂・僧房などがみごとに検出され、伽藍《がらん》の全容がほぼ明らかになったのである（図65）。

川原寺の伽藍は、その中枢部に中金堂《ちゅうこんどう》を配し、その東南に塔、さらに西南に塔と対面させて西金堂を配しており、二つの金堂が建てられていたことが判明した。また、中金堂の北に講堂を配し、その講堂をとりまくように東・西・北の三面に僧が居処とした僧房を設けており、その構造もほぼ判明することになったのである。さら

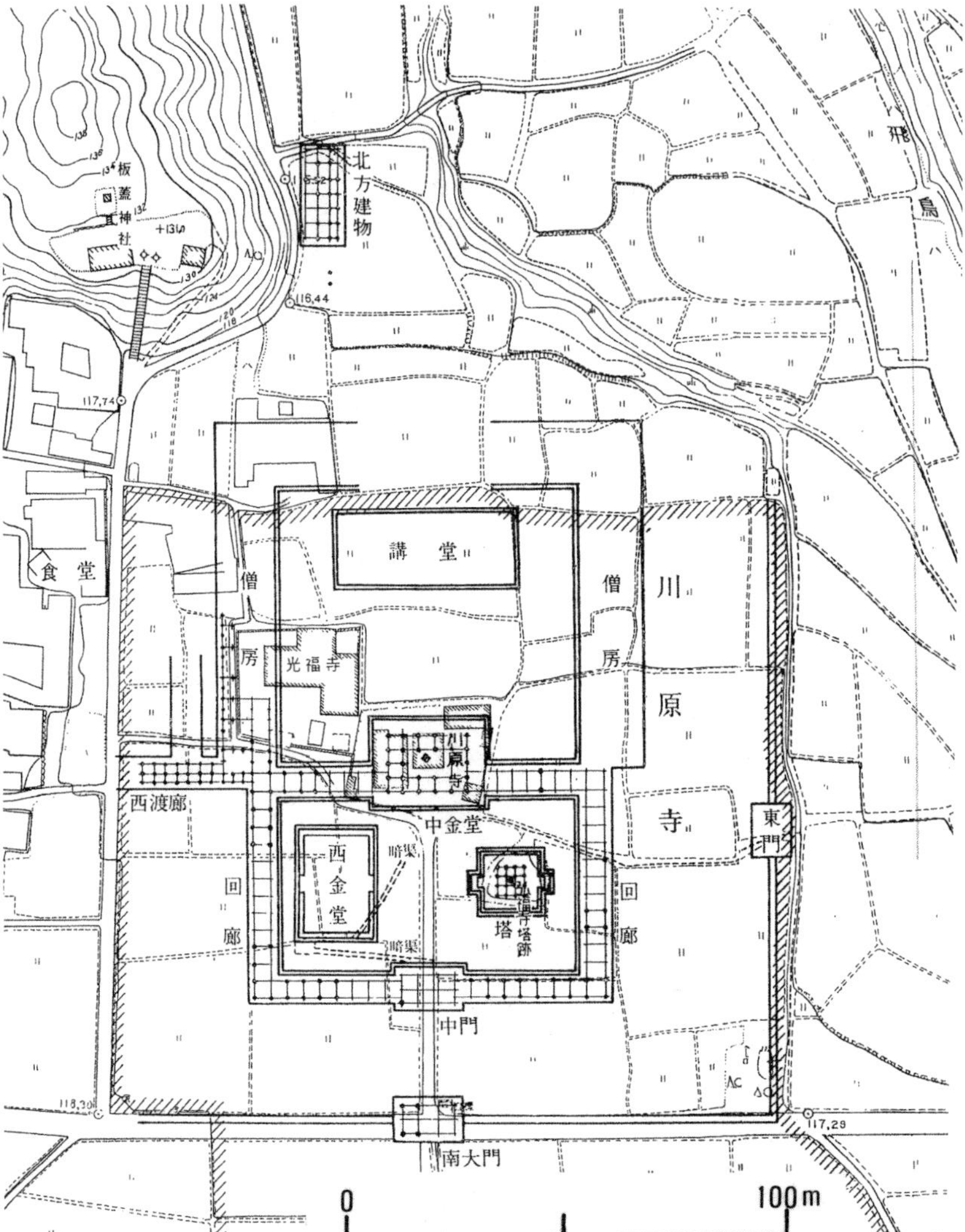

図 65　川原寺の伽藍配置図
（奈良国立文化財研究所『弘福寺　川原寺発掘報告』1960 年）

に、伽藍の下層からは、一部ながら堂塔の建物とは方向を異にする石組溝《いしぐみみぞ》が検出されており、これは川原宮に関連するものと推定されている。

このように、斉明が没したことから、川原宮を大改修し、斉明を弔う川原寺の大伽藍が造営されている。しかし、川原寺の造営がいつ開始したのかは、『日本書紀』などに関連する記事をまったく欠いているので、なお明らかでない。『日本書紀』天武《てんむ》二年（六七三）三月条は、川原寺で初めて一切経《いっさいきょう》の写経をおこなったことを記している。この一切経の巻数からみて、相当数の写経生を収容しうる施設が必要なので、このときに伽藍の造営がかなり進展していたものと推測される。さらに、朱鳥元年（六八六）十二月十九日、天武天皇が九月九日に没したので、大官大寺《だいかんだいじ》・飛鳥寺・坂田寺《さかたでら》・小墾田豊浦寺《おはりだとゆらでら》とともに、川原寺でも貴賤・道俗・上下の隔たりのない無遮大会《むしゃだいえ》をおこなっている。

さて、その後におこなわれた川原寺の発掘では、一九七三年（昭和四十八）、東門跡が見つかっている。この東門跡の発掘には著者もかかわった。この東門は南門よりも規模の大きな基壇《きだん》を造っていたことが判明した。これは、川原寺の東門の前に中ツ道の南北道路が通っており、その東に飛鳥宮の宮殿の建物群が建てられていたこともあり、東門が最も重要な門であったと推測される。

天智天皇の大津宮遷都と防衛施設

川原寺の堂塔に葺いた軒丸瓦《のきまるがわら》には、初めて径の大きな瓦当《がとう》面に、複弁八弁蓮華文で、外縁に面違鋸《めんたがいきょ》歯文《しもん》をつけた瓦当文様が採用されている。この複弁蓮華文の瓦当笵には、A・B・C・Eの四種のものが製作されている（金子一九八三）（図66）。これらのうち、A種は、川原寺の造営が開始して間もない

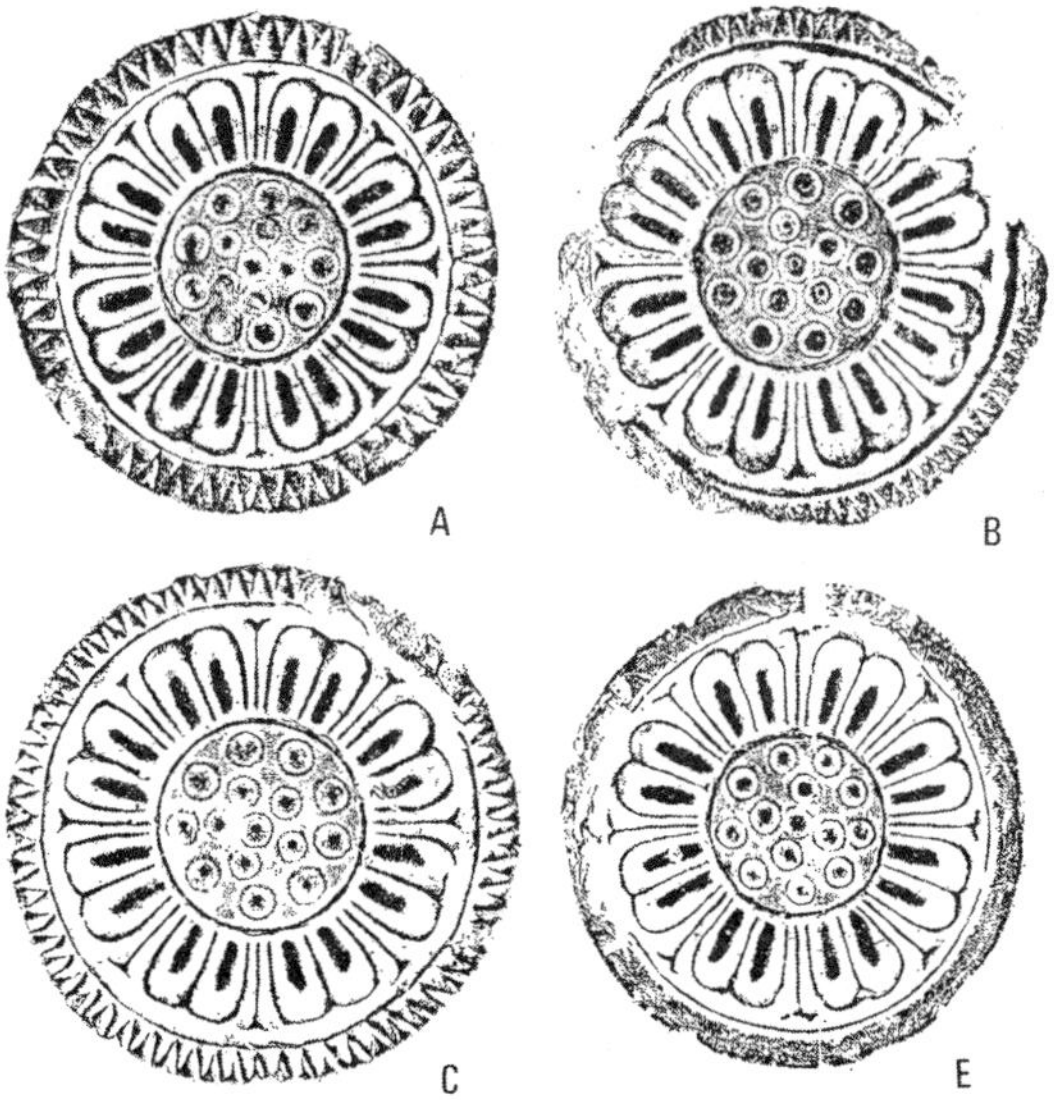

図66　川原寺の創建軒瓦
（金子裕之「軒瓦製作技法に関する二、三の問題」『文化財論叢』1983年）

早い段階に、山背の木津川河畔に建てられた高麗寺に移動し、さらに天智が大津宮《おおつのみや》へ遷都した翌年に、滋賀里山中に建立を勅願《ちょくがん》した崇福寺に移されている。

天智が政権を担った直後の天智二年（六六三）八月、朝鮮半島の錦江の河口に近い白村《はくそん》江《こう》で、海を渡った三万を超える日本・百済軍と唐・新羅軍による戦いが展開した。この戦いでは、日本・百済軍は統制がとれず惨敗した。しかも、その直後に、唐・新羅軍が、海を越えて日本に侵攻する危機がにわかにたかまったのである。そこで、天智は直後に対馬・壱岐・筑紫国などに、防人《さきもり》と烽台《ほうだい》を設け、さらに筑紫に水城《みずき》を構築した。また、天智四年（六六五）、百済の遺臣らを遣わし、筑紫に大野《おおの》城《じょう》・基肄《きい》城を築かせた。

さらに天智六年（六六七）三月、天智は飛鳥から近江大津宮に遷都し、さらに百済の遺臣らの指導のもとに対馬に金田《かねだ》城、四国の讃岐に屋島《やしま》城、大和と河内の境に高安《たかやす》城など朝鮮式山城を造り、唐・新羅の侵攻に備えることにした。飛鳥から遷都した近江大津宮は、琵琶湖西岸の要害の地に造営されており、しかも湖上交通によって東国の諸地域と強いつながりをもちうるところであった。

川原寺と同じ伽藍配置の崇福寺

天智は、近江大津宮へ遷都した翌年、宮の西北の山中に崇福寺を建立した。これは、『扶《ふ》桑略記《そうりやっき》』に収録された「崇福寺縁起」によると、天智が山中で出会った優婆塞《うばそく》に、土地の名を尋ねると、「さざなみの名《な》等山《がらやま》と呼ぶ」と答え、「ここは寺を建てるとおさまるところだ」と述べたという。崇福寺の伽藍は、金堂・小金堂・三重宝塔・講堂・僧房・印蔵・炊屋・湯屋・竈屋《かまどや》・浄屋などが建てられていたことを記している。

図 67　崇福寺の弥勒堂（金堂）跡

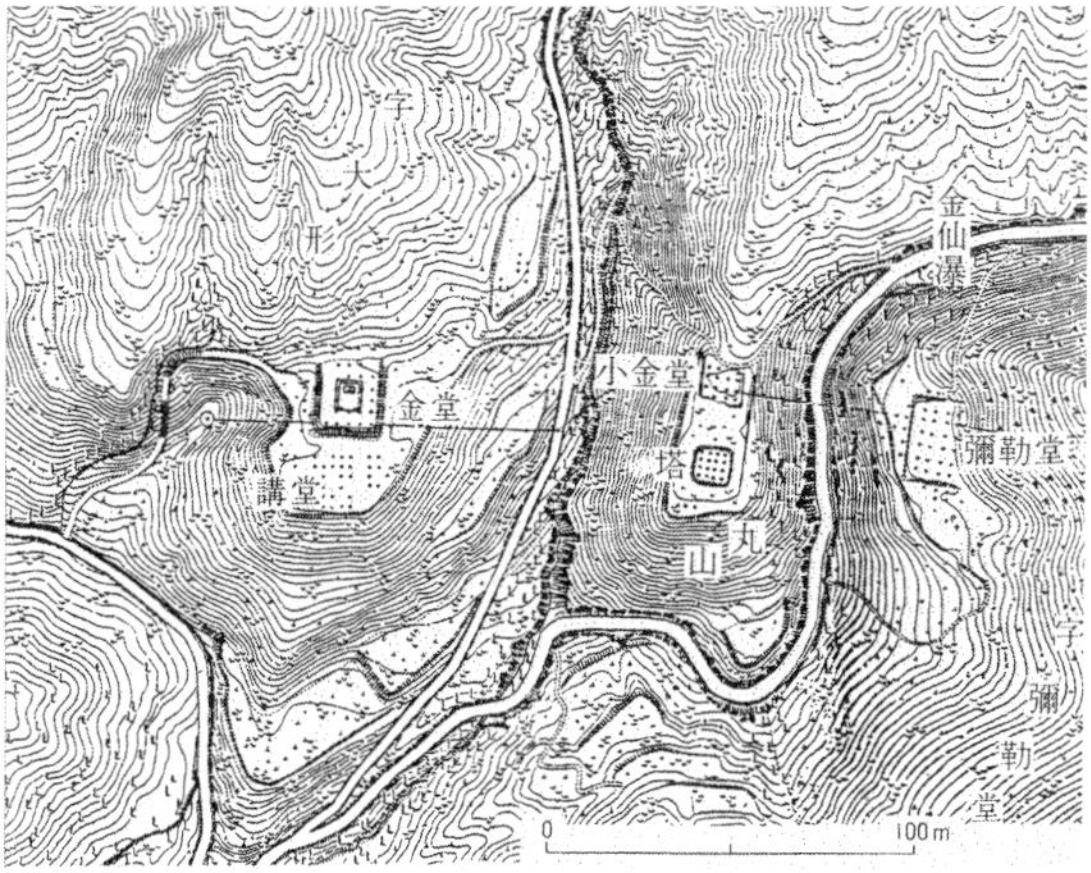

図 68　崇福寺跡の伽藍配置
（小笠原ほか『近江の古代寺院』1989 年）

この崇福寺跡は、大津市滋賀里山中の三尾根上に、伽藍の建物がよく残っている。昭和の初期、肥後和男氏によって発掘され、北尾根で弥《み》勒堂《ろくどう》と呼ばれる金堂（図67）、中尾根の西で小金堂、東で塔の礎石が検出されている（図68）。これらの一塔二金堂式の伽藍は、川原寺の中枢部の堂塔の配置と同一のものであり、天智は川原寺と近江の崇福寺に、まさに同一の伽藍を建てたことがわかる。

川原寺・崇福寺に共通する弥勒・阿弥陀信仰

しかも重要なことに、「崇福寺縁起」には金堂に弥勒仏、小金堂に阿弥陀仏、塔に四方仏を安置したことを記している。これらのうち、弥勒仏は、百済の武王《ぶおう》が七世紀前半に扶余《ふよ》の南四〇キロにある益山に弥勒寺を造営しており、百済での弥勒信仰のたかまりによって日本でも崇拝されるようになったものと理解されている。

また、阿弥陀仏は、舒明十一年（六三九）に、留学僧の志賀漢人恵隠《しがのあやひとえおん》が唐から無量寿経《むりょうじゅきょう》をもちかえり、飛鳥の厩坂宮《うまさかのみや》で講釈した後に阿弥陀信仰が広まったものである。そして、崇福寺の金堂（図67）に弥勒仏、小金堂に阿弥陀仏、講堂に薬師仏が安置されていたことは、川原寺でも中金堂に弥勒仏、西金堂に斉明を弔う阿弥陀仏が安置されたものとみてよい。そして、川原寺では西金堂を中金堂とほぼ同規模に建てたのも、斉明を弔うためであったと推測される。

一九七四年（昭和四十九）、川原寺の裏山《うらやま》遺跡からは、多数の塼仏《せんぶつ》が出土した。これらの塼仏のなかに、裏面に「阿弥他」、「(弥)勒」と文字を刻んだものが見つかっており、川原寺でも弥勒仏と阿弥陀仏が崇拝されたことは疑いないものとなった。

では、ひるがえって、近江の崇福寺の小金堂に天智が阿弥陀仏を安置したのは、どのような意図だろうか。これに関連することは「崇福寺縁起」は何も記していないが、弔うべき対象を想定してのことだったと思われる。これは、飛鳥から近江大津宮へ遷都したことと、その直前に朝鮮半島の白村江の戦いで二万人を超える兵士が戦死していたことからすると、白村江での戦死者を弔うことを意図したものではないかと考えられる。

この考えでよいとすると、滋賀里山中で出会った優婆塞が、ここは「寺を建てるとおさまるところだ」と述べたのは、「白村江の戦いでの戦死者の一族らの不満がおさまる」ことであったということになるであろう。

図69　高麗寺跡

山背最古の寺院・高麗寺

ところで、川原寺に葺かれた軒丸瓦の瓦当笵Aは、川原寺の造営を開始して間もなく、山背の高麗寺へ移り、さらに近江の崇福寺に渡されている。では、天智が建立した崇福寺に移動する前に、山背の高麗寺に移動したのは、なぜだろうか。その要因を少し考えてみよう。

高麗寺跡は、京都府木津川市上狛《かみこま》の木津川河畔に建てられた古代寺院跡である（図69）。一九一九年（大正八）、南北に二つの基壇のある寺院跡であることが報告されている（梅原一九一九）。その後の一九三八年（昭和十三）、南にある土壇が発掘され、東側で瓦積《かわらづみ》基壇の塔基壇、さらに西で金堂跡の瓦積基壇が検出され、法起寺《ほっきじ》式伽藍をなすことが明らかになった。そして、この発掘で出土した軒丸瓦に、飛鳥寺の素弁八弁蓮華文、川原寺の複弁八弁蓮華文、重弧文《じゅうこもん》軒平瓦、さらに奈良時代の軒瓦類が多く出土し、山背で最古の古代寺院であることが判明したのである。また、この廃寺は、上狛《かみこま》を本拠とする狛《こま》氏が蘇我《そが》氏の援助のもとに建立した氏寺とみなされた。この発掘がおこなわれた直後に、梅原末治氏らによって再発掘が実施され、塔心礎の側面に舎利孔があること、塔基壇の内部から石列が検出されている。

そして、戦後の一九八三〜八七年（昭和五十八〜六十二）、山城町教育委員会（現在は木津川市教育委員会）によって史跡整備を目的とする計画的な発掘調査を実施している。その結果、それまで知られていた金堂・塔に加えて、講堂・中門・回廊が発掘され、伽藍の中枢部を構成する堂塔の配置とその規模などが明らかになった。

高麗寺と外交施設・相楽館

高麗寺では、飛鳥寺の創建期に葺かれた花組の同笵《どうはん》軒丸瓦が出土しており、山背で最古の寺院である。その後の七世紀後半に大改修が行われ、金堂（図70）と塔に瓦積基壇の外装が採用され、川原寺の瓦当笵Aの軒丸瓦を主体に葺いている。そして、その他の講堂・中門などに新たに高麗寺で製作された高麗寺式瓦当笵による軒丸瓦を主体に葺いた造営工程がみごとに明らかにされている。

ところで、高麗寺跡からは、飛鳥寺と同笵の軒丸瓦が出土しているが、その後の飛鳥時代の軒瓦がまったくない。しかも、これに続く川原寺の瓦当笵Aによる軒瓦は、六〇年ほどの隔たりがある。また『日本書紀』などからみると、山背南部の狛の地を本拠とする狛氏は、飛鳥寺の花組の同笵軒丸瓦の提供を受けうるような、また天智が建立した川原寺の瓦当笵の提供を受けるような有力氏族とはみなしにくい渡来系氏族である。

一方、この上狛の地は、石田茂作氏が山背南部の相楽《さがらか》の地に相楽館《さがらかのむろつみ》を設けた記事に注目しているように、欽明《きんめい》朝に高句麗の外交施設として相楽館を設けた地でもあった。この相楽館の所在地を知るよりどころはなく、これまで明らかでない。しかし、推古《すいこ》朝の大臣である蘇我馬子《うまこ》が建立した飛鳥寺の同

図70　高麗寺跡の金堂跡と瓦積基壇（木津川市教育委員会提供）

笵軒丸瓦が葺かれ、天智が建立した川原寺の瓦当笵による軒丸瓦が葺かれていることを重視すると、狛氏が建てた氏寺の他に、国家的なつながりをもつ相楽館がここに所在した可能性が少なくないのではないか。

いま、このように相楽館があったと想定すると、相楽館は国際外交にかかわる国家施設であったので、蘇我馬子は飛鳥寺の建立を契機として屋瓦の生産が開始したことから、国家的な威厳のために、難波に設けた三韓の難波館《なにわのむろつみ》とともに、相楽館の政庁の中心建物に飛鳥寺の軒丸瓦・丸瓦・平瓦を葺いた可能性が高いのではなかろうか。

東アジア情勢と相楽館

一方、百済が滅亡した後の天智五年（六六六）、朝鮮半島では、

高句麗《こうくり》の泉蓋蘇文《せんがいそぶん》が前年に亡くなり、後を継いだ男生《だんせい》とその弟の男達・男産が対立し、男生はついに唐に降伏を申し出た。唐はそれを機会に天智六年（六六七）に高句麗を攻めて男生と合流し、天智七年（六六八）に新羅と連合して平壌を攻撃し、高句麗の王都を陥落させている。この間の天智五年正月、高句麗は日本へ支援を依頼する使節を遣わし、十月にも使節が来朝している。また天智七年七月にも高句麗の使節が訪れたが、天智による兵士の派遣はなかったのである。その二ヵ月後、高句麗は内紛もあり、唐・新羅によって倒された。このように、朝鮮半島での激動によって、百済に続いて高句麗も滅亡したため、百済館《くだらのむろつみ》に続き、高句麗の相楽館も使命が終わることになったのである。

高句麗が滅亡すると、天智は高句麗系の渡来系氏族の動揺と反感を極力抑える必要が急務になったと思われる。そこで天智は、滅亡した高句麗を追善するために、山背にあった相楽館をにわかに大改修し、高麗寺を造営したのではないかと考えられるのである。そして、斉明のために造営を開始して間もない川原寺から、瓦当笵Aを高麗寺の瓦窯《がよう》に移したものと思われる。しかも高麗寺の造営が進展した後、さらに瓦当笵Aを近江の崇福寺に移したものと推測されるのである。

高麗寺と蟹満寺

以上は、推測に推測をかさねたものとなっている。そこで、推測にすぎないという批判は避けがたいであろう。これには、高麗寺跡の寺域から、発掘によって相楽館を構成する政庁を示す規模の大きな掘立柱建物と、高句麗の使節らが滞在した宿泊施設などを検出することが不可欠である。

なお、高麗寺は、その後の奈良時代に堂塔の補修に葺かれた軒瓦も、そのほとんどは平城宮と同笵の軒丸瓦と軒平瓦が葺かれている。これも奈良時代の『続日本紀《しょくにほんぎ》』に記された狛氏に関連する記事の乏しさからすれば、じつに説明が難しいことである。これは、天智によって高麗寺が国家的に建立された経緯から、奈良時代でも高麗寺に対し、国家的な支援がなお継続していたものと理解すべきものと考える。

また、高麗寺の建立に際し、新たに製作された高麗寺式の瓦当笵による同笵軒丸瓦は、高麗寺の北四キロにある蟹満寺《かにまんじ》での発掘でも出土している。この蟹満寺の本尊である金銅製の釈迦《しやか》如来坐像《にょらいざぞう》は、奈良市の薬師寺の薬師《やくし》如来像《にょらいぞう》などのように数少ない白鳳仏である。蟹満寺は、高麗寺と同笵の軒丸瓦が葺かれ、基壇も高麗寺と同様に、瓦積基壇の外装がおこなわれていた。この点からみて、高麗寺とつながりの強い氏寺である。高麗寺が天智によって建立されたとすると、蟹満寺もまた同様に天智が建立したものと推測する。二つの寺院は、高麗寺が僧寺であり、蟹満寺が尼寺であった可能性がきわめて高いものと考えている（小笠原二〇〇七）。

3 大官大寺跡《だいかんだいじあと》

—藤原京に建立した国家の大寺—

大官大寺の跡地

飛鳥の北にある香久山から南へ八〇〇メートル、ここに大官大寺《だいかんだいじ》跡がある。明治の初期までは、複数の基壇《きだん》があり、礎石《そせき》が残っていたが、橿原《かしはら》神宮の造営時に運ばれ、石垣に使用されてしまったという。保井芳太郎『大和上代寺院志』（一九三二年）に、本沢清三郎・岡本桃里らが描いた金堂《こんどう》跡、塔跡礎石の配置図を紹介している。

この大官大寺は、『大安寺縁起《だいあんじえんぎ》』に、天武六年（六七七）九月丙寅に、高市大寺《たけちおおでら》の名を改めて大官大寺と呼んだとしている。しかし、『扶桑略記《ふそうりゃっき》』は、大官大寺の塔は文武三年（六九九）に建てられたとし、しかも平城京へ遷都した翌年の和銅四年（七一一）、焼失したと記している。大官大寺跡には周辺の水田から二メートルほど高く、東西六五メートル、南北三〇メートルの大規模な土壇があり、その東端に史跡になったときの石標が立っている（図71）。この土壇は、近年は金堂の基壇としては大きすぎ、ここの小字が「講堂」と呼ばれているので、講堂とみなされてきている。

講堂の発掘

一九七四年（昭和四十九）から、奈良国立文化財研究所（当時）が藤原京《ふじわらきょう》跡の発掘の一つとして、大官大寺跡の発掘調査を計画し、講堂基壇から発掘を開始した。この講堂基壇の発掘に著者もかかわった。それまで畑として利用されていた土壇の耕土を除去すると、黄褐色の山土を主に積んだみごとな基壇が現れた。発掘した基壇の南北規模は現状のまま、東端は土壇から数メートル内側から、西端は土壇の端から数メートルほど東側で検出された。基壇規模は東西五三メートル、南北二八・五メートル、じつに大きなものだった。基壇端にめぐらしていた外装の石材はすべて失われていた。

図 71　大官大寺跡（金堂跡、東から）

この巨大な基壇上に三ヵ所だけ東端付近で礎石の抜取り穴が検出され、岡本桃里らが描いたように、桁行《けたゆき》九間、梁《はり》行《ゆき》四間、仏堂の規模は桁行四五・四メートル、梁行二〇・七メートルであったことが判明した。基壇の中央部付近の一部を断ち切って断面をみると、黄褐色土をじつにていねいに版築《はんちく》して搗《つ》き固めたものであった。この基壇上に構築されていた仏堂は、焼失時に南側に倒れており、南側の基壇下に厚く大量の焼瓦が堆積していた。それらの瓦類の堆積を除去すると、屋根の垂木《たるき》の一部が落下した際に並んで地面に突き刺さった状態で検出された。

中門・回廊の発掘

翌年（一九七五年）の第二次調査では、講堂基壇の南の地点で中門と南面回廊を求めて発掘し、想定した位置で中門の基壇とその東で回廊を検出している。この中門基壇もじつに大規模で、礎石の抜取り穴からみると、中門は桁行五間（二三・八メートル）、梁行三間（一一・六メートル）の巨大な門を構築していたことが判明した。しかも、中門の南側柱に沿って、足場穴とみなされる小柱穴が並んで見つかっている。さらに、その少し南側でも、中門が焼失したときに屋根が落下し、垂木が突き刺さった状態で見つかった。それらの中には尾垂木《おだるき》ないし肘木《ひじき》とみられる太いものもあり、中門は三手先の組物をもちいた楼門《ろうもん》と推測されるものだった。

つぎの第三次調査は、中門の東の回廊部分を発掘し、さらに第四次調査では、講堂の西南部に建てられたと想定される金堂の調査をおこなった。しかし、金堂基壇を想定した西南部では、基壇を構築した痕跡がまったくみられなかった。そこで、金堂基壇がなぜ検出されなかったのか、大きな課題が生ずることになったのである。

巨大な塔の発掘

それに続く第五次調査は、講堂の東南部で実施し、大規模な塔基壇を検出している。この塔基壇は、一辺が三五メートルもあり、通常の三倍近いものであった。礎石の抜取り穴からみると、塔の柱間は五間×五間あり、ここにはじつは巨大な九重塔が構築されていたのである。

さらに、講堂の北方で行われた第六次調査では、それまで講堂と呼んできた大型の建物基壇とは別に、新たに大型の講堂の遺構を検出することになったのである。

新たに見つかった講堂

一九七九年（昭和五十四）、それまで発掘した講堂と想定してきた大型基壇の北七〇メートルから、新たに大型の東西棟の建物跡が見つかった。この建物基壇では、身舎《もや》の礎石抜取り穴七ヵ所、東庇の礎石抜取り穴三ヵ所が検出され、伽藍《がらん》の中軸線からみると、桁行九間（四五・九メートル）、梁行四間（二一メートル）で、最初に発掘した大型基壇の建物と同一規模のものであり、まさに講堂に推定されるものだった。

この講堂基壇では、基壇の北縁部から凝灰岩《ぎようかいがん》の切石も見つかっており、凝灰岩切石による基壇外装がめぐらされていたものとみてよい。また、基壇の北と南には、小さな柱穴列も検出され、これらは足場穴の可能性が高いものとみなされている。このように、新たに見つかった講堂には、その南に配した金堂と同一の軒瓦《のきがわら》が葺かれており、基壇も完成していたのである。

判明した伽藍配置と造営時期

これによって、大官大寺の伽藍は、中門からめぐる回廊が金堂にとりつき、この回廊内の東南に九重塔が配されていたことになる。この伽藍は、大規模な金堂と九重塔を構築しており、まさに国家の大寺と呼ぶにふさわしい規模のものであったことがわかる。しかも、金堂と講堂は完成していたが、塔と中門は、完成する直前に焼失したことも明らかになったのである。古代の寺院造営では、このように堂塔

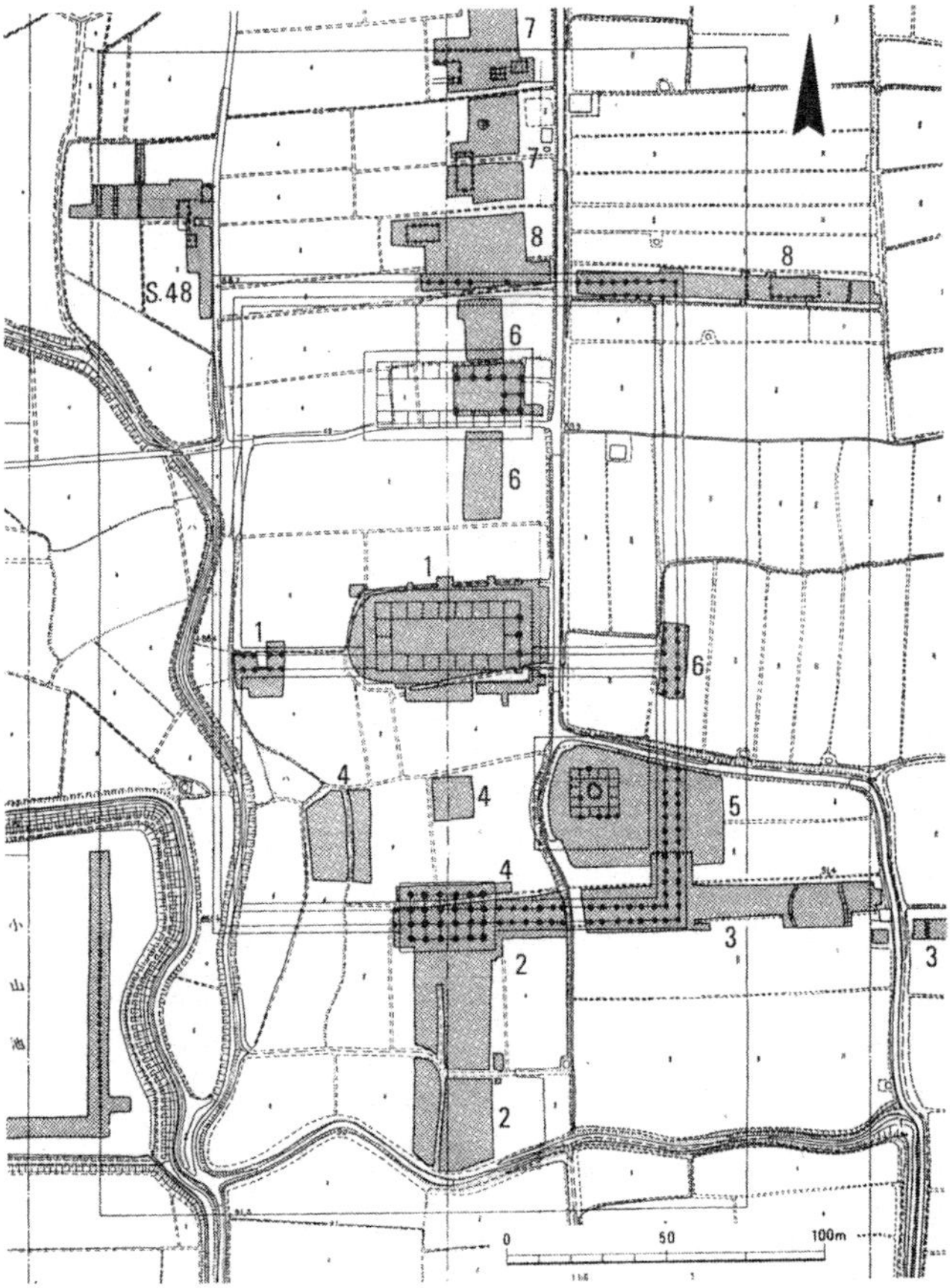

図72　大官大寺の伽藍配置図
（奈良国立文化財研究所『飛鳥・藤原宮発掘調査概報』12、1982年）

を構築しながら、完成を待たずして焼失することもあったのである。

発掘調査では、講堂の北で東西にのびる掘《ほっ》立柱塀《たてばしらべい》も検出されており、これが大官大寺跡の寺地の北限を示す塀に推測される。そして、大官大寺は、藤原京の条坊《じょうぼう》に合わせて造営され、西は東三坊大路、東は東四坊大路に面し、南は十条大路、北は九条条間大路に面した東西二町、南北三町の寺地を有する国家的な官寺として造営されたものであることがわかったのである（図72）。

大官大寺の発掘では、金堂や回廊の基壇を築造した下から、藤原宮《ふじわらきゅう》の時期の土師器《はじき》が出土しており、文武《もんむ》朝に造営が開始したものと推測される。『扶桑略記』の記事に文武三年（六九九）六月に大官大寺の塔を造営したと記すのは正しいものと思われる。また、和銅四年（七一一）条に、大官大寺が炎上したことも記しているので、このとき塔や中門は完成する直前であったことも推測されることになる。大官大寺が移転した平城京の大安寺は、左京六条四坊の地に伽藍を構築し、しかも六条大路の南にあたる七条の地に離れて二つの塔を対称に建てているので、大官大寺も本薬師寺のように双塔式伽藍を造営する計画であった可能性が高い。

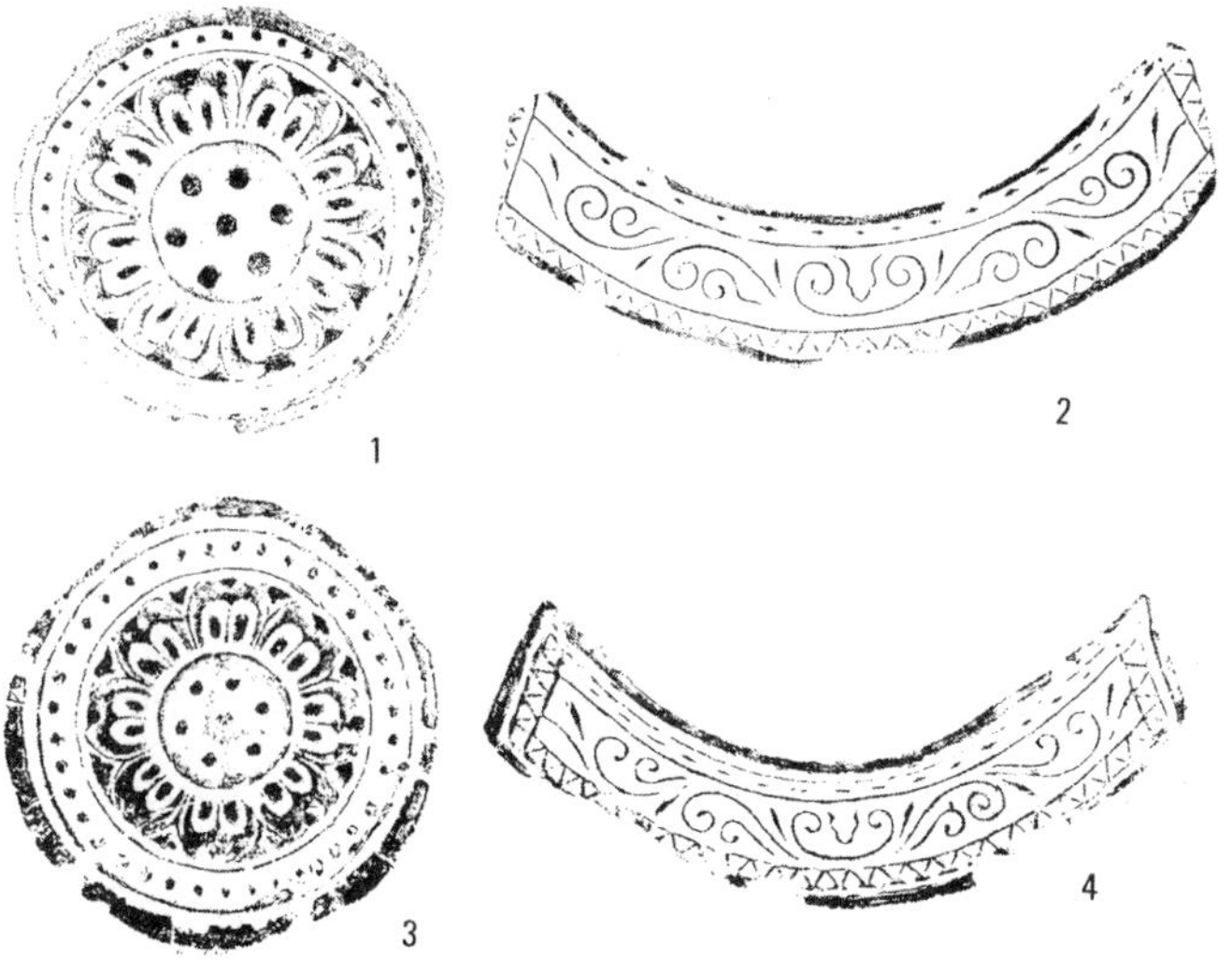

図 73　大官大寺の軒瓦
（奈良国立文化財研究所、同右）

この大官大寺に葺かれた軒丸瓦は、複弁八弁蓮華文で、中房に一＋六の蓮子をつけ、外区に珠文を配したものである。また、軒平瓦は中心飾りから左右に二回反転する均整唐草文《きんせいからくさもん》で飾られている。この均整唐草文は、この大官大寺の造営に際して初めて創出された瓦当《がとう》文様の意匠で、平城京へ遷都した後の奈良時代には、軒平瓦の中心的な瓦当文様として使用されている（図73）。

このように、発掘によって明らかになった大官大寺は、まさに国家的な大官寺であり、その後の仏教政策に大きな影響を与えることになったことがわかる。

焼失の理由と伽藍配置

さて、大官大寺が完成する直前の構築中に焼失した要因やそれに関連することは、文献に記されていないので、明らかでない。しかし、これだけ大規模な金堂や九重塔を構築した大伽藍が焼失したことは、その後の寺院の伽藍造営に、何らかの影響をあたえたのではないかと思われるのである。

この点で考慮すべきことに、藤原京や飛鳥から平城京へ移転した興福寺・大安寺・元興寺の伽藍配置をみると、伽藍の中心を占める金堂院に塔を配することを避け、金堂院から隔てて構築している。これは、高く崇高さを希求する五重塔、七重塔をなす木塔の性格と、高くなるほど落雷による火災が生じやすく、しかも塔の火災によって、伽藍全体が灰燼《かいじん》に帰すことになる可能性が高いという矛盾を解決するものとして、塔を金堂院から遠くに隔てて構築することにしたのではないかと推測される。

なお塔は、もともと釈迦を埋葬した墓のスツゥーパに起源をもち、仏教寺院では、最も重要な建物の性格を有するものであった。二〇一九年（平成三十一）三月、ミャンマー（旧ビルマ）のバガンを訪れ、仏教遺跡を踏査した。バガンの仏教遺跡は、世界三大仏教遺跡に数えられている。ここでバガン王朝（十一世紀成立）以降、上座部仏教によって建てられた多くの仏塔（パゴダ・バヤー）を見て回った。ここには塼積して造った多くの仏塔のみが群をなして林立していた。これらの塔はインドから大乗仏教が伝えられた古代の中国、朝鮮、さらに日本古代の仏教とは異なる上座部仏教の姿をじつによくみることができる。

4 ドドコロ廃寺《どどころはいじ》

―大和東北部に建立された渡来系氏族の氏寺―

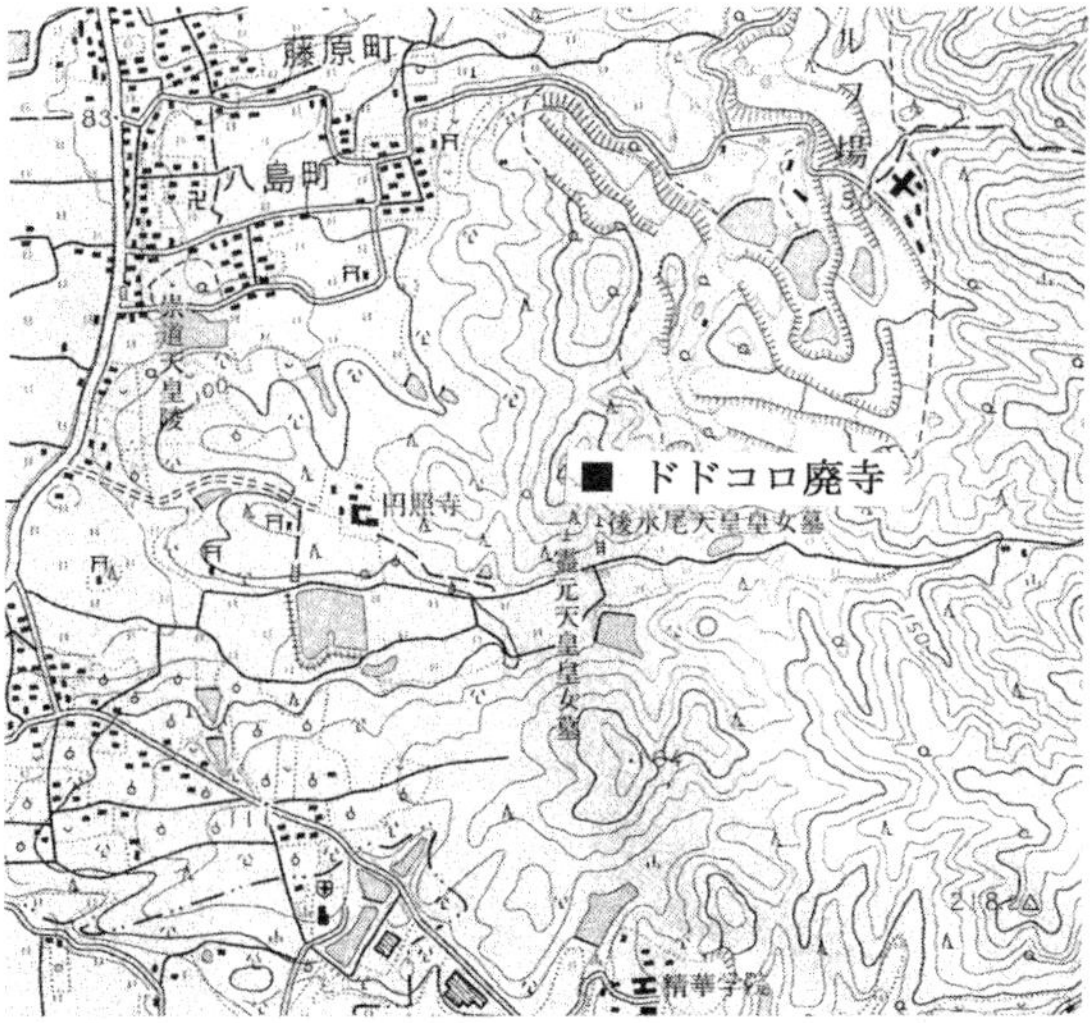

図74　ドドコロ廃寺の位置

見つかったドドコロ廃寺

奈良市の東南部、円照寺《えんしょうじ》の東五〇〇メートルのところにドドコロ池という貯水池があり、この池の西岸にドドコロ廃寺《はいじ》がある。戦前、石製相輪《そうりん》・石製擦管《さつかん》が出土し、堂塔も見つかったことで注目され、この廃寺は所在地から山村廃寺とも呼ばれている（図74）。

少し古い話になるが、一九二六年（大正十五）のこと、近鉄（当時は大軌）西ノ京駅近くにあった骨董店に、円形石造物がもちこまれた。その当時、奈良県技師だった岸熊吉氏（岸俊男氏の父）がこれに関心を寄せ、入手した情報をもとに、その出土地を求めたところ、ドドコロ池の西端にある山林ということがわかっ

図75　ドドコロ廃寺出土の軒瓦と石製九輪
（『図解　考古学辞典』創元社、1959年）

た。岸氏が注目した円形石造物は、塔の上部に載せる九輪の一つの相輪であった。中央部に擦管が通る孔があり、放射状に車のスポーク状の輻《ふく》が表現されているものだった（図75）。池の西端にある山林内を踏査すると、古瓦片が散布し、草藪の中に建物の基壇《きだん》らしい土壇状のものがあった。またその周辺で石製相輪の破片が散在することが知られたので、岸氏は発掘を行うことにした。

この発掘では、まず山林内の除草をおこなったところ、塔跡の他に、さらに二つの建物跡を示す土壇が見つかった。それらの三つの土壇を対象に発掘作業をすすめたところ、南側で金堂《こんどう》跡、その北で八角円堂跡、さらに北東で塔跡が配されていることが判明した。南にある金堂跡では、二個の礎石《そせき》が遺存し、他は礎石を抜き取った痕跡から、桁行《けたゆき》五間、梁行《はりゆき》四間の南北棟建物とみなされるものであった。この金堂跡の北で見つかった堂跡は、礎石が失われており、基壇の形態から八角円堂と想定されるものだった。その少し東北で塔跡の基壇が見つかっている。この塔基壇は、基壇端に半截《はんさい》した瓦を積んでおり、瓦積基壇の外装をなすものだった。

ドドコロ廃寺の伽藍と遺物

このように岸氏によるドドコロ廃寺の発掘では、南に東面する南北棟の金堂跡、その北で八角円堂跡、その東北に塔跡を配したもので、他に例のない伽藍《がらん》配置が見つかった。そして、塔跡からは石製相輪・石製擦管とともに、風鐸《ふうたく》とそれにともなう舌《ぜつ》も出土した。さらに、ドドコロ廃寺からは多くの軒瓦《のきがわら》や鬼瓦が出土した。軒瓦には、大きな中房に一＋六の周環をつける蓮子《れんじ》と単弁八弁蓮弁文を配し、外区に線鋸歯文《せんきょしもん》をつける山村廃寺式と呼ばれる軒丸瓦、同様の蓮華文による鬼瓦、さらに法隆寺系の忍冬唐草《にんとうからくさ》文《もん》軒平瓦などがあり、多くの研究者によって注目されるようになった。

この発掘は、岸氏が一九二八年（昭和三）に『奈良県史蹟名勝天然紀念物調査会　第十回報告』に、「ドドコロ廃寺出土石造相輪等の調査」として報告した（岸一九二八）。ここには岸氏が石製相輪を知るようになった契機、ドドコロ廃寺を発掘するようになった経緯、さらに発掘によって検出した堂塔跡と石製相輪・石製擦管・風鐸・風鐸の舌などを図と写真を掲載して報告している。また、この廃寺から法隆寺に移動したとされる石製の塔露盤《ろばん》、個人宅に所在する塔心礎《しんそ》とみなされるものも、あわせて報告している。一九五九年（昭和三十四）六月二十七日、山村廃寺の出土品は一括して、国の重要文化財に指定された。現在は奈良国立博物館が保管しており、その軒瓦の一部を展示している。

大和には多くの古代寺院があり、それらは保井芳太郎氏『大和上代寺院志』（一九三二年）に収録されている。ところが、この本書では刊行する二年前に、岸氏がドドコロ廃寺の発掘調査を詳細に報告していたことから、委細はそれに譲るとし、堂塔の遺構と軒瓦と鬼瓦を数行のみ記述している。また軒瓦も写真を掲載しただけで、詳しい記述を省略している。ということで、ドドコロ廃寺の詳細を知るには、岸氏が一九二八年（昭和三）に刊行した『報告』を見るしかないのである。

特異な伽藍配置

ドドコロ廃寺は、岸氏の発掘によって、知りうるようになった。しかし、その後は、この廃寺が所在する地名によって山村廃寺とも呼ばれている。ところが、一九六一年（昭和三十六）に刊行された『世界考古学大系』日本Ⅳ（平凡社）は、ドドコロ廃寺の軒丸瓦を、地名が山町に変更したので、「山町廃寺」と記している。しかし、ドドコロ廃寺は、一九五九年（昭和三十四）に、山村廃寺の出土品として一括し、国の重要文化財に登録され、山村廃寺と呼称している。本書では、岸氏がこの寺院を発掘し、報告したように、ドドコロ廃寺と呼んで記述する。

さて、ドドコロ廃寺の伽藍は、金堂が東向きに南北棟として建て、その北に八角円堂があり、さらに東北に塔が配されていた。このように堂塔を配した伽藍は他に例がない。大和では七世紀後半に構築された八角円堂も他には知られないように、きわめて特異な建物である。また、石造の相輪と擦管が出土した塔跡は、基壇の端に平瓦を積む瓦積基壇をなしていたことも判明している。

瓦積基壇の採用と渡来系氏族

これまで瓦積《かわらづみ》基壇は、軍守里《ぐんしゅり》寺《じ》址・定林寺《じょうりんじ》址など百済《くだら》の扶余《ふよ》の寺院に顕著にみる基壇外装である。日本では、白村江《はくそんこう》の戦いで敗戦した後、飛鳥から遷都した近江《おうみ》大津宮《おおつのみや》の西北山中に建てられた崇福寺の堂塔の基壇外装に、初めて取り入れられている。その後、近江大津宮の周辺では、渡来系氏族の穴太《あのうの》村主《すぐり》が建立した穴太廃寺、錦織村主が建てた南滋賀《みなみしが》廃寺の堂塔に採用されている。他にも近江では草津市宝光寺廃寺、東近江市宮井《みやい》廃寺などで見つかっている。山背でも、七世紀後半に、木津川市高麗寺《こまでら》跡《あと》・蟹満寺《かにまんじ》、城陽市久世《くぜ》廃寺・平川《ひらかわ》廃寺、京都市北白川《きたしらかわ》廃寺などでも瓦積基壇を採用しているように、瓦積基壇を採用した寺院が少なくない。

これらの瓦積基壇を採用した寺院は、渡来系氏族が建立した氏寺の堂塔のみとはいえないまでも、渡来系氏族が積極的にこの基壇外装を導入したものとみてよい。一方、大和の古代寺院ではきわめて少なく、飛鳥の檜隈寺《ひのくまでら》で七世紀後半に改築された際に、講堂にみごとな瓦積基壇を築成していた。檜隈寺は、渡来系氏族のうち最も力量を有する東漢《やまとのあや》氏の氏寺である。

このように、大和ではきわめて少ない瓦積の基壇外装を、大和東北部に建立したドドコロ廃寺の塔基壇に採用していることは、この氏寺も渡来系氏族によって建立された可能性が高いものと推測される。そこで、ドドコロ廃寺が渡来系氏族によって建立されたとすると、『新撰姓氏録《しんせんしょうじろく》』の「大和諸蕃」に記す関連をもちそうな渡来系氏族として、「山村忌寸《やまむらのいみき》」が記されている。『続日本紀《しょくにほんぎ》』宝亀八年（七七七）七月十五日条に、正六位の山村許智大足ら四人に山村忌寸の姓を与えたことを記している。「記紀」には、この山村忌寸の具体的な活動を述べていないが、山村を本拠地にした渡来系氏族であり、この氏寺を建立した氏族の候補になるであろう。

望まれるさらなる発掘

しかし、八角円堂が、どのような性格をもって構築されたのかは、なお知り難い。これを知るには、これまで得られている発掘資料ではなお不十分である。これを考えるため、より多くの発掘資料が不可欠である。考古学の研究では、岸氏が発掘した昭和初期と今日の発掘調査では、発掘方法がより発展しているので、さらに多くの知見を得ることができるものと思われる。

また、重要文化財が出土した古代寺院として、個人の私有地となっている現状の状態から、再び発掘し、さらに史跡整備をおこなうことによって、この優れた文化遺産をより多くの市民が享受しうるようにするのが望ましい。それによって岸氏が明らかにしたドドコロ廃寺に対する優れた研究成果を広く継承することにもなるであろう。

5

古市廃寺《ふるいちはいじ》

―大和東北部に建てられた小野氏の氏寺か―

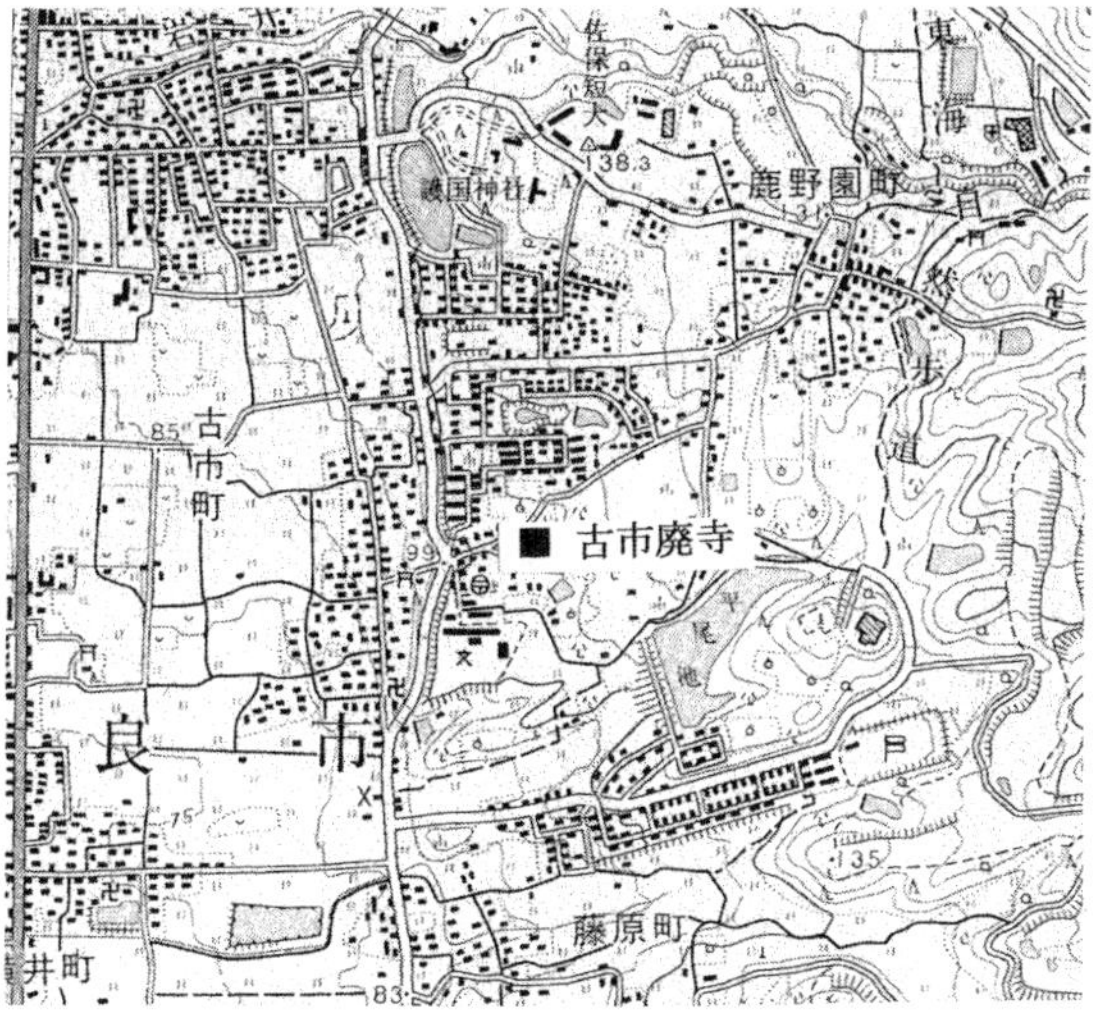

図76　古市廃寺の位置

古市廃寺の発掘

古市廃寺《ふるいちはいじ》は、奈良市の東南部、古市町字高井戸にある古代寺院である。伽藍《がらん》は、春日山麓の南から西へ広がる鹿野園《ろくやおん》の丘陵が西へ張り出した先端部に営まれている。付近には東市《とういち》小学校があり、この小学校のすぐ東にあたる竹林の中に所在している。この廃寺は、古く一九三九年（昭和十四）、岩井孝次氏が高井戸廃寺と呼んで『夢殿論誌』に紹介し、注目されるようになった。それによると、東市小学校の東北に凝灰岩《ぎょうかいがん》の礎石《そせき》と奈良時代から平安時代の古瓦が散布し、鬼瓦も採集されている。軒瓦《のきがわら》の大半は平城宮のものと同様とみなされている（図76）。

戦後の一九六〇年（昭和三十五）、中村春壽《はるひさ》氏が初めて古市廃寺の発掘を実施している。この中村氏の発掘では、南で塔跡、その北で金堂《こんどう》跡とみなされる基壇《きだん》を検出している。塔跡は一辺が約一三メートルに想定され、盛土が上下二層あるようである。金堂は東西約三〇メートル、南北約二〇メートルで、礎石と礎石の下につめた根石から、桁行《けたゆき》七間、梁行《はりゆき》四間で、三ヵ所で凝灰岩の礎石が見つかっている。これらの礎石は一辺が七五センチの正方形をなし、径七〇センチの円形柱座が造り出されていた。これらの塔跡と金堂跡からは、多くの古瓦が出土し、これらの中には宝相華《ほうそうげ》文軒丸瓦《もんのきまるがわら》も含まれている。また、「法内」「昭」「野」と読める文字瓦も見つかっている。さらに金堂跡から唐三彩《とうさんさい》、緑釉陶器《りょくゆうとうき》の皿、土師器《はじき》・須恵器《すえき》・仏像の付属金具、塔跡から塑像仏片・鉄釘・風鐸《ふうたく》の舌《ぜつ》も出土している。

そこで、中村氏は『奈良県観光』第四三号（一九六〇年）に、古市廃寺は、南から南大門・中門・塔・金堂・講堂を南北一列に配した四天王寺式の伽藍をなしていること、古瓦のなかに、単弁（素弁）軒丸瓦があるので飛鳥時代に創建され、奈良時代末か平安時代の初めころに焼失した古代寺院であったと述べている。さらに、中村氏は『東大寺文書』の記述から、この地域一帯が和邇《わに》氏の同族である春日《かすが》氏、小野《おの》氏の勢力下にあった地域と想定されることと、文字瓦に「野」とヘラ描きした瓦も出土したことから、この寺院が小野氏の氏寺であった可能性を記している（中村一九六〇）。

このように、古市廃寺は、大和東北部に建てられた飛鳥時代の寺院として、しかも小野氏が建立した可能性の高い寺院として、注目されるようになったのである。

古市廃寺の建立年代と再検証

一九九七年（平成九）、奈良市教育委員会の中井公《いさお》氏は、その後に発掘した結果をふくめ、『仏教芸術』二三五号に、以下に紹介するような重要な見解を述べている（中井一九九七）。

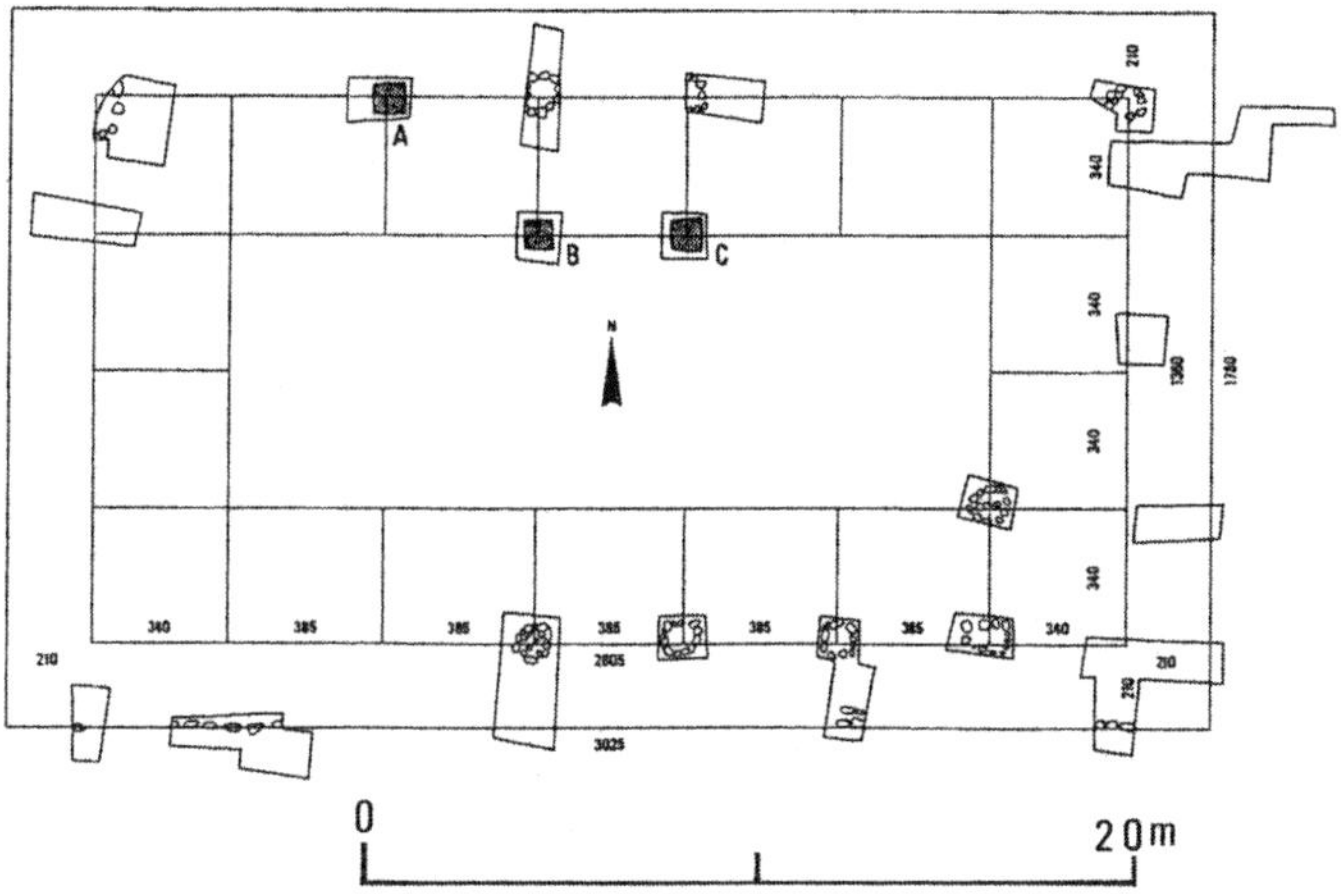

図77　古市廃寺の金堂跡図
（中井公「古市廃寺の発掘調査」『仏教芸術』235号、1997年）

まず、中村氏が発掘した時に作製された実測図から、この金堂は、桁行七間（二六・〇五メートル）、梁行四間（一三・六メートル）、四面庇付の建物であることを記している（図77）。しかし、出土した軒丸瓦のうち、単弁（素弁）軒丸瓦は、近くの横井《よこい》廃寺から採集されたことが判明したとし、古市廃寺から出土した軒丸瓦には、飛鳥期のものはまったくふくまれていないと述べている。また、中井氏は一九八九年（平成元）に、古市廃寺のすぐ西で住宅が建設される際におこなった発掘調査で検出した掘立柱《ほったてばしら》建物九棟、塀一条などの遺構図と、あわせて古市廃寺から出土した軒瓦類を図示している。

これらの軒瓦類をみると、複弁八弁蓮華文の七世紀後半の法隆寺式軒丸瓦のほかは、平城宮と同笵《どうはん》の軒瓦、大安寺《だいあんじ》や薬師寺《やくしじ》に葺かれているものと同系統、また法華寺《ほっけじ》の阿弥陀浄土院に葺かれているものと同系統のもの、さ

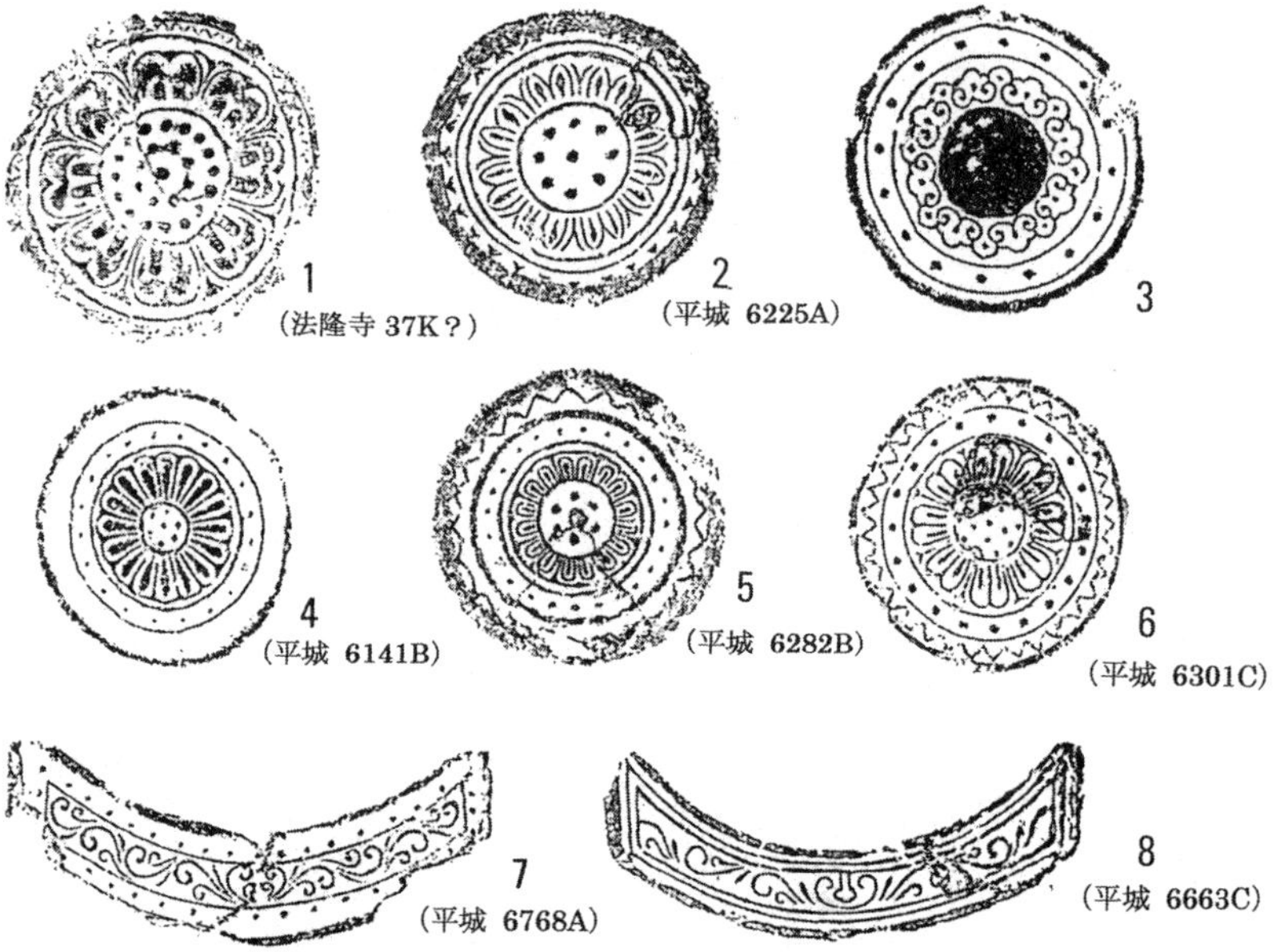

図 78　古市廃寺の軒瓦（中井公「古市廃寺の発掘調査」『仏教芸術』235 号、1997 年）

らに宝相華文軒丸瓦が含まれている（図78）。

このように、古市廃寺は、塔と金堂が南北に配されてはいるが、法隆寺《ほうりゅうじ》式の軒丸瓦以外は、平城宮や平城京内の寺院にみるような多量の奈良時代の軒瓦と平安時代初期のものが出土しているという。そして、中井氏は、この古市廃寺は飛鳥時代まで遡る古代寺院とはみなしがたいと記している。

造営氏族は小野氏か

これまで古市廃寺から出土している軒瓦で最も古いものは、七世紀後半の法隆寺式軒丸瓦とすると、この時期まで金堂・塔が遡るかが、今後に解明すべき課題ということになるだろう。また、この廃寺の伽藍は、中村氏によると、東側に僧房、その西に、南門・金堂・講堂などの堂塔を南北一列に配したものと推測している。この伽藍配置の復元も、塔と金堂の他は発掘されていないので、どのような伽藍をなしていたかも確認する必要がある。さらに軒瓦では、多量に平城宮と同笵のもの、大安寺・薬師寺系統の軒瓦が出土し、奈良時代後半の宝相華文軒丸瓦もふくまれている。

古市廃寺を造営した氏族に対しては、中村氏がこの地域一帯が和邇氏の同族である春日氏、小野氏の勢力下にあったと想定されることと、文字瓦に「野」とヘラ描きした文字瓦が出土していることから、小野氏の氏寺であったと推測している。

和邇氏一族は、岸俊男氏が明らかにしたように、大和の東北部一帯を本拠とする氏族である。小野氏はこの和邇氏の一族で、『続日本紀《しょくにほんぎ》』によると和銅元年（七〇八）に、中納言の小野毛野《おののけぬ》、造平城京司次官として小野広人《ひろひと》、小野馬養《うまかい》が任命されている。また天平二年（七三〇）に、催造司監《さいぞうしのかみ》の小野牛養《うしかい》、天平勝宝七年（七五五）に、造宮少輔の小野小贄《おにえ》、天平勝宝八年（七五六）に造宮大輔として小野石根《いわね》が記されているように、京の造営、宮の造営に関連する官司の高官を輩出している。また、養老二年（七一八）に、遣新羅大使として小野馬養、天平勝宝五年（七五三）に、遣新羅大使として小野田守《たもり》、宝亀八年（七七七）に、遣唐副使として小野石根、遣唐判官として小野滋野《しげの》が任命されているように、外交関係とかかわった官人も少なくない。

このような『続日本紀』に記す小野氏に関連する記事からすると、中村氏が想定するように、大和の東北部の一帯を本拠とした和邇氏の一族である小野氏が、ここに古市廃寺を建立した可能性がきわめて高いように思われる。とはいえ、中村氏による小野氏とみなす想定は、「野」とヘラ描きした文字瓦を重視したもので、これは「小野」と記されていたわけではないので、なお可能性にとどまっている。小野氏が古市廃寺を建立した氏族とするには、より確かな資料が不可欠である。また、軒瓦も奈良時代のものが大半で、法隆寺式軒瓦がごくわずかしか出土していないので、この軒丸瓦を金堂の創建瓦とできるかも、さらに今後の検討の余地を残している。

金堂の造営時期や造営氏族

なお、これと関連することとして、中井公氏による、金堂の規模が桁行七間、梁行四間であることを重視し、奈良時代に建てられたとする説は、これまで発掘されている七世紀の氏寺では、大官大寺《だいかんだいじ》の金堂のように桁行九間のものもあるが、大半は桁行五間、梁行四間であることからみて、少なからず可能性の高い考えである。

また、軒瓦として、平城宮の軒丸瓦、軒平瓦と同笵のものが多く出土しているのは、小野氏が平城宮・京の造営と深く関与していることを反映するものと推測される。とりわけ、奈良時代後半の軒丸瓦に、新羅系の宝相華文（図78―3）が葺かれたのも、これまで遣新羅使の任務との関連が注目されており、やはり妥当性の高い推測かと思われる。とはいえ、奈良時代に平城京やその周辺に建てられた古代寺院では、たとえば興福寺《こうふくじ》・大安寺などをみても、その寺院の固有の軒瓦の他に、じつに多くの種類の瓦当《がとう》文様の軒瓦が葺かれている。それだけに、軒瓦類からのみでは、造営氏族を確定するにはなお限界があるというべきであろう。

6 紀寺跡（小山廃寺）

――造営年代と氏族を考える――

きでらあと（こやまはいじ）

紀寺跡の寺地と造営時期

図79　紀寺跡（南から）

飛鳥の北、香久山の西端から少し西方にあたる明日香村小山《こやま》に、県立明日香庭球場がある。このテニスコートの東に隣接して紀寺跡《きでらあと》と呼ぶ古代の寺院跡がある（図79・80）。ここは、古く保井芳太郎氏『大和上代寺院志』（一九三二年）に、小字名を「キテラ」と称することから、平城京へ遷都する以前に紀氏が建てた紀寺の所在地とみなしている。

文政十二年（一八二九）に記した津川長道の紀行文『卯花日記《うのはなにっき》』に、「田ノ中ニ大ナル礎石アリ此モ塔ノ礎ト見ユ」と述べている。江戸時代末から明治初期の画家だった岡本桃里《おかもととうり》が写した図には、大きな塔心礎《しんそ》と四天柱の礎石《そせき》を描いているが、これらの礎石は明治十年ごろに割られてしまったとしている。また、この塔跡の西北は水田よりも高い畑地となっており、そこでも礎石がみつかったことを

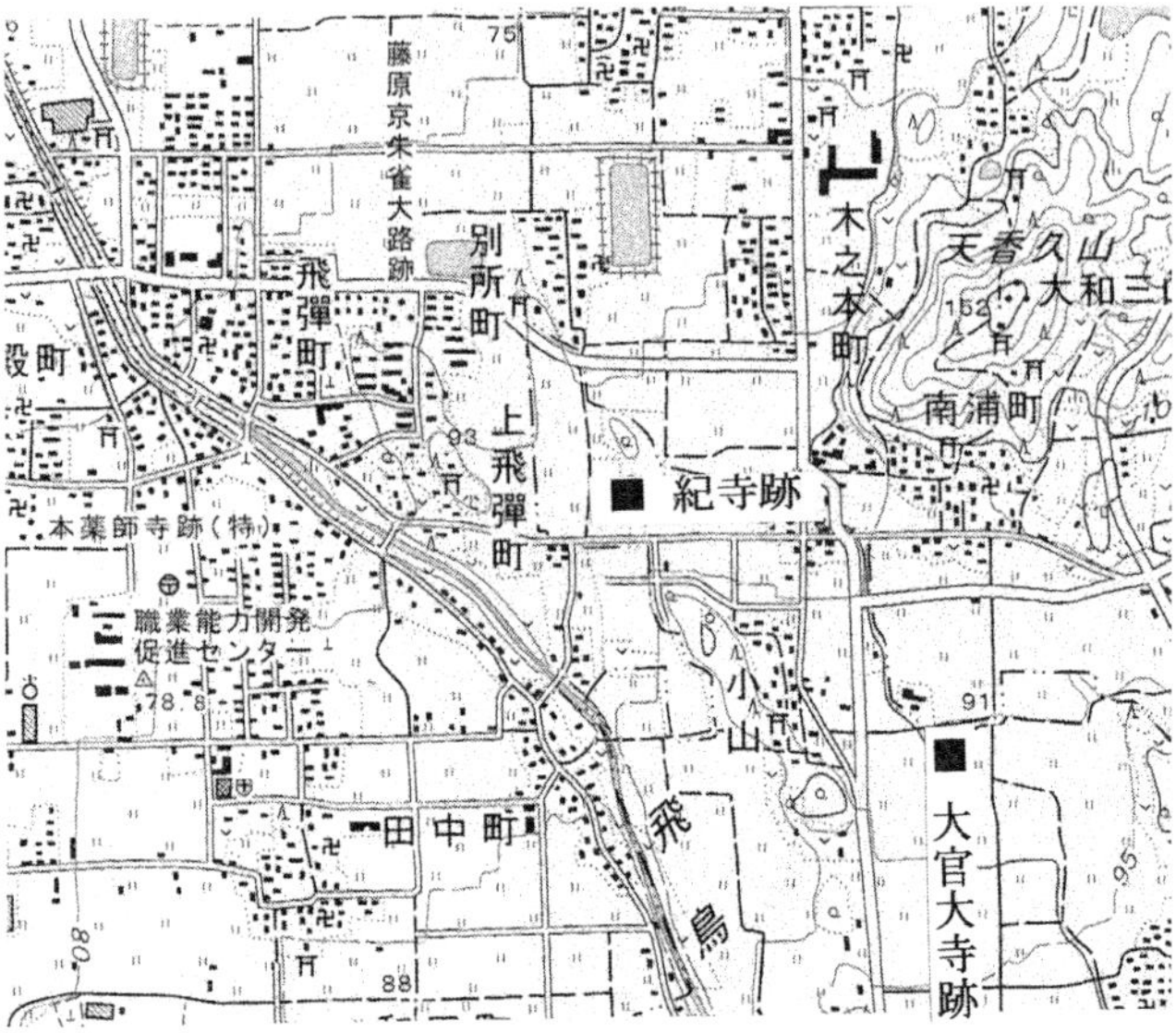

図80　紀寺跡の位置

伝えているので、金堂《こんどう》はそのあたりに、その北の水田にも数個の礎石があるので講堂はその位置に想定されている。軒丸瓦《のきまるがわら》には、複弁八弁蓮華文で周囲に雷文の文様をめぐらすものを掲載しており、この雷文縁軒丸瓦は、この紀寺にちなんで紀寺式軒丸瓦と呼び、東日本にも広く分布している。

ところで、紀氏が古代寺院の造営をおこなっていたことは、『続日本紀《しょくにほんぎ》』天平宝字八年（七六四）七月十二日条と翌十三日条に記す紀寺の奴の益人《ますひと》らが朝廷に良民に復帰するよう訴えた記事によって知ることができる。その益人の訴状によると、紀袁祁《おけ》臣の娘である粳売《うるめ》は、木国氷高評（紀伊国日高郡）の内原直《うちはらのあたい》牟羅《むら》に嫁して身売《みめ》・狛売《こまめ》二人の女児を生んだ。その後、事情があったので二人を紀寺に住まわせ、しかも寺院を造営する工人らの食事の世話をさせていたところ、持統四年（六九〇）の庚寅年に、紀寺を管理する三綱《さんごう》が誤って奴婢として戸籍に登録してしまったのだとしている。そこで調べると、僧綱所《そうごうしょ》にあった天智《てんじ》九年（六七〇）庚午年籍《こうごねんじゃく》に奴婢とされていたが、紀寺の古い資財帳には、奴婢は入れた理由をそれぞれ明記しているのに、二人が奴婢となった理由を記していないので、良民に改めることにしたことなどを記している。この『続日本紀』の記事からすると、紀寺の造営時期は、天智朝まで遡ることがわかる。

発掘調査で判明した伽藍

さて、小山の地に県営庭球場の建設が計画されたので、一九七三・七四年（昭和四十八・四十九）にそれに先だって発掘調査が実施された。この発掘で金堂跡・講堂跡、他に中門跡・回廊跡・南門跡・幢《どう》竿支《かんし》柱《ちゅう》跡などが検出されている。これらの建物遺構のうち、金堂跡は、東西一八・五メートル、南北一六メートル、講堂跡は東西三二メートル、南北一九・九メートルのもので、これらの建物は、二つの門と金堂・講堂が南北に並び、回廊は金堂を囲んで講堂にとりついていることが判明した。金堂の前面には、旗や幟《のぼり》をあげる幢竿支柱を設けており、東側に塔があったと推測されている。また、その後の発掘で、南面大垣と八条大路、東面大垣なども検出されている。

このような発掘調査によって、紀寺の伽藍《がらん》の中心部がほぼ判明し、紀寺は藤原京《ふじわらきょう》の左京八条二坊の四坪を寺域として占めていたとともに、伽藍の中軸を藤原京の条坊《じょうぼう》に合わせて造営していたことも明らかになった。このことは、藤原京の条坊を施工する造営工事が開始した後に、紀寺の伽藍は建てられたことになる。藤原京の条坊を施工する工事の開始年は、まだ十分に明らかになっていない。しかし、天武《てんむ》天皇が新たに都城《とじょう》の造営を計画したとする天武五年（六七六）以前に遡ることはないとされている。

この藤原京の造営を開始した年代からすると、飛鳥にある紀寺跡は、それよりも古く天智朝に遡るので、『続日本紀』に記した紀寺の前身寺院とみてよいかどうか、大きな問題になるのである。

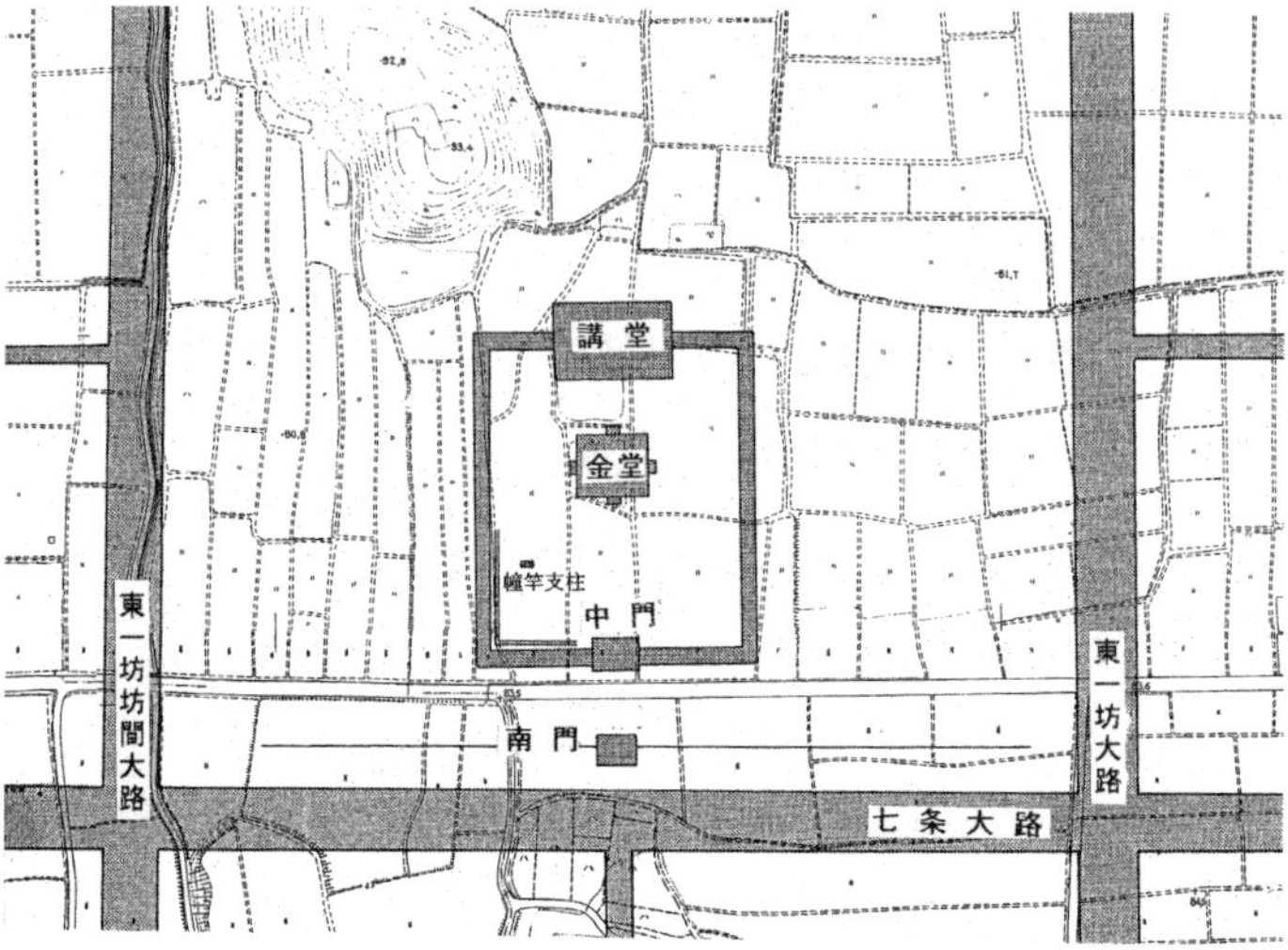

図81　紀寺跡と藤原京（奈良文化財研究所『日中古代都城図録』2002年）

飛鳥の紀寺跡は紀氏の氏寺か

飛鳥にある紀寺跡は、発掘する以前には藤原京内に建てられているものの、藤原京の条坊とは一致しないものとみなされていた。ところが、発掘調査によって判明した伽藍の中軸線は、藤原京の条坊の中軸線と一致することが明らかになった（図81）。このことは、伽藍と条坊の中軸が偶然に一致したとは考え難いので、藤原京の条坊を設定する工事に着手した後に、伽藍を造営したことになる（図82）。

　しかし、なお、それ以前に建っていた紀寺を条坊に合わせて建てなおしたとする研究者もいる。だが、発掘ではそのようにみなしうる遺構はまったく見つかっていない。また、もし紀氏が建立した紀寺とみなした場合、これまで紀氏の本拠である紀の川流域に建てられた寺院に、飛鳥の紀寺に葺いている雷文縁をめぐらす複弁八弁蓮華文の紀寺式軒丸瓦がまったく葺かれていないので、紀氏の氏寺かどうか疑問視する考えもあったのである（森一九九四）。

　さて、飛鳥の紀寺が紀氏の氏寺でないことが判明すると、これを未だに見つかっていない天武二年

（六七三）に建立した高市《たけち》大寺《おおでら》に想定する説もだされている（近江一九九九）。しかし、藤原京を造営する工事を開始したのが天武五年（六七六）以降のことであったとすると、年代的にみて、この考えも無理な考えである。しかも、高市大寺の前身寺院である百済《くだら》大寺《おおでら》は、きわめて大規模な金堂と塔からなる吉備《きび》池廃寺《いけはいじ》であり、また高市大寺を移転した大官大寺もじつに大きな金堂、塔を構築していたことが判明している。紀寺跡で見つかった通常の規模の伽藍では、そのようには考えられない。しかも、紀寺跡からは、百済大寺とされる吉備池廃寺に葺かれた単弁蓮華文軒瓦や忍冬文《にんどうもん》を押した軒平瓦と同笵《どうはん》のものがまったく出土していない点からみても、この説は成り立ち難いだろう。

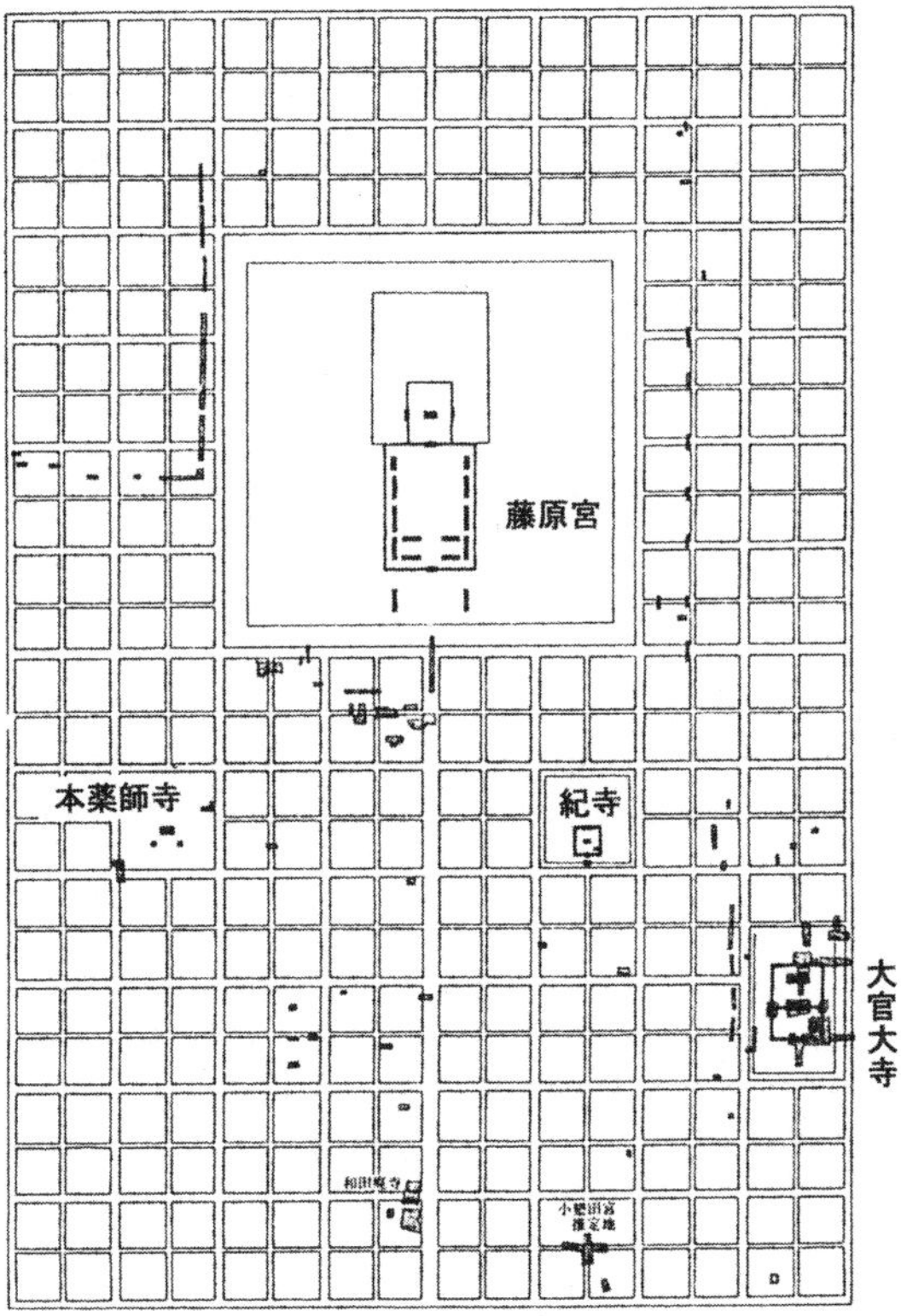

図82　藤原京と紀寺跡の位置
（飛鳥資料館『藤原宮—半世紀にわたる調査と研究—』1984年）

紀氏の活動と本拠

ところで、これまで飛鳥の紀寺の造営氏族とみなされてきた紀氏は、直姓《あたいせい》と臣姓《おみせい》の二系統が知られている。前者は紀伊国を本拠とする国造家、後者の臣姓は天武十三年（六八四）に紀朝臣となったことが知りうるもので、紀寺は臣姓の紀氏が建立した氏寺であったと推測されている。

この紀臣による七世紀の活動をみると、『日本書紀《にほんしょき》』舒明前紀に山背大兄王《やましろのおおえのおう》を天皇に推した紀臣塩手《しおて》、白雉元年（六五〇）二月に孝徳《こうとく》天皇の前で白雉の輿《こし》をかついだ紀臣乎麻呂岐太《おまろきだ》、天智朝に御史大夫となった紀臣大人《うし》、造高市大寺司に任命された紀臣訶多麻呂《かたまろ》らがいる。さらに、文武《もんむ》天皇の嬪《ひん》となった紀朝臣竈門娘《かまどのいらつめ》が知られるように、畿内の有力氏族の一氏族として活躍している。これらをみると、藤原京が造営される以前の七世紀後半に、他の畿内の有力氏族と同様に、氏寺を造営した可能性は少なくないものと推測される。

また、この紀氏は古墳時代には紀の川の下流域を本拠とする氏族であるが、『古事記《こじき》』孝元《こうげん》天皇段に、建内宿禰《たけうちのすくね》の末裔氏族として、葛城《かつらぎ》・波多《はた》・巨勢《こせ》・平群《へぐり》・蘇我《そが》氏らとともに記されているので、はやい時期に大和に進出していた氏族とみなされている。しかし、その大和に進出した本拠はまだ十分に明らかになっていない。そして、『紀氏家牒《きしけちょう》』によると、大和国平群郡紀里を本拠にしたとされている。

平群郡には式内社として平群坐《へぐりにいます》紀氏神社があり、現在の生駒郡平群町に鎮座している。付近には紀氏の氏寺とみなされる寺院跡は知られていないが、紀氏が系図として平群氏と深いつながりをもっていたと想定されることからすると、天智朝に平群氏の広い本拠の一部に紀氏が氏寺を造営した可能性はありうるものと考えられる。このことは、紀氏が七世紀後半に造営した氏寺が、飛鳥以外の地に造営されたこともふくめて検討することが必要である。そこで、紀寺に葺いた軒瓦をよりどころとして、紀氏が建立した氏寺の性格を少し検討してみることにする。

紀寺跡（小山廃寺）の軒瓦

紀寺（小山廃寺）からは、これまで軒丸瓦として、紀寺式の特徴である外区に雷文縁をめぐらす軒丸瓦三種、藤原宮《ふじわらきゅう》式のものが五種、軒平瓦も重弧文二種、偏行唐草文一種が出土している（図83）。

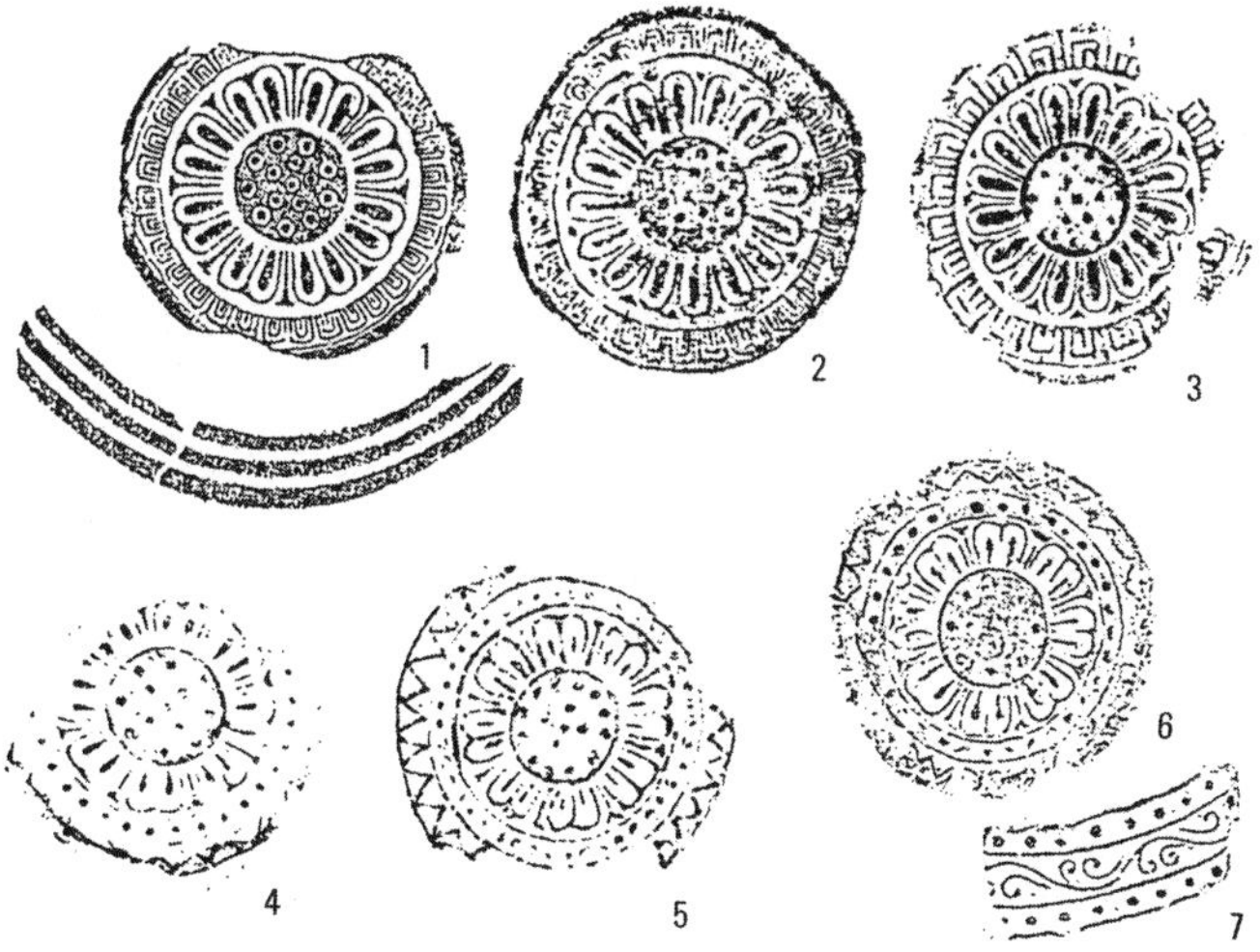

図83　紀寺跡出土の軒瓦
（近江俊秀「7世紀後半の造瓦の一形態」『瓦衣千年』1998年）

まず、雷文縁軒丸瓦には、複弁八弁蓮華文が一種、単弁十六弁蓮華文が二種ある。これらのうち、中房に配する蓮子に周環をつける古式の複弁八弁蓮華文のものは、山背の山科にある大宅廃寺《おおやけはいじ》に導入されている。この大宅廃寺では、雷文縁をつける複弁八弁蓮華文の軒丸瓦は、重弧文《じゅうこもん》や偏行忍冬唐草文の軒平瓦と組んで葺かれている。これらのうち、偏行忍冬唐草文6646cは、同一の笵型を使用しながら、製作技法を異にするものが藤原宮にも葺かれている。これは藤原宮の造営にともない、大宅廃寺から藤原宮の瓦窯《がよう》（造瓦所）に瓦当笵《がとうはん》が供給されたものと推測されている。しかも、この大宅廃寺は、山崎信二氏によって、藤原氏の氏寺である山階寺《やましなでら》に推測されており（山崎一九九五）、その可能性がきわめて高いものである。

軒瓦からみた藤原氏とのつながり

藤原宮は、日本で初めて宮殿に瓦葺きした宮都である。この時期、飛鳥や大和などに多くの氏寺が建立された。氏寺が瓦窯を有しながらも、それらの氏族に屋瓦の供給や協力を求めずに、藤原宮に所属する官営工房の瓦窯を新たに設け、独自に屋瓦の生産をおこなっている。

しかし、じつは例外があったのである。それは飛鳥の西、橿原《かしはら》神宮前駅の西にある久米寺《くめでら》跡から、軒丸瓦６２７１Ａが藤原宮に供給されていた。しかも、この久米寺跡の同笵軒丸瓦は、平城京への遷都にともなって移建された藤原氏の氏寺である興福寺《こうふくじ》にも葺かれている。このことは、山階寺の可能性の高い大宅廃寺と同様に、藤原氏の氏寺が藤原宮への屋瓦の供給と深くかかわりをもったことが推測されるのである。また、藤原宮の瓦窯からは、軒丸瓦６２３３Ｂｂの瓦当笵が紀寺跡（小山廃寺）に提供されていることも、紀寺跡から出土した軒丸瓦に対する製作法の研究（近江一九九九）によって判明したのも見逃せないことであり、重視される。

このように国家的な藤原宮の瓦窯から、紀寺跡（小山廃寺）に軒丸瓦の瓦当笵が提供されていたことからすると、この廃寺は文献に記されながら、まだ見つかっていない天武が造営した高市大寺に想定する研究者もある。しかし、その考えは前述したように、その規模からみて、そのようには想定し難いものである。

葺かれた同笵軒瓦や同形式の軒瓦との関連からみると、紀寺跡（小山廃寺）は、むしろ藤原氏と強いつながりをもって造営された寺院に推測される。しかも、紀寺跡は藤原京の左京の八条二坊に造営されており、天武の皇后である鸕野皇女《うののひめみこ》の不予《ふよ》（病気）に際して建立が誓願された右京の本薬師寺《もとやくしじ》よりも、優位な地に建てられていることも、重視する必要があるであろう。では、どのようなことから、藤原氏が藤原京の左京に紀寺跡（小山廃寺）を造営したのか、その要因が問題になる。

前述したように、本薬師寺は『日本書紀』天武九年（六八〇）十一月癸未（十二日）条に、皇后（鸕野皇女）が重病になった際に、天武が一〇〇人の僧を得度《とくど》し、造営を誓願したことを記している。しかし、重要なことながら、これまでの研究では、ほとんど問題にされていないことに、『日本書紀』の同月の十一月丁酉（二十六日）条に、「天皇、病したまふ。因りて一百僧を得度せしむ。しばらくありて癒えぬ」と記している点がある。著者は、この天武もまた一〇〇人の僧を得度させた記録を残すような重病になったことに注目するのである。

天武の病と藤原不比等による新造寺院の請願

紀寺跡（小山廃寺）は、藤原京の左京六条二坊に建てられ、その対称に近い位置に本薬師寺を建てている。本薬師寺は、前述したように、皇后の鸕野皇女が重病となったので、天武が皇后の病からの回復を願って寺院の建立を誓願したものである。しかし、『日本書紀』は、わずか一四日後に、天武もまた重病となり、僧一〇〇人を得度させ、これによって病が癒えたことを記しており、天武の病も大病だったものと推測される。しかも、皇后の病に際しては、天武が寺院造営を誓願したのに、天武の病に、寺院を建立する誓願が記されていないのはなぜか。

これは、『日本書紀』は記していないが、じつは寺院造営の誓願があったのではないかと推測される。

これは大病の直後だけに、皇后の鸕野皇女が誓願しうる状況になかったので、その意を汲んで皇后に代わり藤原不比等《ふひと》が誓願したのではないかと思われる。そして、その結果として、天武九年十一月には、本薬師寺の造営といま一つ新造寺院の造営という二つの寺院が、ほぼ同時に藤原京の左京、右京に造営されることになったものと推測されるのである。

しかも、わずか二週間ほど後に、天武のために誓願した寺院（紀寺跡・小山廃寺）を左京八条二坊に、皇后のための本薬師寺が右京八条三坊に対称に建てられたものと推測される。この本薬師寺が二坊ではなく三坊に建立されたのは、二坊の中央部を飛鳥川が貫流するので、一坊西へ寄ったものとみてよい（小笠原二〇〇五）。

藤原不比等と草壁皇子・中臣大嶋

さて、藤原不比等が『日本書紀』に初めて登場するのは、持統三年（六八九）正月、刑部省《ぎょうぶしょう》の判事に任命された記事である。それ以前の不比等のことはまったく明らかでない。不比等は蘇我連子《むらじこ》の娘と結婚し、天武九年（六八〇）には大原に戻って武智麻呂《むちまろ》が生まれており、二二歳であった。天武は不比等の姉の氷上娘《ひがみのいらつめ》、五百重娘《いおえのいらつめ》を夫人としており、不比等にとって義兄にあたっている。そのころ、中臣《なかとみ》氏の氏上《うじのかみ》は中臣大嶋《おおしま》であった。桜井市の粟原寺《おうばらでら》の塔露盤銘《とうろばんめい》には、この中臣大嶋が夭逝した草壁皇子《くさかべのみこ》のために寺院造営を誓願したことを記している（粟原寺の項参照）。

『正倉院文書』天平勝宝八歳（七五六）六月、東大寺に施入された聖武天皇の遺品の中に、黒作懸《くろつくりかけ》佩刀《はきのたち》一口が含まれている。これには、「東大寺献物帳」の付記に、草壁皇子が常用した佩刀を藤原不比等に賜与し、その後、不比等が草壁皇子の子の文武天皇に献上し、文武が没する際に不比等に賜与し、さらに不比等が亡くなるとき、皇太子の聖武に献上したことを記している（薗田一九九二）。草壁皇子は、天武と皇后（鸕野皇女）の間に生まれた皇子で、持統三年（六八九）四月に夭逝した。草壁皇子が佩刀を不比等に賜与したのは、不比等との間に深い親交と信頼関係があり、不比等がすでに国政にかかわり、彼に子息の軽《かる》皇子への支援を託しえたものと理解されるのである。

草壁皇子のために建立された粟原寺を不比等の一族の中臣大嶋が誓願した理由は、天武九年（六八〇）十一月に、すでに皇后の鸕野皇女の意を汲んで不比等が天武のために寺院を誓願し、すでに造営を進めており、それがかなわなかったのである。そこで神祇伯であった同族の中臣大嶋が代わって草壁皇子を弔う寺院造営を誓願したものと推測される。

斬新なデザインの紀寺跡（小山廃寺）の軒瓦

また一方では、紀寺跡（小山廃寺）に葺かれた雷文縁軒丸瓦は、大和・河内・山背・近江をはじめ東国の寺院でも瓦当文様として広く採用されている。この瓦当文様に配された雷文の祖形となる文様は、近江の園城寺と河内の九頭神《くずがみ》廃寺から出土したものが候補になる。これら二つのうち、複線で雷文が表現されている点で九頭神廃寺のものがより近いモデルとみてよい。この九頭神廃寺は、大阪府枚方市に所在し、北河内で最古期に建てられた渡来系氏族の寺院とみなされている古代寺院である。しかも、北河内を本拠とした河内馬飼《かわちのうまかい》が建立した寺院に推測されている。

持統は鸕野皇女、讃良《さらら》皇女と呼ばれ、乳部《みぶ》であった鸕野馬飼《うまかい》、讃良馬飼が養育した、もしくは養育費

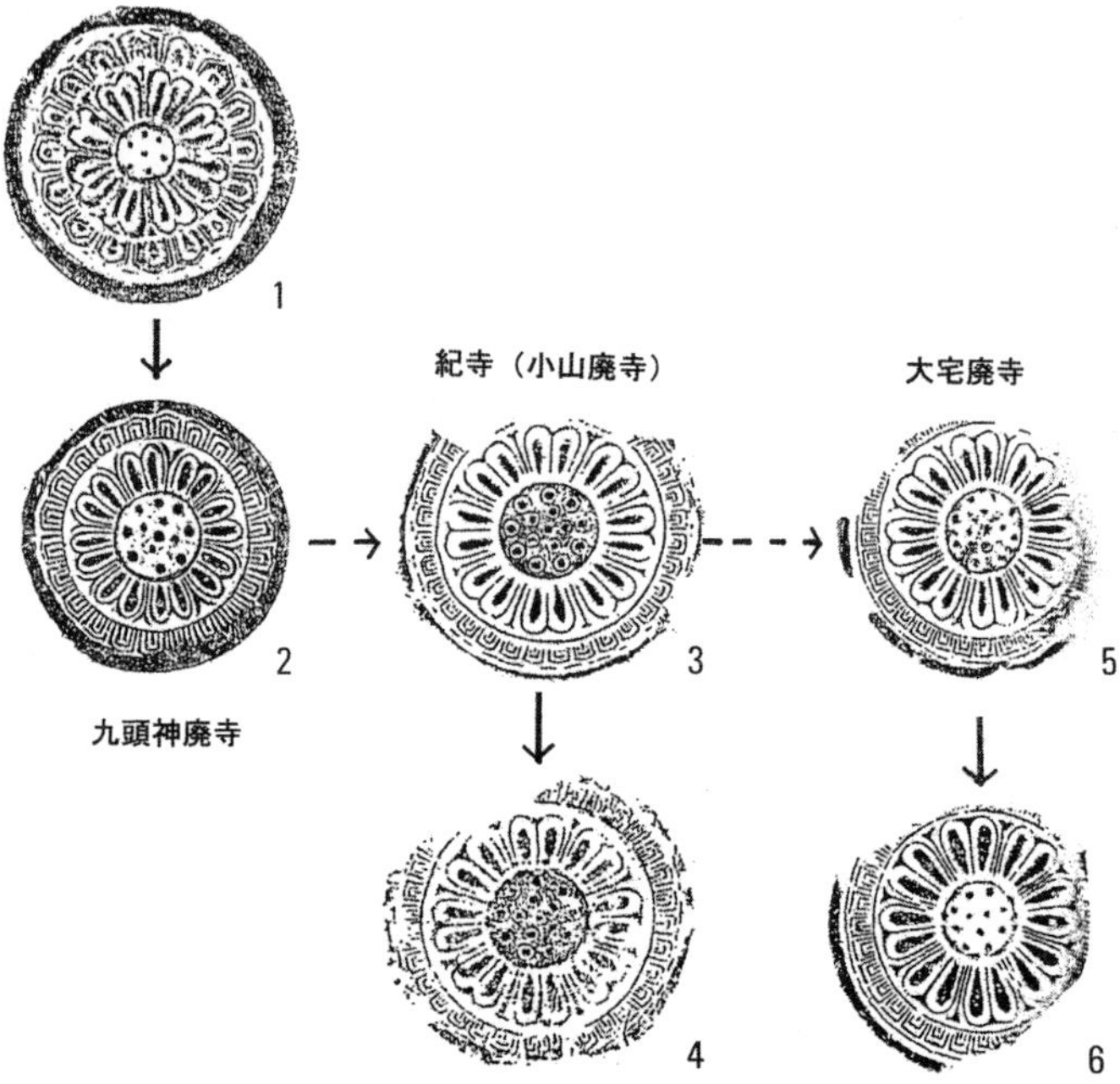

図84　雷文縁軒丸瓦の成立図

を負担したものと推測される。九頭神廃寺の雷文縁軒丸瓦は、まさに鸕野皇女の乳部の氏寺に葺かれた軒丸瓦を導入したものであった。紀寺跡（小山廃寺）の雷文縁軒丸瓦は、このような性格を有することからみて、この瓦当文様は持統の意向を受けて、九頭神廃寺の軒丸瓦の瓦当文様をもとに、斬新なデザインとして雷文縁軒丸瓦が製作され、紀寺跡（小山廃寺）の創建軒丸瓦として葺かれたものと理解される（小笠原二〇〇五）（図84）。

このような経緯のもとに創出された軒丸瓦であったことからすると、この紀寺式の瓦当文様は、一氏族の氏寺に葺かれたものとは言い難いものであった。そして、この一氏族の氏寺を超える性格をもつことから、紀寺式軒丸瓦は、畿内はもとより、東国の各地に建てられた氏寺にも、広く導入されることになったものと推測されるのである。

7 尼寺廃寺《にんじはいじ》

――紀氏が平群の地に建立した氏寺か――

紀の川流域の古代寺院

飛鳥の小山《こやま》の地に建てられた紀寺跡《きでらあと》（小山廃寺）が、紀《き》氏が建立した氏寺と考えにくいとすると、紀氏が大和に建立した氏寺を、飛鳥の地と異なる地に求めることが必要になるだろう。そこで、考古学的な方法として、紀氏の本拠である紀の川流域に建立された最古期の寺院に葺かれた軒瓦《のきがわら》の同笵《どうはん》軒瓦、もしくは同形式の瓦当《がとう》文様との関連から、検討してみることにしよう。

これまで知られる紀の川流域に初期に建てられた古代寺院に、西国分《にしこくぶ》廃寺・最上《さいじょう》廃寺・北山《きたやま》廃寺がある。西国分廃寺は、和歌山県岩出市にある紀の川右岸に建てられた氏寺で、塔心礎《しんそ》が遺存し、瓦積《かわらづみ》基壇《きだん》が見つかっている。また、紀の川の左岸にあるのが最上廃寺である。最上廃寺は、塔跡に心礎が遺存している。さらに、北山廃寺はこれまで古瓦が採集されている古代寺院である。

これらの三寺院からは、いずれも軒丸瓦《のきまるがわら》の縁に文様のない単弁八弁蓮華文のものが出土している（図85）。そのうち西国分廃寺からは、小さな中房に一＋八に蓮子を配したもの、最上廃寺からは中房に一＋六蓮子をつけるもの、北山廃寺からは一＋四に蓮子をつけるものが出土している。これらの軒丸瓦は、

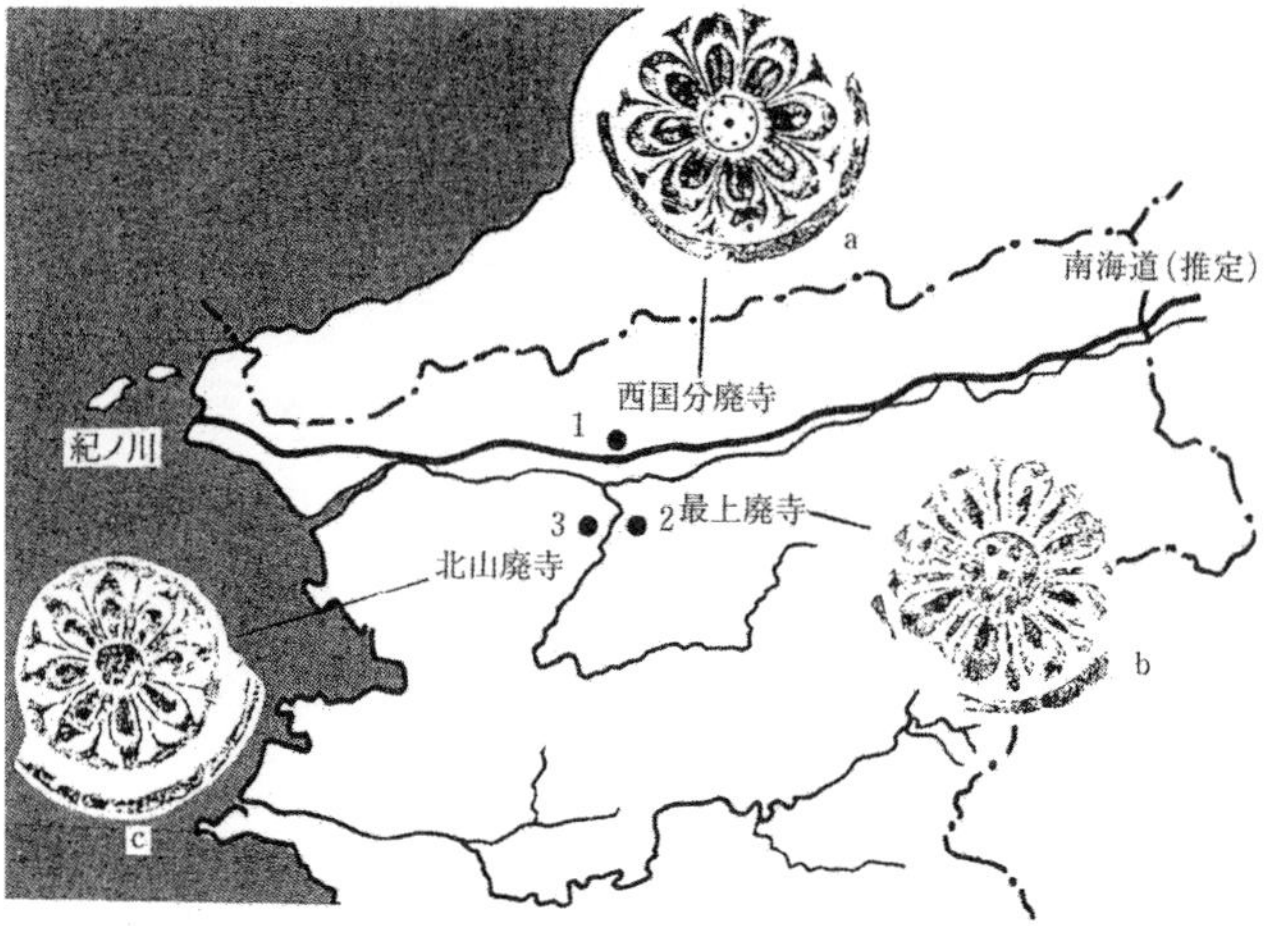

図85　紀の川流域の寺院と軒瓦

これまで紀の川流域の古代寺院から見つかっている軒瓦では、最も古いものである。しかも、紀の川流域に建立された最古期の寺院の軒丸瓦は、いずれも単弁八弁蓮華文で、相互に強い共通性をもって葺かれている。

巨勢路を通じた坂田寺との関係

さらに、これらの単弁蓮華文軒丸瓦は、大和の飛鳥にある坂田寺《さかたでら》跡から出土する単弁八弁蓮華文を祖形にして、同一の形式のものが葺かれたものとみなされている。しかし、この坂田寺に葺かれた単弁八弁蓮華文軒丸瓦は、坂田寺だけでなく、同じ型で造られた同笵の軒丸瓦が奈良県の平群《へぐり》の地にある尼寺《にんじ》廃寺からも出土している。

ところで、坂田寺は、飛鳥の祝戸《いわいど》の地に飛鳥時代に建てられた金剛寺《こんごうじ》もしくは坂田尼寺と呼ばれた古代寺院である。飛鳥寺の創建時の素弁の軒丸瓦、坂田寺特有の素弁で楔形《くさびがた》の間弁をもつもの、また単弁八弁蓮華文で外縁が素文のもの、さらに白鳳期の複弁系のものも多く出土している。この寺院は鞍作氏の氏寺として知られている。この坂田寺と紀の川流域とは、巨勢路《こせじ》を経由することによって、つながりを求めることができる。

坂田寺と尼寺廃寺のつながり

一方の尼寺廃寺は、大和西部の香《か》芝《しば》市にある古代寺院（図86）で、一九三二年（昭和七）にだされた保井芳太郎氏の『大和上代寺院志』では、古く高橋健自《けんじ》氏が放光寺を片岡僧寺というのに対し、片岡尼寺なる寺があったであろうと想定した寺院であるとして掲載している。ただし、ここには、少し離れた南と北の二ヵ所から寺院に関連する瓦類が出土していることを述べている。その一つは現在の般若院の付近で礎石《そせき》があること、いま一つは、そこから二〇〇《メートル》北にあたる白山姫《しらやまひめ》神社の東側からも多くの瓦類が見つかっており、しかも同一の文様の軒瓦が採集されていることを記している。

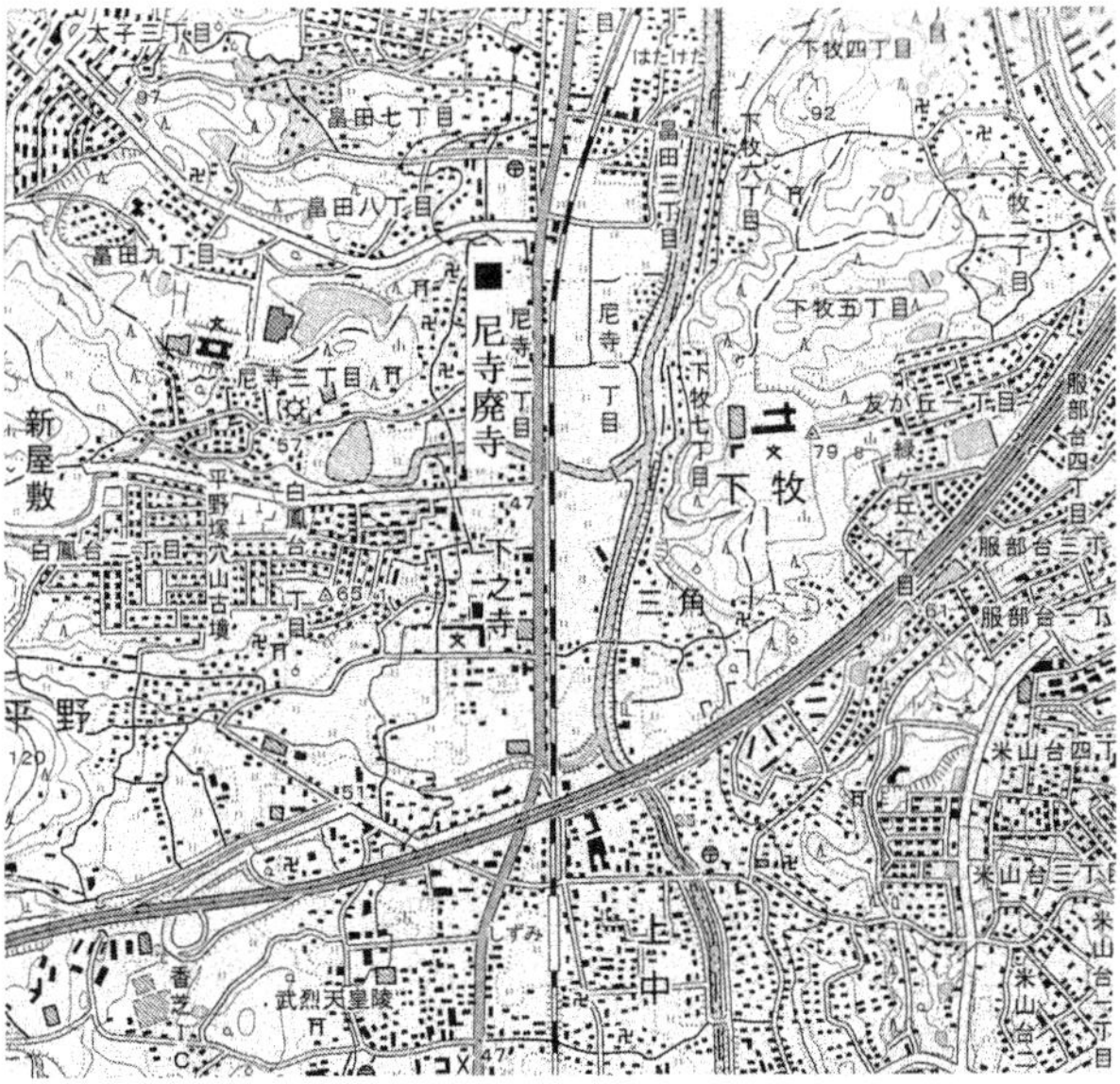

図86　尼寺廃寺の位置

　このように、坂田寺の同笵軒瓦をもとにすると、坂田寺と尼寺廃寺の二つの寺院とのつながりが推測される。しかし坂田寺と紀の川流域の寺院とは、飛鳥から巨勢路を経由し、容易につながりがあったことが想定されるが、それ以上の具体的な資料ともいうべきものは知りえない。

一方、尼寺廃寺の方は、近年に二つの寺院跡の想定地に対し、北遺跡・南遺跡と呼称し、しかも北遺跡に対する発掘調査が一部で実施され、重要な成果がえられている。その結果、この寺院やこの地域が紀の川流域と強いつながりがあったことを示す資料が少なくないことからみてきわめて重要視されることになる。

発掘で判明した尼寺廃寺の伽藍

尼寺廃寺の北遺跡は、一九八四年（昭和五十九）の発掘調査で、建物の基壇に沿って雨落のバラスが検出され、金堂《こんどう》が構築された位置が判明した。ついで、その南側にあるこれまで塔跡に想定されていた土壇を一九九六年（平成八）に発掘したところ、一辺が一三・八メートルの塔基壇であることが判明した。礎石も、四天柱と側柱列をあわせて一二個が遺存していた。しかも、塔心礎は一辺が三・八メートルのものが据えられており、四天柱の礎石がほぼその上にのるような、じつに巨大なものであった（山下一九九七）。

また、西回廊がよく残っており、塔の南では中門が設けられた痕跡がないことから、東回廊に中門を設けた東面する法隆《ほうりゅう》寺《じ》式伽藍《がらん》に想定されている（図87）。さらに、南遺跡の地には、薬師堂に礎石があり、その西にある般若院本堂の周辺でも瓦類が採集されているので、堂塔の配置は明らかでないが、ここにも伽藍があったものと考えられている。

その結果として、ここには坂田寺と同笵の単弁八弁蓮華文軒丸瓦を葺いた（図88—1）六六〇〜六七〇年代に建立された二つの伽藍があったものと推測されている。そして、調査関係者によると、坂田寺と同笵軒瓦が葺かれているので、敏達《びだつ》天皇の後裔の王族が七世紀に広瀬郡に進出し、その一族によってこの尼寺廃寺の北廃寺と南廃寺が同一氏族によって建立、あるいはいずれかが建立されたものと推測されている。だが、これは想定するにとどまっている。

そこで、このような想定とは別に、尼寺廃寺に葺かれた単弁八弁蓮華文軒丸瓦は、紀の川流域の最古期に建立された氏寺に葺かれているので、それらとの関連を重視し、紀氏とのつながりによって造営氏族をさらに考える方法が残っている。

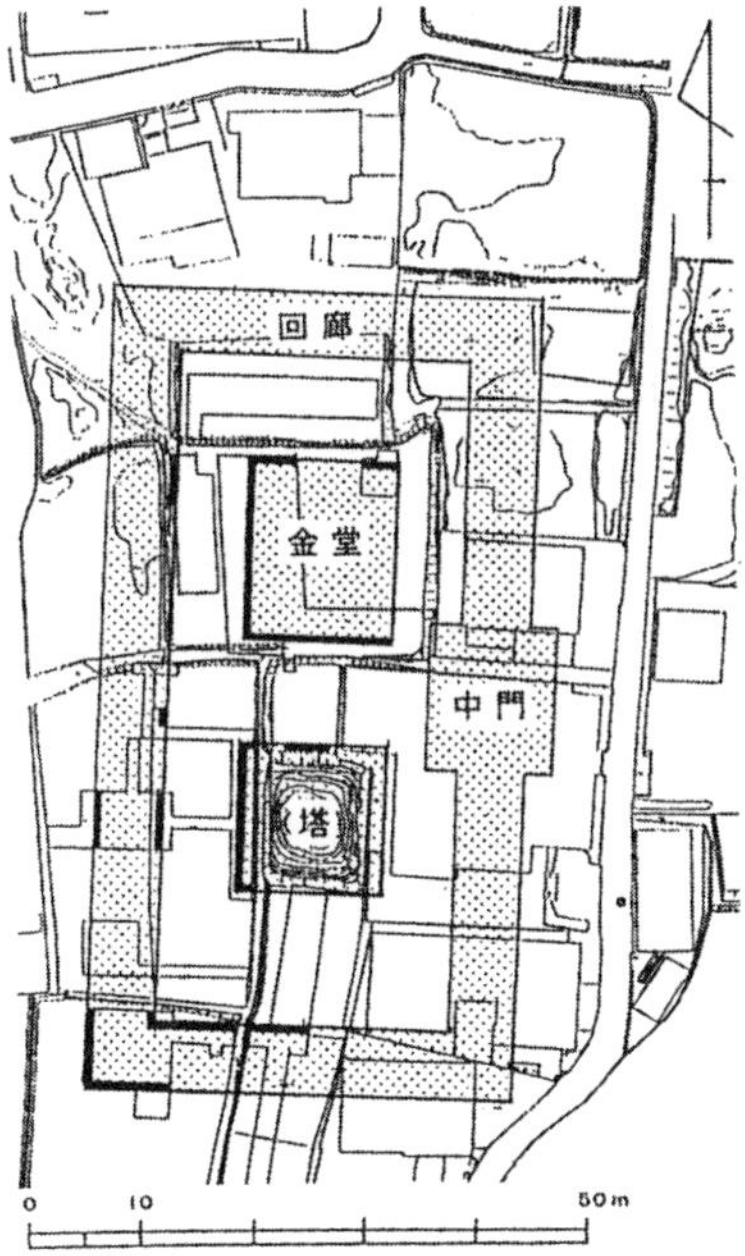

図 87　尼寺廃寺の伽藍配置図
（香芝市教育委員会『香芝市埋蔵文化財発掘調査概報』8、1997 年）

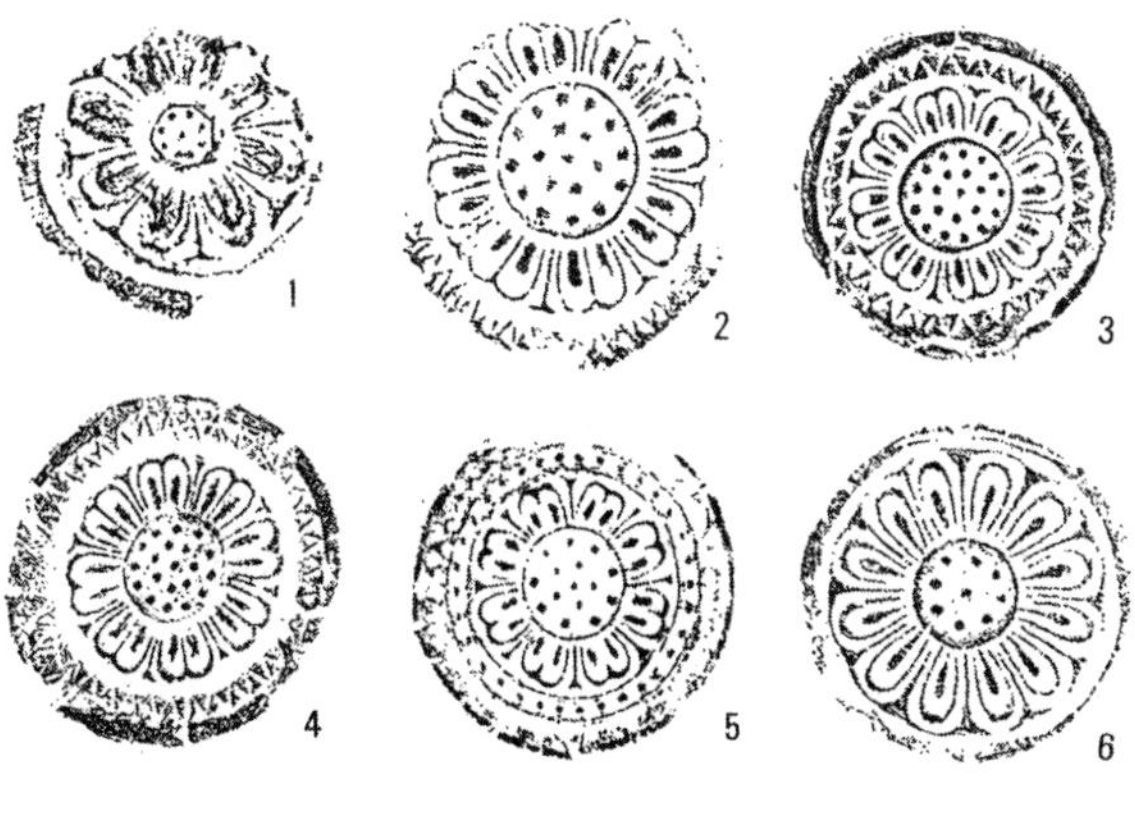

図 88　尼寺廃寺の軒丸瓦
（香芝市教育委員会、同上）

紀氏とのつながり

尼寺廃寺が造営された地は、大和の西部にあたる地域で、古代には平群郡にふくまれる地域であった。ここには、紀の川流域を本拠とする紀氏と深いつながりをもつ平群坐《へぐりにますき》紀氏《し》神社がある。古く津田左右吉《そうきち》氏の『日本古典の研究』(下)に、平群坐紀氏神社が平群郡内に存在することなどから、この郡には紀氏の本拠が所在したことを想定している(津田一九五〇)。また一方では、平群坐紀氏神社の東南五〇〇㍍《メートル》に三里《みさと》古墳がある。この三里古墳は、一九七五年(昭和五十)に発掘され、六世紀中ごろに構築された横穴式石室があり、その奥壁に大和では類例の少ない石棚《いしだな》が設けられていることが明らかになった。このような石棚をもつ横穴式石室は、これまでの研究では紀の川下流の岩橋《いわせ》千塚《せんづか》など紀伊の古墳に顕著にみられることから、三里古墳の被葬者に対しても、紀氏と深いつながりがあった可能性が推測されていることも重視される。

さらに、注目されることに、『尊卑《そんぴ》分脈《ぶんみゃく》』、『群書類従《ぐんしょるいじゅう》』および『続群書類従《ぞくぐんしょるいじゅう》』に収める「紀氏系図」には、推古《すいこ》以前は平群氏の系譜を用い、そのあと七世紀の塩手臣から紀氏系譜を接続したものとなっている。紀氏は紀の川流域を本拠としたことから、中央政界とかかわりをもちながらも、軍事力をもつ一氏族の役割を超えることはできなかったのである。そこで、紀氏は大和政権下での有力氏族であった平群氏が衰退したことから、平群氏と接触を深めるようになり、天智《てんじ》朝の時期の紀大人《うし》のときに、平群氏の系図に紀氏の系図を接続することにしたものと推測されている(戸田一九八四)。

以上のことは、たんに系図上のことのみでなく、六世紀後半に平群氏が衰退したころに、紀氏が平群郡に進出し、この郡内に紀氏の本拠を設けることによって、その一部に後期古墳として横穴式石室を構築する古墳を築造しうるようになったことが推測される。そして、紀氏は天智朝に平群郡で氏寺の造営をおこなった際に、本尊の金銅仏の鋳造を依頼することなどにともなって、飛鳥にある鞍作氏の氏寺である坂田寺とつながりをもつことがあったものと推測される。しかも、坂田寺に葺かれた単弁八弁蓮華文の瓦当笵の提供を受けることによって、尼寺廃寺を建立することになったのではなかろうか。その結果として、尼寺廃寺に葺かれた同系統の単弁八弁蓮華文は、紀氏の本拠である紀の川流域でも、同族的なつながりから、西国分廃寺・最上廃寺・北山廃寺に導入されたと推測されるのである。

以上述べたように、尼寺廃寺の瓦当文様と、紀の川流域の紀氏の氏寺に葺かれた同系統の瓦当文様に対しては、尼寺廃寺を大和の西部に本拠をもつに至った紀氏の氏寺に推測するのが最も可能性の高い想定と思われるのである。

8

栗原寺跡《おうばらでらあと》

―中臣大嶋が草壁皇子のために建立した寺院―

図89　栗原寺跡の礎石

栗原寺の立地

桜井駅から宇陀《うだ》行のバスに乗り、外山《とび》で左手の窓から桜《さくら》井《い》茶臼山《ちゃうすやま》古墳の大型前方後円墳《ぜんぽうこうえんふん》を見て、少しすると、道は山道を登り始める。しばらく進むと栗原《おうばら》のバス停がある。そこから栗原の集落に進む道が急傾斜で南に下がっている。

降りて狭い栗原川を渡り、さらに南へ坂道を登り続けて集落を過ぎたところに、天満神社の境内地がある。栗原寺《おうばらでら》跡は、この天満神社の南に隣接している。現在は古代の栗原寺の跡地の一部に天満神社が鎮座している。南側にまわると、「史蹟栗原寺址」と刻んだ石標が建っている。その東側に大きな心礎《しんそ》と塔の礎石《そせき》がよく残っているのが見える（図89）。ただし、塔心礎は旧の位置から少し北側に偏している。その東側は一段低くなっており、ここにも礎石が多く散在する。これらは西側にあった金堂《こんどう》などから運ばれたものといわれている。礎石の上部に柱座を造り出したものもある。塔跡の西方にも二、三の礎石が散在する。これらは金堂の礎石に想定されているが、未だ確認されていない。

伽藍の推定と造営開始の時期

これまでの粟原寺跡の報文のように、西に金堂が建っていたとすると、南側はさらに一段高くなっているので、南面した伽藍《がらん》は想定しにくく、東向きに建てられていたものと推測される。その北側は一段低くなっており、広い平坦面をなしているので、僧房など、他の建物がいくつか建てられていたものと思われる。

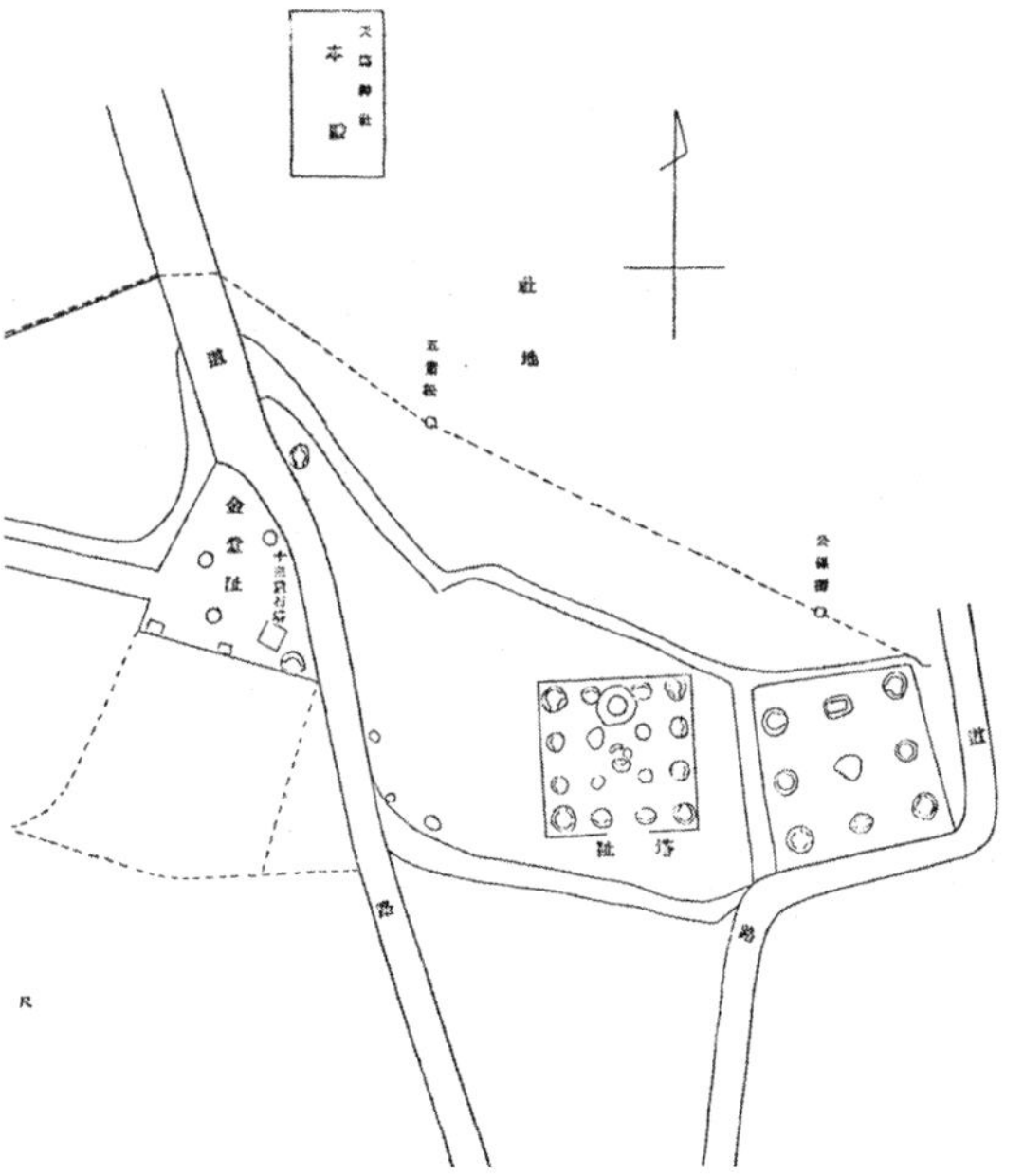

図90　粟原寺跡の伽藍
（保井芳太郎『大和上代寺院志』1932年）

　この粟原寺跡は、一九二七年（昭和二）四月に国史跡に指定されているが、金堂の位置とその規模が不明なので、その所在地を確認するとともに、伽藍が南向きか、東向きかを発掘して確認することも必要である（図90）。

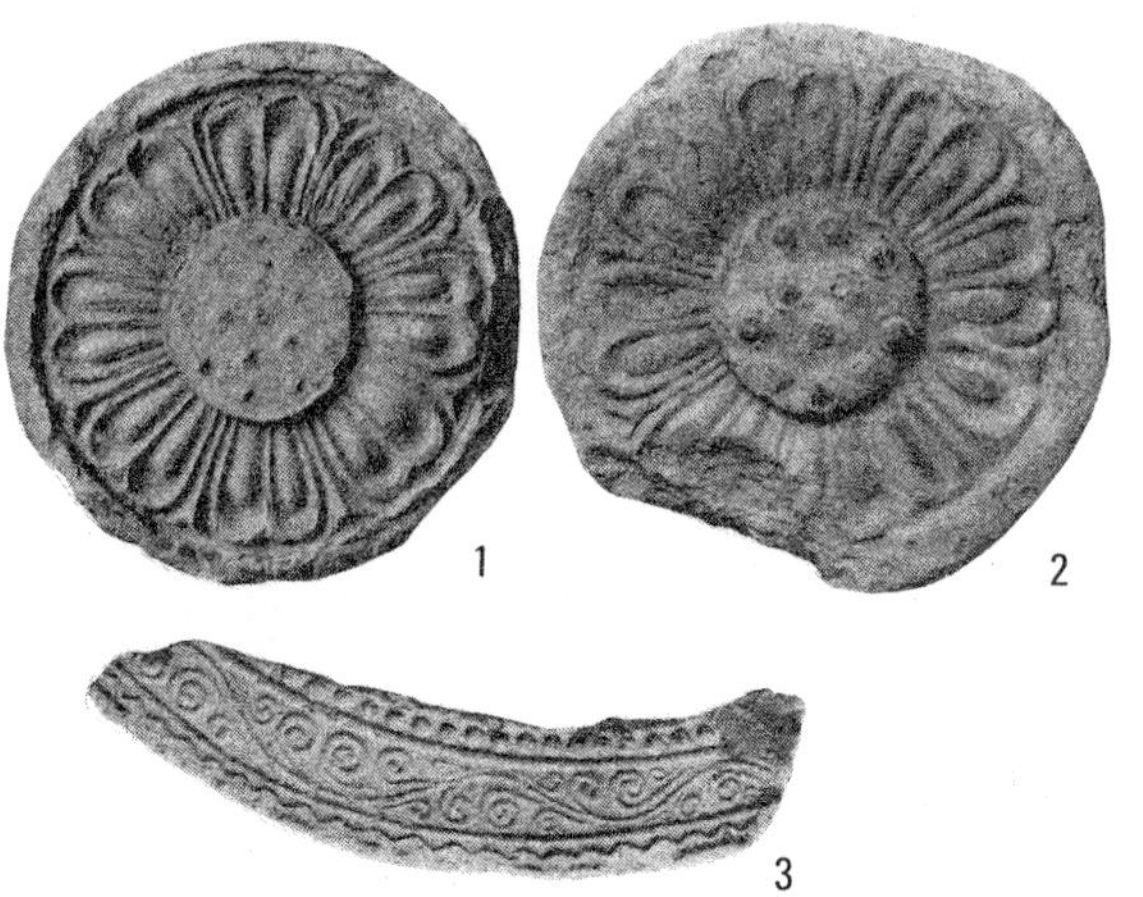

図 91　粟原寺跡の軒瓦（保井芳太郎『大和上代寺院志』1932 年）

これまで、軒丸瓦《のきまるがわら》三種、軒平瓦三種が採集されている。創建期の軒丸瓦は、蓮子を一＋五＋九に配した複弁八弁蓮華文で、外縁を素文としたものである。他に蓮子を三＋八、複弁の蓮弁が八弁にならないもの、中房に一＋六の蓮子を配したものがある（図91）。また、軒平瓦は、上外区に密に珠文、下外区に線鋸歯文《きよしもん》、内区に右から左に七回反転する偏行唐草文をつけるもの、大官大寺《だいかんだいじ》跡の軒平瓦と同笵《どうはん》のもの、藤原宮《ふじわらきゅう》の6647Dと同笵のものなどが知られている。これらの軒瓦からみると、粟原寺は、七世紀末に造営を開始した寺院とみてよいものである。

伽藍の縁起を記した伏鉢

ところで、この粟原寺は、古く伽藍の造営の縁起を刻んだ塔の伏鉢《ふくばち》が遺存しており、現在は談山《だんざん》神社に保管されている。この銘文に、

寺壱院四至 限東竹原谷東岑 限樫村谷西岑 限南大岑 限北忍坂川
此粟原寺者仲臣朝臣大嶋惶惶誓願
奉為大倭国浄美原宮治天下天皇時
日並御宇東宮敬造伽檻之尓故比売

朝臣額田以甲午年始至於和銅八年
合廿二年中敬造伽檻而作金堂仍造
釈迦丈六尊像
和銅八年四月敬以進上於三重宝塔
七科鑪盤矣
仰願藉此功徳
皇太子神霊速証无上菩提果
　願七世先霊共登彼岸
　願大嶋大夫必得仏果
　願及含識倶成正覚

と記している。

ここには、まず粟原寺の寺域の四至《しいし》を記し、ついで仲臣（中臣《なかとみ》）大嶋《おおしま》が持統《じとう》天皇の時、日並皇子《ひなみしのみこ》（草壁《くさかべ》皇子）のために造寺を誓願したとする。しかし果たさず、比売朝臣額田《ひめのあそんのぬかだ》が持統天皇の甲午年（六九四）に造営を開始し、和銅八年四月に至り、二二年かけて金堂、そして三重塔を建てたとし、それによって草壁皇子が彼岸に登り、大嶋も仏果を得るようにと刻まれている。

このように、粟原寺の伏鉢には、寺地の範囲と縁起を刻んでおり、中臣大嶋が草壁皇子を弔うために誓願したが、大嶋が亡くなったので比売朝臣額田が建立したことがわかる。ただし、寺地の四至を記す文に少し文字の乱れがあるので、追刻の可能性もあるとされていた。しかし、近年の調査では鍍金《ときん》の一部が残っているので、当初から刻まれたものとされている。

なぜ粟原に草壁皇子を弔う寺を建てたのか

これまでの研究では、中臣大嶋が没したのち、造営を引き継いだ比売朝臣額田と大嶋との関係、草壁皇子を弔う寺が飛鳥の中心地や藤原京から少し東に隔てた山間部の粟原の地に建立された要因が不明とされている。しかし、粟原寺の伏鉢の造寺銘からすると、天武《てんむ》天皇の皇太子だった草壁皇子が没した際に、なぜ、神祇伯《じんぎはく》であった中臣大嶋が誓願したのかも、検討すべき点として残るように思われる。

では、なぜ比売朝臣額田が造営を継続し、完成させたのか。古くは、額田王《ぬかだのおおきみ》を妻とみなす考えがだされたことがある。しかし、福山敏男氏が説くように、比売朝臣額田は大嶋の妻、もしくは娘とみなす考えが有力視されてきている。近年、大脇潔氏は、粟原寺跡の創建軒丸瓦と伊賀の財良《ざいりょ》寺跡から出土する軒丸瓦が同笵であることを確認している（大脇二〇〇四）。また大脇氏は、『薬師寺旧《やくしじきゅう》流記資財帳《るきしざいちょう》』に、伊賀比売朝臣が藤原宮御宇天皇のとき、九人の奴婢《ぬひ》を薬師寺に献じたことを記しており、この伊賀比売朝臣が比売朝臣額田と同一人物とみなしうるとしている。さらに、大嶋の生年を六四〇年ころと推定し、比売朝臣額田は大嶋の妻であった可能性が高いとしたことは、少し推測をふくんでいるが、妥当性があると思われる。

つぎに、粟原の地に草壁皇子を弔う寺を建てた要因に対し、大脇氏は確たる証拠はないとしながら、中臣氏の所有地の一つであった可能性が高いと推測している。しかし、この見解は以下のようになお検討の余地がありそうである。

栗原は、文武四年（七〇〇）に、道昭が初めて火葬をおこなった地である。また、『万葉集《まんようしゅう》』に収録されている「軽皇子、安騎《あき》の野に宿る時、柿本朝臣人麻呂《かきのもとのあそんひとまろ》の作る歌」（巻一―二〇七）に、草壁皇子が宇陀の安騎の野で狩りをおこなった情景が詠われている。この歌からすると、飛鳥から宇陀の安騎の野へ狩りに出かけた際、もしくは飛鳥への帰途の途中で、草壁皇子は栗原に立ち寄ることがあり、この地と何らかのつながりがあったのではないか。そこで、この地が選ばれたのではないかと推測する。

中島大嶋が寺の建立にかかわった理由

さらに、これまで特に検討する課題になっていないことに、なぜ在来の天と地の神を祀る祭祀を担う神祇伯だった中臣大嶋が草壁皇子を弔う寺の建立を誓願し、しかも、生前には造営に着手できなかったのか。これも難しい課題だが、藤原不比等《ふひと》との関連から検討してみよう。

正倉院《しょうそういん》御物の『東大寺献物帳《とうだいじけんもつちょう》』には、「黒作懸佩刀《くろつくりのかけはきのたち》」が献納されている。これは草壁皇子が常に佩持《はいじ》した刀で、草壁皇子が亡くなるとき藤原不比等に賜い、不比等が文武《もんむ》天皇の即位のときに献じ、文武が没する際に不比等に賜い、不比等が没するとき、聖武《しょうむ》天皇に献じたものであるという文が付記されている。このような黒作懸佩刀にともなう記載からすると、草壁皇子を弔う寺は、中臣大嶋よりも藤原不比等が誓願すべきであったと思われる。しかし、紀寺の項で、天武九年（六八〇）に天武が不予《ふよ》（病気）になった際に、不比等が天武のために寺院の建立を誓願し、藤原京に紀寺（小山廃寺）を造営したことを記した。

そのような考えが妥当だとすると、不比等は重ねて草壁皇子を弔う寺を誓願することができなかったのだと思う。そこで、不比等は、同族である中臣氏のうち、持統も信頼する大嶋に代わって誓願するように、依頼したものと推測する。

しかし、中臣大嶋は、持統四年（六九〇）、持統が即位した際に、神祇伯として天神寿詞《あまつかみのよごと》を読んでいる。また、翌年十一月の大嘗祭《だいじょうさい》でも神祇伯として天神寿詞を読んでいる。このように大嶋による草壁皇子を弔う寺院の誓願は、かれが神祇伯を担っていたので、誓願はしながらも、神祇伯を辞めるまでは、具体的に造営に着手することは、できなかったと思われる。そして、大嶋は持統七年（六九三）に没してしまった。

おそらく大嶋は草壁皇子とつながりのある粟原の地に寺を造営することを決めただけで、没したものと推測する。そこで、大嶋の妻の比売朝臣額田が、大嶋の意志を引き継ぎ、翌年の藤原京へ遷都が行われた年に造営を開始して金堂を建て、そして、二二年後の和銅八年（七一五）に三重塔を建てて完成させた。しかし、都はすでに、藤原京から平城京へ遷都して五年を経過していたのである。

9 膳夫寺跡《かしわでてらあと》

――膳氏が藤原京に新たに建立した氏寺――

膳夫寺の推定地

橿原《かしはら》市の東端、香久山の北にあたる膳夫町《かしわでちょう》にある保寿院の境内に二個の礎石《そせき》がある。また隣接する地域にある香久山小学校の敷地からも、これまで古瓦が多く採集されることから、ここに膳夫寺《かしわでてら》という古代寺院があったものと考えられてきている。保井芳太郎氏の『大和上代寺院志』（一九三二年）には、「和州社寺記」などに、この保寿院は聖徳太子の妃の膳夫姫が、その養母の巨勢《こせ》女の菩提のために建立したと伝え、虚空蔵《こくうぞう》も膳夫姫が安置したものとしているが、この伝説の根拠は明らかでないとしている。

ここは『興福寺資財帳《こうふくじしざいちょう》』に膳夫寺の田二町五反を記しているので、鎌倉時代には興福寺領に属していたことがわかる。また、後に多武峰領となったようで、同社が所蔵する永正十二年（一五一五）八月二十八日の「膳夫荘差図」には「カウタウ」「タウノダン」とあり、現在は「古塔」と小字を記すところに金堂《こんどう》や講堂、その南に当たる「タウノダン」に塔があったものとみなし、この廃寺を膳臣の氏寺に想定している。

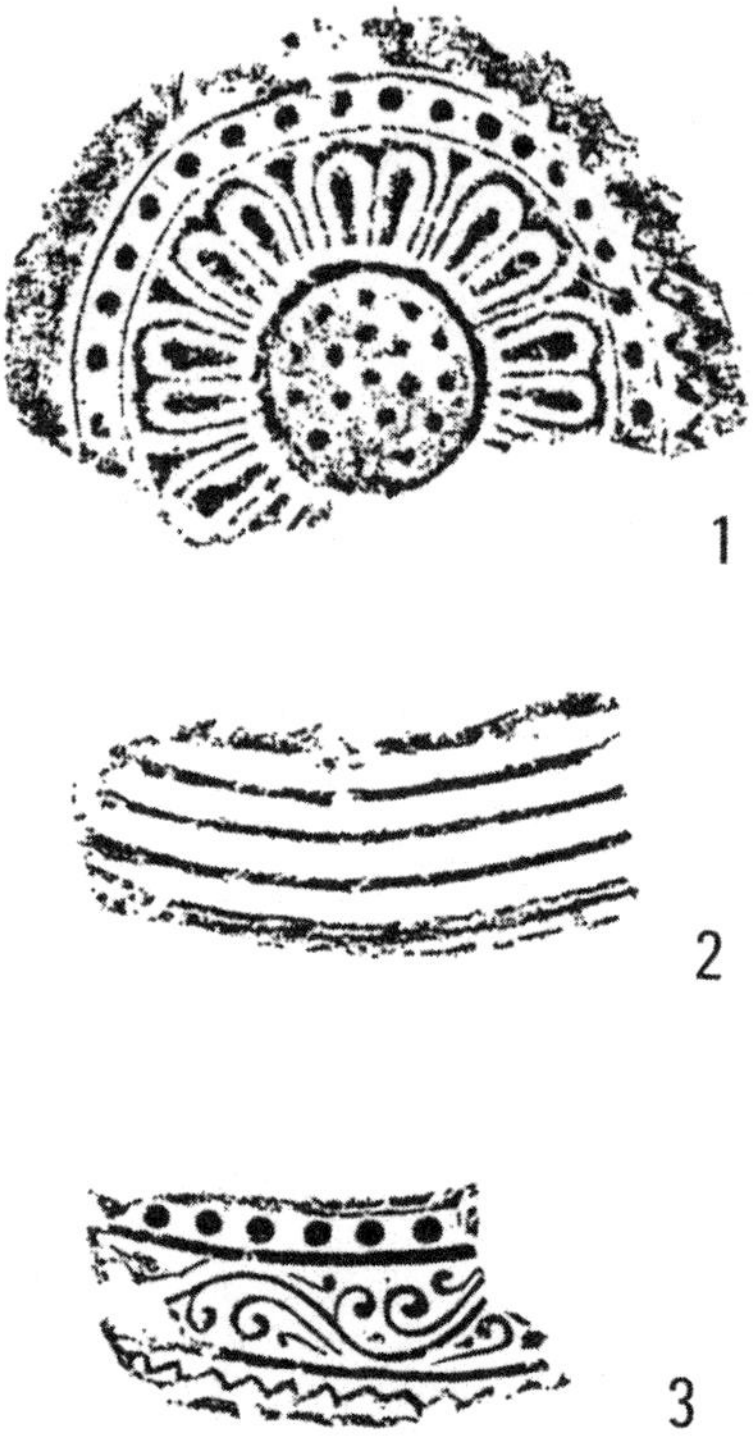

図92　膳夫寺跡の軒瓦
（花谷浩「京内廿四寺について」奈良国立文化財研究所『研究論集』XI、2000年）

膳夫寺跡の軒瓦

ここにあったと推測されている膳夫寺跡の瓦は、これまでの採集されている古瓦と発掘によって出土したものがある。軒《のき》丸瓦《まるがわら》は外区に珠文と線鋸歯《きよし》文《もん》を配した複弁八弁蓮華文、軒平瓦に重弧《じゆうこ》文《もん》、左へ偏行する唐草文をつけるものなどがあり、これらが膳夫寺跡の創建時の軒瓦と推測されている（図92）。偏行唐草文軒平瓦は、本薬師寺《もとやくしじ》式に類似するが、単位文の枝葉が四枚から構成されている点に特徴がある。このほかに、保井氏の著書では、山田《やまだ》寺《でら》のF種に類似した山田寺式の単弁軒丸瓦を紹介している。これは子葉の長さが山田寺F種よりも少し長く、これと組み合うとみなされる五重弧文軒平瓦も採集されている（図92―2）。

これらの軒瓦からみると、膳夫寺は七世紀末までに造営された氏寺であったと想定される。しかも、葺かれた軒瓦の時期と建てられた位置からすると、天武によって飛鳥の北の地域に営まれた新城、あるいは新益京《あらましのみやこ》と呼ばれる藤原京に、膳氏によって建立された氏寺であったと推測されることになる。

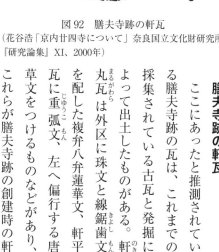

膳氏の動向

この造営氏族に想定される膳臣としては、『日本書紀《にほんしょき》』崇峻前紀の用明二年条に、蘇我馬子《そがのうまこ》が物部守屋《もののべのもりや》を討とうとして謀議をおこなったとき、泊瀬部皇子《はつせべのみこ》以下に列記された群臣の一人に、膳臣賀拕夫《かたぶ》が記されている。また、『上宮聖徳法王帝説《じょうぐうしょうとくほうおうていせつ》』にも膳部加多夫《かたぶ》、『上宮記《じょうぐうき》』に食部加多夫古臣《かしわでかたぶこのおみ》が記され、『日本書紀』欽明三十一年五月十三日条に、越《こし》に膳臣傾子《かたぶこ》が遣わされたことが記されている。この傾子は割注に「舸拕部古《かたぶこ》」とあるので、同一人と推測される。また、天武《てんむ》十一年（六八二）七月十八日条に、膳臣摩漏《まう》の名がみえ、さらに天武十三年（六八四）十一月朔条に、膳臣は朝臣の姓《かばね》となり、持統五年（六九一）に大三輪・雀部《ささきべ》・石上《いそのかみ》ら十八の氏に、祖先の事績を述べた墓記を提出させたが、そのなかに膳氏もふくまれ、膳氏は大和政権では重要な役割をはたした氏族であったことがよくわかる。

そして、この膳氏の膳夫寺は、『日本書紀』天武九年（六八〇）五月一日条に、新益京・藤原京に建てられている二十四寺に、絁《あしぎぬ》・綿《わた》・糸・布を施入したことが記されているので、その中にふくまれていたものと推測される。しかし、『日本書紀』に記された六・七世紀の膳氏の活動からすると、後述するように、七世紀の前半に本拠の高橋に氏寺を建立し、この膳夫寺は、天武・持統《じとう》によって造営された藤原京に氏寺を移転したか、もしくは藤原京にも氏寺を建立したものと思われるのである。

膳氏から本拠の地名・高橋へ改姓

天武十三年（六八四）に膳氏の姓は、それまでの臣から朝臣になった。『新撰姓氏録《しんせんしょうじろく》』は、その前年の天武十二年（六八三）に、本拠であった大和国添上郡高橋の地名によって、高橋朝臣に改めたとして

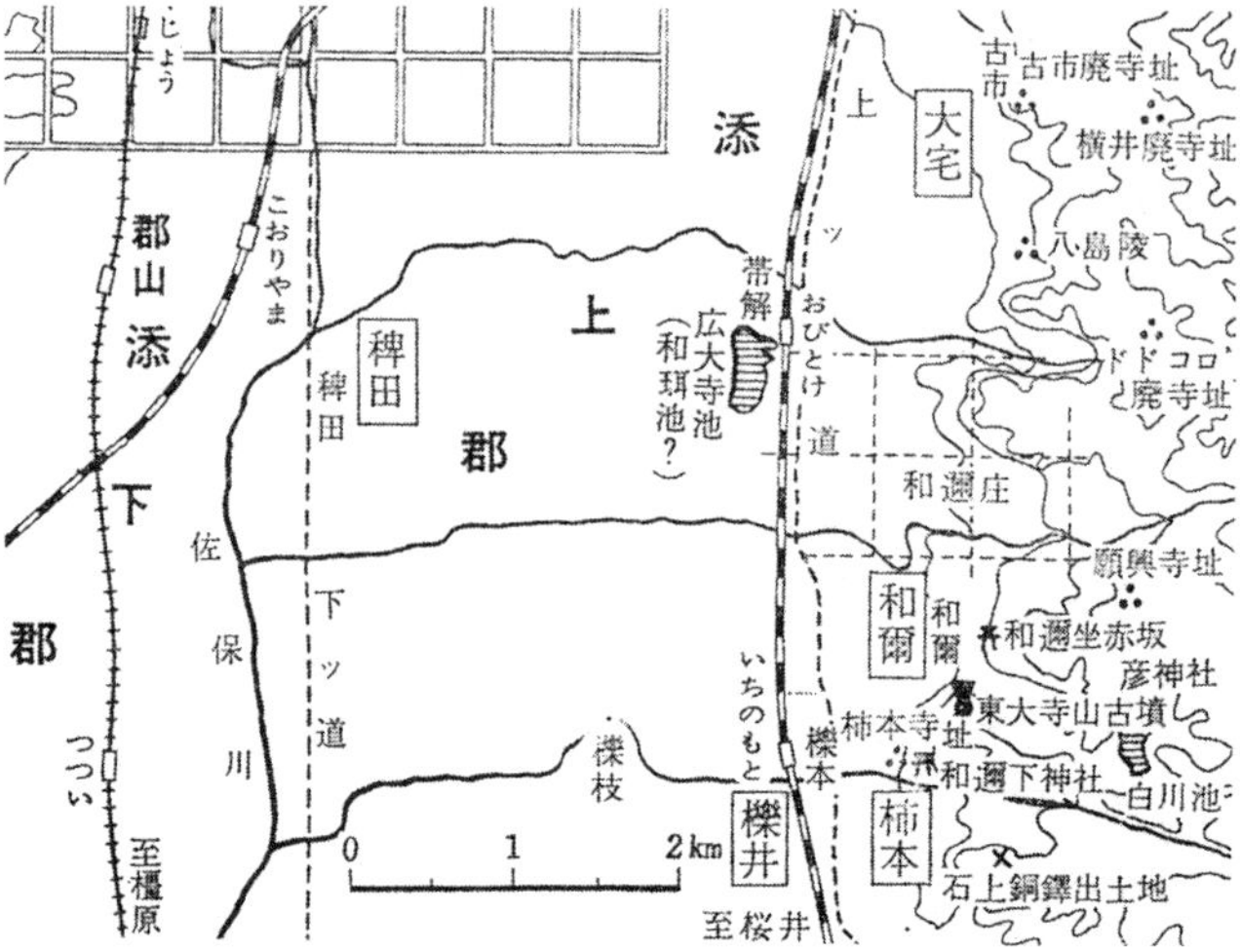

図93　願興寺跡の位置（岸俊男『日本古代政治史研究』塙書房、1966年）

いる。『日本書紀』景行《けいこう》五十三年条や、『高橋氏文《たかはしうじぶみ》』には、磐鹿六鴈《いわかむつがり》が蛤の膾《なます》を景行天皇に献上したので、膳氏と呼ばれたとする。また東国の膳夫（膳部）が宮廷にトモとして出仕し、部である膳大伴部が全国に置かれており、これらは六世紀以降の状況を反映したものとしている。

　ところで、高橋の所在地は、『日本書紀』武烈即位前紀の仁賢《にんけん》十一年八月条に、仁賢の太子（武烈）が物部麁《あら》鹿火《かひ》の女《むすめ》の影媛《かげひめ》を娶《めと》ろうとしたが、影媛が平群鮪《へぐりのしび》と意思を通じていたので、大伴金村《おおとものかなむら》に鮪を殺させた。そこで影媛は悲しんで、「石上《いそのかみ》、布留《ふる》過ぎて、こもまくら高橋過ぎ、ものさわに、大宅《おおやけ》過ぎ、春ひの春日《かすが》過ぎ、妻籠る、小佐保過ぎ、（中略）影媛あはれ」と歌っている。これによって布留の北、大宅の南に高橋の地があったことがわかる。

　現在は、布留の北に和爾《わに》の地がある。古代の高橋は、この和爾の一帯にあったものと推測され、現在は高橋の地による高瀬川（高橋川）が流れているだけである。しかし、ここには古代寺院として、古くから願興寺《がんこうじ》があったと推測されてきている（図93）。この願興寺は、『東大寺要録《とうだいじようろく》』末寺章に、「和銅元年に、天武天皇のために、小野中納言為忠が願興寺を添上郡上和邇に建てた」と記されているものであ

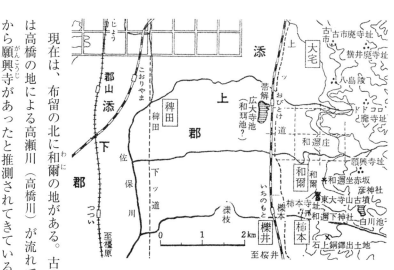

る。しかし、福山敏男氏によると、願興寺を建てた小野中納言は小野朝臣毛野《けぬ》の誤り、天武天皇も文武《もんむ》天皇の誤りとしている（福山一九四八）。

願興寺の軒瓦と造営氏族

これまで願興寺跡の想定地としている地には、方形をなす土壇が遺存している。一九九七年（平成九）に圃場《ほじよう》整備《せいび》にともなってここが発掘され、塔跡の基壇《きだん》が検出されている。また藤原宮《ふじわらきゆう》式の複弁八弁蓮華文軒丸瓦と偏行唐草文軒平瓦が出土している。しかし、その北では礎石を落としこんだ土坑などが検出されたが、他の建物はみつかっていない。この発掘調査では、検出された基壇を願興寺の塔跡と推測し、金堂はより古い飛鳥時代の軒瓦も出土しているので北方にあったものとみなして報告している（岡林一九九七）。

しかし、出土したより古い飛鳥時代の軒丸瓦は、七世紀の第1四半期まで遡る素弁系のもので、A・B・Cの三種のものが出土している。そのうちA種は飛鳥寺《あすかでら》の桜花状蓮弁（花組）、B種は角端点珠式の奥山久米寺《おくやまくめでら》式、いま一つは豊浦寺《とゆらでら》の塔に葺かれた肉厚で、弁央に稜線をもち、弁間に点珠を配した高句麗系の軒丸瓦である（図94）。

この願興寺跡の発掘調査で検出した基壇は、出土した藤原宮式の軒瓦からみて願興寺の塔跡とみなされるものであるが、七世紀の第1四半期まで遡る素弁系の軒丸瓦は、それより七〇〜八〇年ほど遡るので、願興寺に葺かれた軒丸瓦とは考えられないものである。これらの素弁軒丸瓦は、七世紀初頭まで遡るとすると、高橋の地を本拠とした膳臣は、七世紀前半に飛鳥の政界でも議政官である大夫《まえつきみ》をだす高

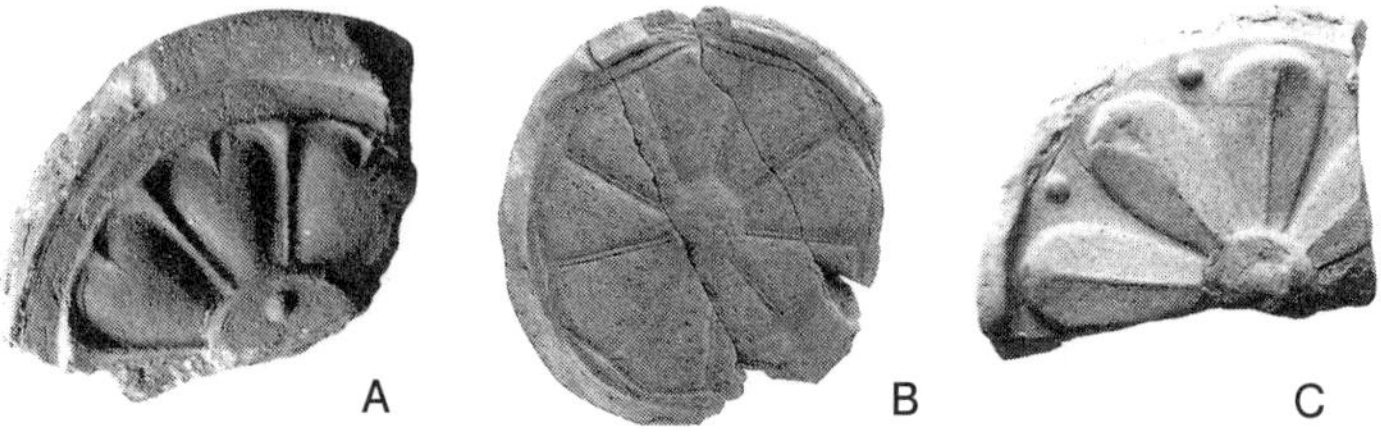

図 94　願興寺跡出土の軒丸瓦
（清水昭博『蓮華百相』奈良県立橿原考古学研究所附属博物館図録、1999 年）

い地位を有していたので、七世紀前半に、この高橋の地に氏寺を建立していたのではないかと推測される。

前述した膳臣傾子は、娘の菩岐々《ほきき》美郎女《みのいらつめ》が厩戸皇子に嫁いでいる。願興寺跡から出土した七世紀前半の高句麗系の素弁軒丸瓦Cは、厩戸皇子が母の穴《あな》穂《ほ》部間人《べのはしひと》のために建立したという中宮寺《ちゆうぐうじ》にも葺かれている。この軒瓦は、平《へ》群《ぐり》氏の氏寺である平隆寺《へいりゆうじ》の屋瓦を焼成《しようせい》した今池瓦窯《がよう》から同笵《どうはん》軒瓦が中宮寺に供給されたものである。このことは、高句麗系の軒丸瓦Cが上宮王家の中宮寺に葺かれたことから、上宮王家とのつながりによって、この瓦当《がとう》文様が高橋に建立した膳臣の氏寺にも導入されることになったものと推測される。

このように、願興寺跡から出土した飛鳥時代の軒丸瓦類は、願興寺に葺かれたものとはみなしえない可能性が高く、むしろ高橋の地に、藤原京以前に建立した膳氏の氏寺が存在した可能性がきわめて高い。そして、願興寺跡から出土した七世紀前半の軒瓦は、小野毛野が膳氏の氏寺に近い位置に願興寺の堂塔を建てたか、もしくは七世紀末に膳氏が氏寺を藤原京へ移転した跡地に、願興寺を造営したことによるものと理解すべきと考える。

10 久米寺跡《くめでらあと》

―興福寺の前身寺院・厩坂寺説の検証―

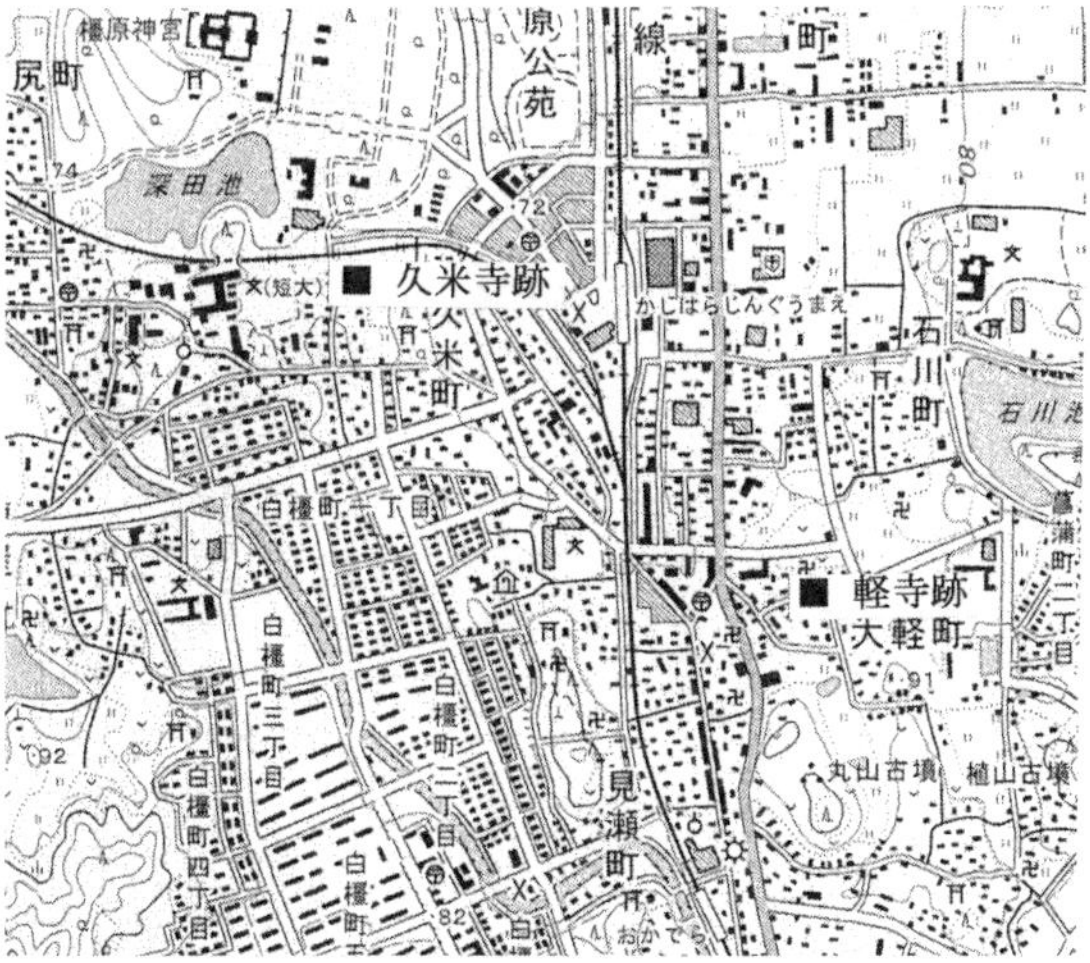

図95　久米寺跡の位置

久米寺に残る礎石

近鉄の橿原《かしはら》神宮前駅の西口から出て、西へ六〇〇メートルほど進んだところに久米寺《くめでら》がある（図95）。南側から境内に進むと、「大塔石」と表示された心礎《しんそ》と礎石《そせき》が遺存する一郭がある。ここは平安時代に空海が築いた大規模な塔が建っていたところといわれている。じつに大きな心礎石と礎石が残っている。さらに北へ進むと、重要文化財に指定されている多宝塔《たほうとう》があり、現在の久米寺の本堂が建っている。

この久米寺は、本堂の西側にある説明板に、飛鳥時代に聖徳太子の弟の久米皇子《くめのみこ》が建てた寺であるとし、また吉野で空を飛行して修行したことで著名な久米仙人が建てた寺院でもあり、さらに空海《くうかい》が建てた寺でもあったと記している。この説明によると、最初に久米皇子、さらに久米仙人、そして空海も堂塔を建てたということであろう。この伝承はともあれ、説明板の横に、柱座を造り出した礎石もみられるので、これらの礎石は、ここにあった古代寺院と関連するものと推測される。

保井芳太郎氏の『大和上代寺院志』（一九三二年）には、現在の久米寺境内から少し西に離れたところに、古代寺院が所在したことを示す堂跡、仙人屋敷と呼ぶところでも礎石が遺存していたと記し、礎石の所在地の図と礎石の写真・図を掲載している。また採集されている軒瓦《のきがわら》の写真も収録している。それらの軒瓦の写真からみると、七世紀の末に近い時期に創建された氏寺があったことをうかがわせ、七世紀の前半まで遡る軒丸瓦《のきまるがわら》は採集されていないので、久米皇子の創建は伝承にとどまるということになる。しかし、久米寺に残る礎石の一部と、これまで久米寺の周辺や境内から採集されている軒瓦類からみると、看過しえない重要な氏寺がここに建てられていたことが推測され、近年はじつに重要な見解が提起されてきている。

興福寺から出土した久米寺の同笵軒瓦

戦後、久米寺跡の軒丸瓦が初めて注目されたのは、一九五五・五六年（昭和三十・三十一）に行われた奈良市にある興福寺《こうふくじ》の食堂《じきどう》跡の発掘に遡る。興福寺が食堂跡の所在地に、所蔵する国宝や重要文化財の仏像などを公開する国宝館を構築することを計画したことから、奈良国立文化財研究所（当時）によってここが発掘された。その結果、奈良時代に構築されていた食堂とその南に細殿《ほそどの》の遺構が検出された。そして、奈良時代から平安時代以降におよぶ建物に葺いた多くの軒瓦が出土した。

それらの軒瓦のなかで注目すべきものに、平城京へ遷都する以前の七世紀の軒丸瓦・軒平瓦がふくまれていたのである。その軒丸瓦は、中房に一＋五＋九の蓮子をつけ、複弁の蓮弁《れんべん》を六枚配し、外区に線鋸歯文《きょしもん》をつけている。また軒平瓦は重弧文《じゅうこもん》の下半に○や×をつけ、下端部に指頭圧痕をつけている。

これらの軒瓦は、坪井清足氏によって、飛鳥の西端付近にあたる橿原市の久米寺跡から出土する軒丸

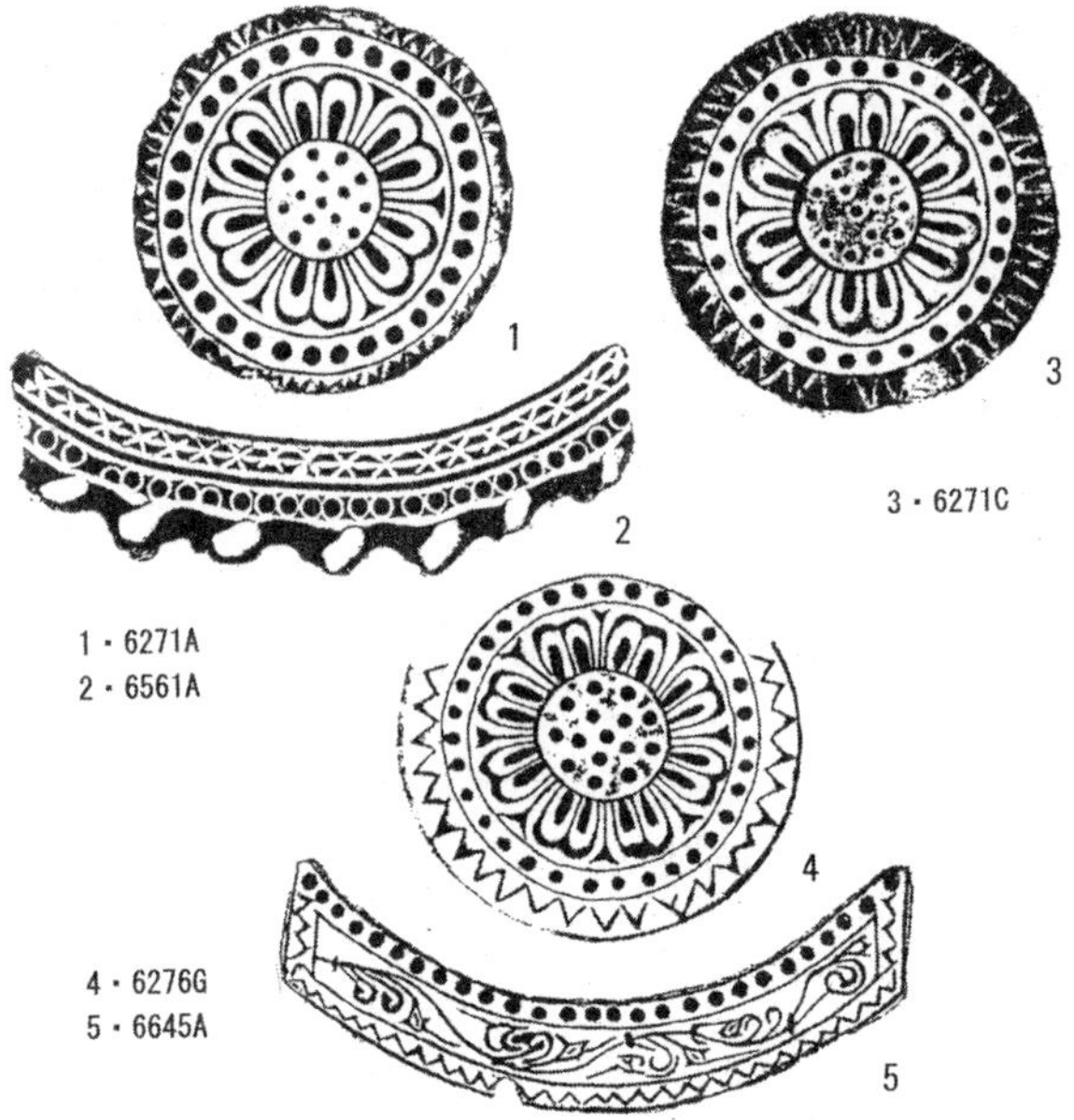

図96　久米寺跡出土の軒瓦
（花谷浩「京内廿四寺について」奈良国立文化財研究所『研究論集』XI、2000年）

瓦・軒平瓦と同笵《どうはん》のものであることが報告されている。その後、これらの同笵の軒丸瓦は、奈良国立文化財研究所（当時）によって６２７１Ａと呼ばれ、軒平瓦も６５６１Ａと呼ばれている（図96）。

一九八二年（昭和五十七）、これらの軒丸瓦と軒平瓦は、森郁夫氏が平城京に建立された興福寺式の軒瓦を検討した際に、再び注目されることになった。森氏は、久米寺跡の軒丸瓦６２７１Ａのものは、瓦当《がとう》の裏面に布目が顕著についており、興福寺の創建時に葺かれた軒丸瓦である複弁蓮華文軒丸瓦の６３１１Ａ・Ｄにも、瓦当の裏面

に布目が顕著につくので、造瓦工人に何らかのつながりがあったことを推測した。そして、平城京に建てられた興福寺は、『興福寺流記《こうふくじるき》』によると、山背の山科《やましな》に建てた山階寺《やましなでら》を飛鳥に移し、厩坂寺《うまさかでら》と呼んだと記している。そして、この厩坂寺を平城京への遷都時に移したのが興福寺であると述べている。そこで、森氏は、同笵の軒瓦が出土する久米寺跡が厩坂寺跡とみなしうるかを検討したが、そのように考えることに対しては、なお慎重な見解を記すのにとどめている（森一九八二）。

藤原宮に供給された久米寺の軒瓦

さらに、久米寺跡の軒丸瓦・軒平瓦が、平城京の興福寺から出土する歴史的な背景の解明を進展させたのは山崎信二氏である。山崎氏は、日本の古代の宮都で、初めて瓦葺にした藤原宮《ふじわらきゆう》の造瓦体制を検討した際に、藤原宮に久米寺跡の軒丸瓦・軒平瓦が供給されていることに特に注目している。

七世紀末の大和には、氏族によって建立された氏寺が六〇余ヵ所もあった。しかも、それらの氏寺には、伽藍《がらん》を構成する多くの堂塔の屋根に葺く屋瓦を焼成《しようせい》する瓦窯《がよう》が存在していた。それにもかかわらず、初めて瓦葺する藤原宮の造営では、これらの大和の氏寺の瓦窯に、屋瓦の供給による支援を求めることはなかったのである。そして、藤原宮の造営に着手した初期には、大和盆地の外にあたる和泉・讃岐・近江・淡路などに設けた官営の造瓦所（瓦窯）で屋瓦を焼成し、輸送している。しかし、藤原宮造営の後半には、高台《こうだい》・峰寺《みねでら》瓦窯跡、日高山《ひだかやま》瓦窯跡、内山瓦窯跡など、大和盆地の数ヵ所に、官営の瓦窯を設けて屋瓦を生産したことがほぼ明らかになっている。

藤原宮は、国家が造営した宮都なので、多くの殿舎に葺く屋瓦の生産には、国家的な造瓦組織が編成され、特定の氏族との強いつながりはほとんどうかがえないものであった。しかし、それには例外があったのである。その例外とは、飛鳥の久米寺跡から藤原宮に軒丸瓦と軒平瓦が供給されていたことである。また、例外に近いものとして、藤原宮に葺かれた軒平瓦の瓦当文に、なぜか山背の山科にある大宅廃寺《おおやけはいじ》から忍冬唐草文《にんどうからくさもん》の瓦当笵が提供されていた。

久米寺跡は厩坂寺か

そこで、山崎氏は、森郁夫氏が久米寺跡の軒丸瓦と平城京に遷都した際に興福寺に葺かれた創建時の軒丸瓦の製作技術が共通するとした点を重視し、久米寺は藤原不比等《ふひと》が飛鳥に建立した厩坂寺と考えられるとしている（山崎一九九五）。また、山背の大宅廃寺に葺かれた忍冬唐草文の瓦当笵が藤原宮の造瓦組織に導入された要因は、古く一九二〇年（大正九）に、梅原末治氏が大宅廃寺を山階寺とみなす説を提示していたことに注目し、大宅廃寺は藤原鎌足《かまたり》の妻の鏡女王《かがみのおおきみ》（鏡王女）が建立した山階寺であり、この山階寺から藤原宮へ瓦当笵が移されたものと推測している。

ところで、藤原宮・京は、初めて中国的な条坊《じょうぼう》をもつ都城《とじょう》として、天武《てんむ》天皇によって計画されたが、天武が没したので持統《じとう》天皇によって造営されたものである。この大規模な都城の造営は、『日本書紀《にほんしょき》』はその工程などを、ほとんど記していないが、藤原不比等による多大な協力があったものと推測される。そのことを推測させるものに、聖武《しょうむ》天皇が没した後に東大寺に献納された『東大寺献物帳《とうだいじけんもつちょう》』に記された「黒作懸佩刀《くろつくりのかけはきのたち》」の添書がある。これは、紀寺と粟原寺《おうばらでら》の項でも述べたように、草壁皇子、持統天皇は藤原不比等を信頼しており、不比等は持統による藤原宮の造営に対しても、全面的に協力したことがうかがえる。

そして、藤原宮に久米寺跡から軒丸瓦・軒平瓦が供給され、山科の大宅廃寺に葺いた忍冬唐草文の軒平瓦の瓦当笵が藤原宮の造瓦所に提供されているのも、まさに藤原不比等によってなされたとする山崎氏の推測は、考古学的な資料からするときわめて可能性の高い推論である。また、久米寺の軒丸瓦・軒平瓦が興福寺に葺かれたのも、平城京への遷都時に厩坂寺と推測される久米寺跡から運ばれたものと考えられる。そして、その際には、森氏が明らかにしたように、久米寺跡の造瓦工人の一部を興福寺の造瓦組織に編入したものと推測されることになる。

久米寺をめぐる検討課題

しかし、このように考えるには、なお検討すべき課題が残っている。それは、山科の山階寺から飛鳥の厩坂寺に移ったとすると、山階寺に推測される大宅廃寺の軒瓦が、飛鳥の久米寺跡からはまったく出土していない点である。これは、藤原鎌足が没した後に、鏡王女が山階寺を建てながらも、この寺は、鏡王女が没するまでは、精舎・草堂のままであったのではないか。そして、厩坂寺の堂塔の方が先行して瓦葺して建てられたものと推測されるのである。これも今後に検討すべき課題として残っている。

また一方では、久米寺跡が藤原氏の厩坂寺であったとすると、この周辺に舒明《じょめい》天皇が造営した厩坂宮もまた存在したことが想定されることにもなる。古代の久米寺跡の周辺は、つぎに記す古代の軽寺跡《かるでらあと》、軽の衢《ちまた》にも近い地でもあり、さらに重要視される地であったのである。

11 軽寺跡《かるでらあと》

——飛鳥の西端にあった衢と軽寺——

交通の要衝・軽の地

近鉄の橿原《かしはら》神宮前駅の東口をでて少し東へ進むと、国道一六九号と飛鳥から雷丘《いかづちのおか》・豊浦《とゆら》を通る道と交差する。このあたりは、古代の幹道である上ツ道から桜井の阿倍、山田への道を、さらに西の豊浦を経て西進した道が下ツ道と交差する地だった。

『日本霊異記《にほんりょういき》』上巻に、雄略《ゆうりゃく》天皇の命を受け、小子部栖軽《ちいさこべのすがる》が轟く雷を捜しにでかけ、阿倍から山田を経て、豊浦を通り、軽の諸越《もろこし》の衢《ちまた》に至ったことを述べている。ここは軽の衢とも呼ばれ、西はさらに生駒東山麓にある葛城の南の地につながっており、まさに交通の要衝の地であった。

この軽の地には、『古事記《こじき》』応神《おうじん》段に、応神天皇が軽島明宮《かるしまのあきらのみや》で天下を治めたとし、『日本書紀《にほんしょき》』応神紀は、応神が軽島明宮で没したことのみを記している。また、『日本書紀』応神十五年八月条に、百済王が阿直岐《あちき》を遣わして良馬二匹を献じ、阿直伎に軽の坂上の厩で飼育させ、この軽の坂を厩坂《うまさか》と呼んだと記しており、ここに坂があったこともわかる。後に厩坂の地に、藤原《ふじわら》氏の厩坂寺が建てられ、この厩坂寺は平城京への遷都にともなって移転し、興福寺《こうふくじ》となった。

軽寺の所在地

さて、軽の地には、その東南にあたる橿原市大軽町に軽寺が建てられていた。軽寺は、『日本書紀』朱鳥元年（六八六）八月二十一日条に、檜隈寺《ひのくまでら》・軽寺・大窪寺《おおくぼでら》に食封《じきふ》（租《そ》の半分と庸調《ようちょう》を支給する戸）一〇〇戸を三〇年に限って与えられている。これらの三寺院は、いずれも飛鳥の西に建っていた寺院である。その二日後、巨勢寺《こせでら》にも食封二〇〇戸を与えており、巨勢寺ほどは大きくはなかったようである。蒲生君平《がもうくんぺい》『山陵志《さんりょうし》』に、懿徳《いとく》天皇の曲峡宮《まがりおのみや》、孝元《こうげん》天皇の境原宮《さかいはらのみや》、応神天皇の豊明宮《とよあきらのみや》などの地に建っていた寺であると記している。

この軽寺跡は、保井芳太郎氏の『大和上代寺院志』（一九三二年）に、大軽町にある法輪寺《ほうりんじ》の付近とする。法輪寺の本堂から五、六の礎石《そせき》が出土し、一個はなお堂まえにあるという。その南の民家一戸を隔てて、かつて妙観寺という寺があり、退転した際に礎石が一六個あり、それを取り除くと地下に一三個の礎石が埋没していたとし、造出しのある礎石二個と地覆石《じふくいし》一個の図を掲げている。そして、礎石からみて塔、金堂《こんどう》に推測し、法輪寺の位置を講堂に想定する考えを記している。また、周辺から採集された「大軽寺」と刻印を押す平瓦、素弁八弁蓮華文、複弁八弁蓮華文軒丸瓦《のきまるがわら》、重弧文《じゅうこもん》軒平瓦、偏行唐草文軒平瓦、平安期の軒平瓦などを載せている（図97）。この軽寺の寺院名の項目を「大軽寺」と記すのは、平瓦の刻印、もしくは大軽村によるものであろう。

石田茂作氏の『飛鳥時代寺院址の研究』（一九三六年）は、軽寺付近の地籍図を示し、大軽村の北垣内に、俗に軽の大臣屋敷と称する林地があり、今は村社と法輪寺があり、一帯で古瓦が散布し、土壇、礎石も現存すると記している。そして法輪寺と村社の社殿のある地に土壇が残っているとし、法輪寺の堂の建つところの土壇、社殿の北にある土壇によって、法隆寺《ほうりゅうじ》式の伽藍《がらん》が配されていたものと推測する図を示している。また、石田氏は、保井氏が述べる妙観寺があった地の礎石にも言及し、中門跡の存在、あるいは南大門を想定する考えを述べている。そして、軽寺に関連する『日本書紀』朱鳥元年の寺封のことを記すとともに、軒瓦《のきがわら》からすると法隆寺式の伽藍よりも古く、飛鳥期まで遡るとし、軽氏一族の氏寺であったこと、白鳳期の軒瓦によって修復、もしくは堂が構築されたことを推測している。

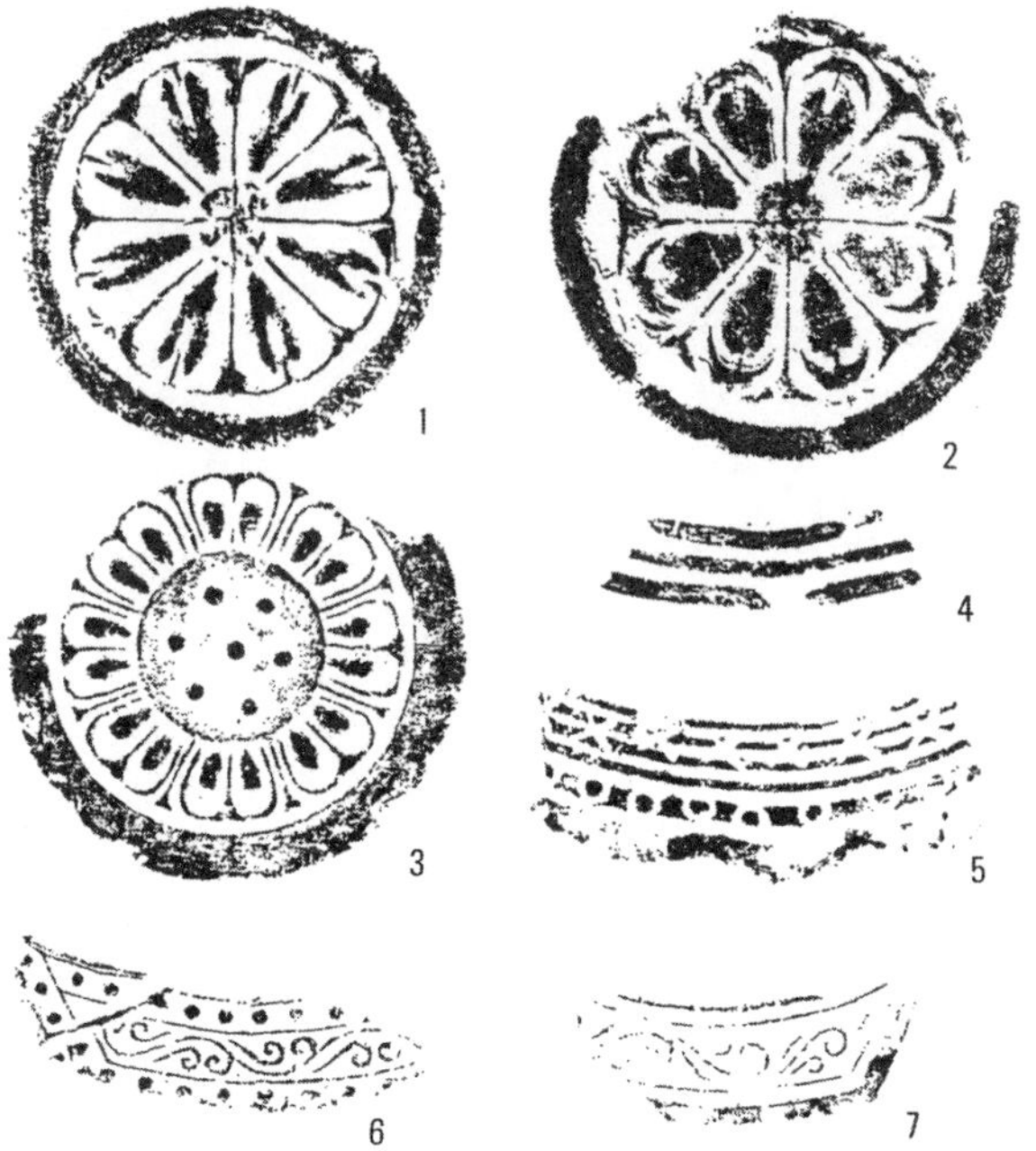

図97　軽寺跡出土の軒瓦
（花谷浩「京内廿四寺について」奈良国立文化財研究所『研究論集』XI、2000年）

軽寺の現状

さて、国道一六九号から東の大軽町の集落に入る細い道を少し進んだところに、小さな森が眼に入る。狭い東西道の北側に、法輪寺の本堂がある。その入口に古く橿原市教育委員会が立てた褐色化した説明板がある。これには、『日本書紀』朱鳥元年に寺封一〇〇戸を賜ったこと、『和州旧跡幽考《わしゅうきゅうせきゆうこう》』の

図98　軽寺跡に立つ石標

記載をもとに、遣唐使《けんとうし》の賀留大臣が当寺を営造したこと、平安時代に藤原道長《みちなが》が吉野詣でをしたとき、宿としたことを記している。

周辺は民家が建てこんでおり、法輪寺の本堂の西は、墓石がいくつか立ち並ぶだけである。その背面の北に隣接して狭い村社の境内があり、西端に社殿が東向きに建っている。その北東に、かつて石田氏が講堂の基壇《きだん》を推測した土壇があったが、現状はやぶの状態になっており判りにくい。そして、応神天皇の豊明宮跡と記す石標のみが立っている（図98）。このように保井氏、石田氏が記載した軽寺跡に関連する往時の状況は、村社の境内の状態から辛うじて推測しうるだけである。軽寺跡の研究は、この氏寺を理解するうえで、新たな資料をくわえることなしに経過してきた。いわば新たな資料の増加をみることなしに、周辺に民家が増加している。

この軽寺は、平安時代でも寺観を維持していたようで、道長の『御堂関白記《みどうかんぱくき》』には、寛弘四年（一〇〇七）八月、道長は吉野の金峰山《きんぷせん》に参詣したとき、八月五日、軽寺に宿泊している。十一世紀の初めまでは、道長が宿泊できたように、宿坊も整っていたことがわかる。しかし、今日の軽寺跡は、後述するように周辺から南に少し離れた見瀬丸山《みせまるやま》古墳が臨めるだけで、古代の軽寺の面影をうかがうのはじつに難しいほど変貌している。また、かつての軽の衢と呼ばれたことを推測するのも難しい状況というほかない。

軽の衢で行われた堅塩媛の葬送儀礼

ところで、軽寺が建っていた周辺は、軽の衢と呼ばれた地域だった。そこで軽の衢にも少し言及しておくことにする。

『日本書紀』推古《すいこ》二十年（六一二）正月二十二日条には、欽明《きんめい》天皇の妃の一人であった堅塩《きたし》媛《ひめ》の墓を欽明陵に追葬し、合葬する重要な誄《しのびごと》の葬儀が、この軽の衢でおこなわれたことを詳細に記している。堅塩媛は蘇我稲目《そがのいなめ》の娘で、欽明二年（五四一）三月に妃になり、用明《ようめい》天皇・推古天皇ら七男六女を生んでいる。推古天皇は堅塩媛の娘であり、稲目の子息である大臣の蘇我馬子の姪でもあった。そこで、欽明の皇后や他に稲目の娘の小姉君《おあねのきみ》ら四人の妃がいたにもかかわらず、堅塩媛のみを欽明陵に合葬することにしたのである。

この合葬する葬送儀礼の日、まず欽明陵である檜隈《ひのくま》大陵に近く、しかも最も多くの民衆が集まる軽の衢で、盛大な誄の儀礼が行なわれている。この誄の儀礼では、まず推古による生母の堅塩媛に対する生前の功徳をたたえた文が阿倍内臣鳥《あべのうちのおみとり》によって読み上げられ、さらに堅塩媛の霊前に、これから墓室内に副葬する明器としての品々と、衣装類が一万五〇〇〇種も積まれた。ついで皇子たちが序列にしたがって誄の言葉を述べ、さらに三番目に中臣宮地連烏摩侶《なかとみのみやどころのむらじおまろ》が大臣の蘇我馬子《うまこ》の言葉を代わって述べている。そして四番目に馬子が、蘇我氏と蘇我傍系氏族を率い、傍系氏族である境部臣摩理勢《さかいべのおみまりせ》に誄の言葉を述べさせた。おそらく摩理勢は、それまで朝廷に貢献してきた蘇我氏一族の歴史と堅塩媛を褒めたたえる言葉を述べたものと推測される。このような『日本書紀』の記事からすると、堅塩媛を欽明陵へ合葬するのに際し、欽明陵のすぐ直前でなく、陵に近く、しかも最も民衆が集まる軽の衢で誄の儀礼を行っている。

図99　見瀬丸山古墳

見瀬丸山古墳に葬られたのは欽明と堅塩媛か

堅塩媛を合葬した欽明天皇の檜隈大陵は、檜隈にある梅《うめ》山《やま》古墳が陵墓とされている。しかし、今日の考古学界では、その西北の全長三一八《メートル》をなす巨大な前方後円墳《ぜんぽうこうえんふん》である見瀬丸山古墳を欽明陵とする考えが有力視されている（図99）。この見瀬丸山古墳は、明治年間にイギリス人のゴーランドによって、長大な横穴式石室が測量され、図面が示されている。

一九九一年（平成三）、たまたま一市民が見瀬丸山古墳の横穴式石室の入口が一部あいていたので、内部に入ることがあり、石室内を写した写真が新聞などに公開されている。その直後に、宮内庁によって内部の調査がおこなわれ、その後に報告されている（陵墓調査室一九九三）。石室は二八・四《メートル》もあり、長大な羨道《せんどう》をもつ両袖式の横穴式石室で、玄室に家形石棺《いえがたせっかん》が二つ納められていた。奥に七世紀の第1四半期のもの、手前に六世紀の第3四半期の石棺が置かれている。石室も七世紀の初頭に構築されたと推測されているので、石室の一部を改修し、堅塩媛の石棺を追葬した可能性がある。

横穴式石室に追葬した例は、多くの例が知られている。それらをみると、後に追葬した被葬者を、玄室の中央部に安置している。見瀬丸山古墳の玄室にみる二つの石棺は時期差がみられ、玄室の奥に堅塩媛、手前に欽明の石棺が安置されたものとみてよいものである。二つの石棺の時期からみても、見瀬丸山古墳を欽明陵とみなして問題がないということができるであろう。

衢と市

多くの民衆が集まるこの軽の衢には、常設の市が設けられ、賑わっていた。天武《てんむ》十年（六八一）十月、天武天皇が広瀬野（河合町）で百官の観閲を行うことにしたが、天武は行幸《ぎょうこう》しなかった。しかし、諸王と諸官人らは、軽の衢の市に集まった。その際に、諸王や諸官らの装束や鞍馬の検閲がおこなわれ、その後、小錦（五位）以上の大夫は、樹木の下に着座し、大山位（六位）以下の者は、その前を乗馬して通り過ぎ、大路に沿って南から北へ行列をなして進んだことが記されている。いわば広瀬野で観閲式への出立を、軽市で多くの民衆に誇示したのである。

また、『万葉集《まんようしゅう》』に、柿本人麻呂《かきのもとのひとまろ》が軽市で妻の死を悲しんで詠んだ長歌が収録されている。その長歌に、人麻呂は妻がいつも出かけて見ていた軽市にたたずんで耳をすましても、畝傍《うねび》の山で鳴く鳥のように、懐かしい人の声も聞こえず、道行く人も似た人が通らないので、その名を呼び、生き返るようにと袖を振ったと詠んでいる（巻一―二〇七）。軽市では、北に畝傍山が臨まれ、ここで多くの男女によって諸物資の交易がおこなわれたのである。

ところで古代の飛鳥には、軽衢のような民衆が集まる衢が他に桜井の海石榴市《つばいち》にもあった。海石榴市は三輪山の南西部、初瀬川上流の北岸の地にあった市である。この海石榴市は、大和王権の本拠を南北に通る山辺の道と東西道である横大路《よこおおじ》、伊勢からの泊瀬道《はつせみち》が交差する地で、初瀬川上流の津にも面していたのである。

『日本書紀』武烈《ぶれつ》即位前紀に、武烈天皇がまだ皇太子だったころ、物部麁鹿火《あらかい》の女《むすめ》の影媛を娶《めと》ろうとして仲人を遣わすと、影媛は「私は海石榴市の辻で待ちましょう」と伝え、二人は海石榴市で会った。その後、海石榴市で大臣の平群《へぐり》真鳥《のまとり》の子息の鮪《しび》が現れ、影媛をめぐって、皇太子と鮪との間に交わされた歌が掲載されている。

その後の推古十六年(六〇八)八月、小野妹子《おののいもこ》が遣隋使《けんずいし》として派遣されると、隋は返礼使として裴世《はいせい》清《せい》を派遣した。裴世清は難波津《なにわづ》に着くと、その後移動し、初瀬川上流の海石榴市の津で船から降りると、朝廷の官人らが飾馬七五匹で迎えている。そして、その数日後に飛鳥の小墾田宮《おはりだのみや》の朝廷に入っている。多くの民衆が集う海石榴市のある衢には、市はもとより、馬屋、さらに貴族や官人らが宿泊する公的な館《たち》なども設けられていたところであった。古代の飛鳥は、西端と東端に大きな幹道が縦横に交差しており、そこにできた衢や常設市に挟まれた空間だったのである。

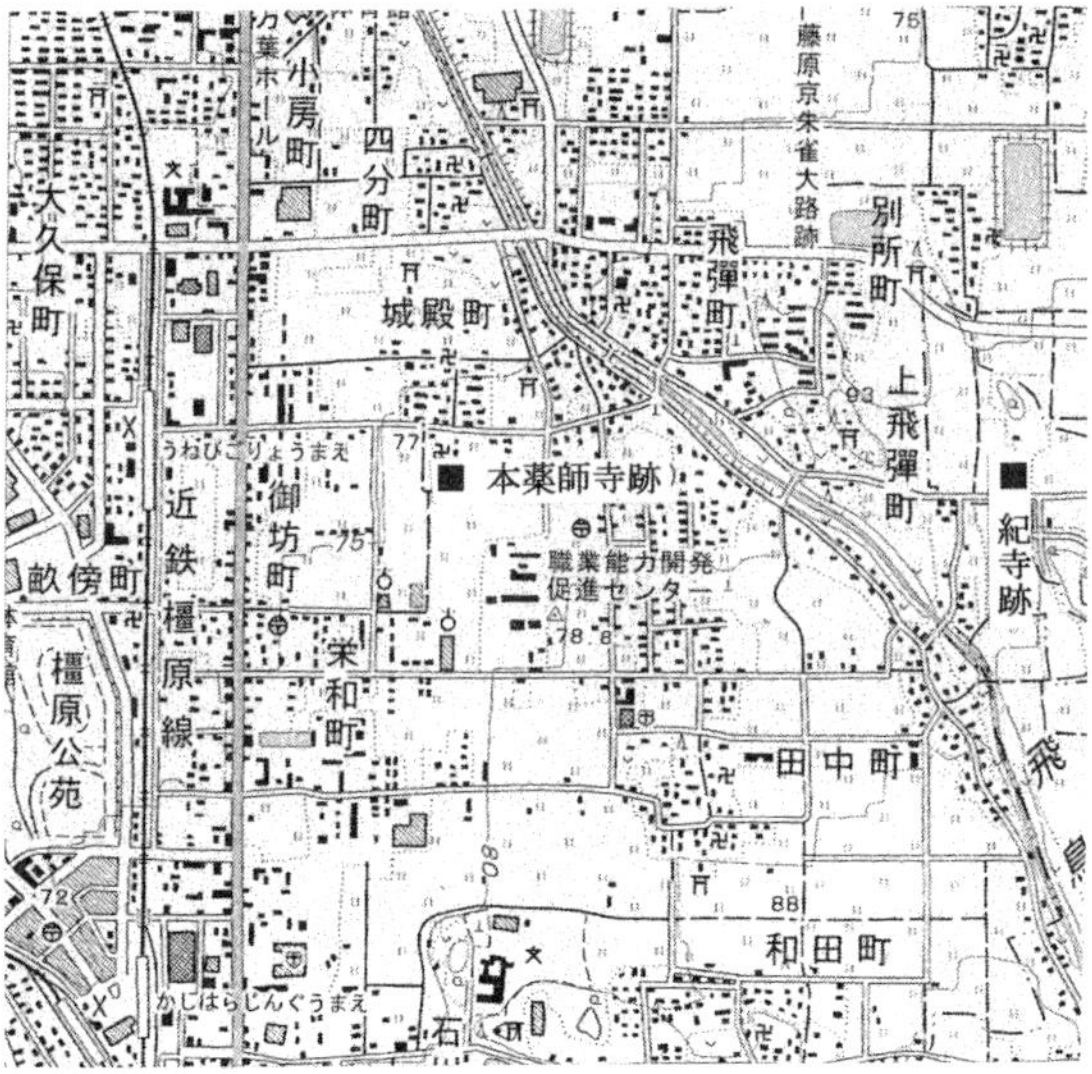

図100　本薬師寺跡の位置

12 本薬師寺跡《もとやくしじあと》

―新羅の感恩寺を模した藤原京の寺院―

本薬師寺造営の経緯

橿原《かしはら》市の木殿《きどの》の地には本薬師寺《もとやくしじ》の伽藍《がらん》が残っている。この本薬師寺は、『日本書紀《にほんしょき》』天武《てんむ》九年（六八〇）十一月十二日条に、天武天皇が皇后の鸕野皇女《うののひめみこ》が重病になったことから、平癒を誓願して建てたことを記している。しかし、皇后の病が回復した後、いつ工事を開始したかは記録されていない。

朱鳥元年（六八六）九月九日に天武が没してから一〇〇日目の十二月十九日、道俗、貴賤を問わない無遮大会《むしゃだいえ》が大官大寺《だいかんだいじ》・飛鳥《あすか》寺《でら》・川原《かわら》寺《でら》・小墾田寺豊《と》浦寺《ゆらでら》・坂田《さかた》寺《でら》でおこなわれたが、これに薬師寺はふくまれていない。そして、持統二年（六八八）正月

図 101　本薬師寺跡の礎石（西から）

八日条に、初めて薬師寺で無遮大会を行ったことを記しており、そのころに金堂《こんどう》が完成していたことがわかる。

平城京への移転

この木殿に建てられた薬師寺は、平城京遷都にともなって薬師寺に移転したことから、一般に本薬師寺と呼んでいる（図100）。この本薬師寺跡には、金堂跡・東塔跡に礎石《そせき》がよく遺存している。このうち、金堂跡では身舎《もや》と庇の南半の礎石がよく残り、各礎石に円形の柱座を造り出している（図101）。また東塔跡でも心礎《しんそ》をふくむ礎石のほとんどが残っている。

これらの堂塔に残る基壇と礎石は、古く建築史家の大岡實氏によって測量調査がおこなわれ、金堂は桁行《けたゆき》七間、梁行《はりゆき》四間の建物、東塔は桁行・梁行が三間の規模のもので、東塔と西塔を東西に配した双塔式伽藍の詳細図が作成されている（大岡一九六六）。そして、これらの金堂と塔は、平城京に移された薬師寺の金堂・塔と同一の規模をなしているだけでなく、伽藍の中枢部の配置も同一であることが明らかになっている。つまり、平城京の薬師寺は、藤原京の本薬師寺の建物規模と伽藍を、いずれも変えることなくそのまま移したとされている。

本薬師寺の発掘

一九七六年（昭和五十一）以降、奈良国立文化財研究所（当時）によって本薬師寺跡の金堂・東塔・西塔・中門・回廊の一部など、数回にわたって発掘調査がおこなわれている（図102）。これらによって、

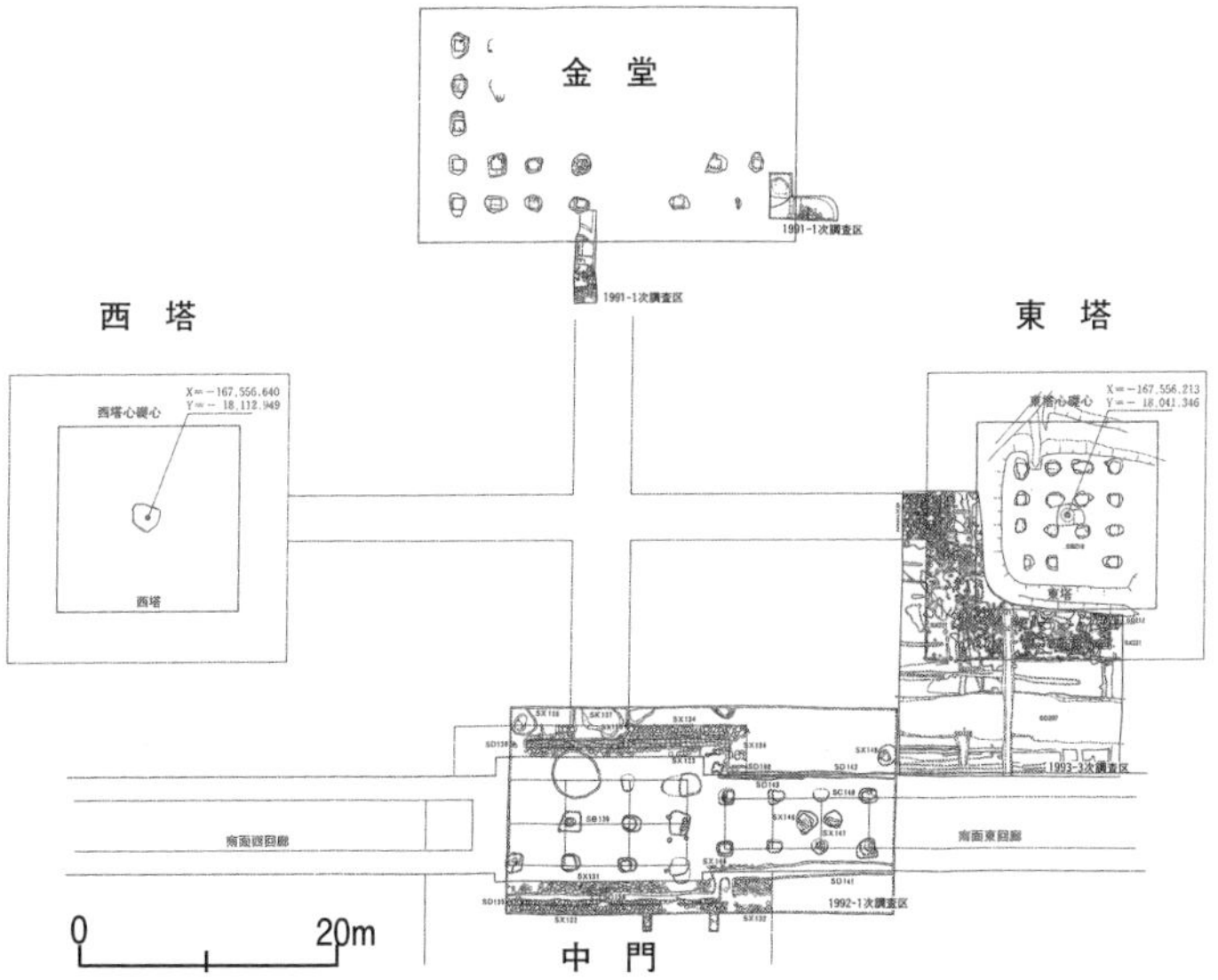

図102　本薬師寺跡の伽藍
（奈良国立文化財研究所『飛鳥・藤原宮発掘調査概報』25、1995年）

本薬師寺の伽藍の中軸線は、藤原京《ふじわらきょう》の条坊《じょうぼう》の中軸とよく一致することが知られている。このことは、藤原京の条坊の施工工事が行われた後に、本薬師寺の造営が開始したことを示している。

また、金堂や塔に葺いた軒瓦《のきがわら》もほぼ明らかになっており、金堂には複弁八弁蓮華文で、珠文と鋸歯文《きょしもん》をつける軒丸瓦《のきまるがわら》６１２１Ａと忍冬唐草文《にんどうからくさもん》をつける軒平瓦６６４７Ｇが葺かれたことが判明している（図103）。これらの軒瓦のうち、軒平瓦６６４７Ｇは、藤原宮《ふじわらきゅう》の造営中に、大極殿《だいごくでん》を構築するのに先行して掘られている運河ＳＤ１９０１Ａの埋土の下層から出土している。この運河の堆積層からは、天武十一〜十三年（六八二〜六八四）の年紀をもつ木簡も出土しているので、本薬師寺の造営は天武が発願した後、さほど時間

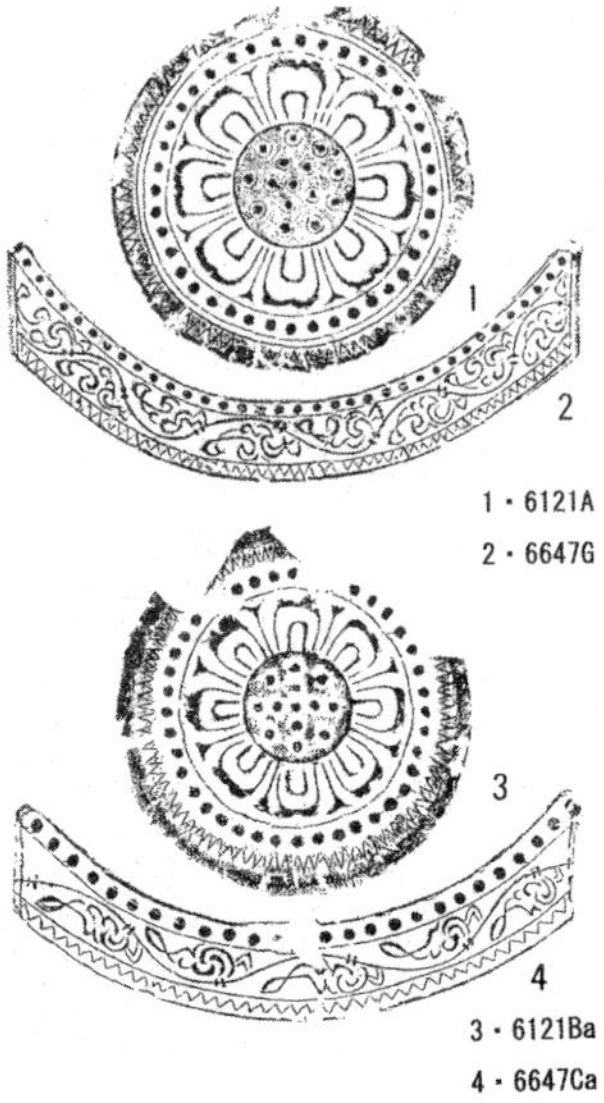

図103　本薬師寺跡の軒瓦
（花谷浩「京内廿四寺について」奈良国立文化財研究所『研究論集』XI、2000年）

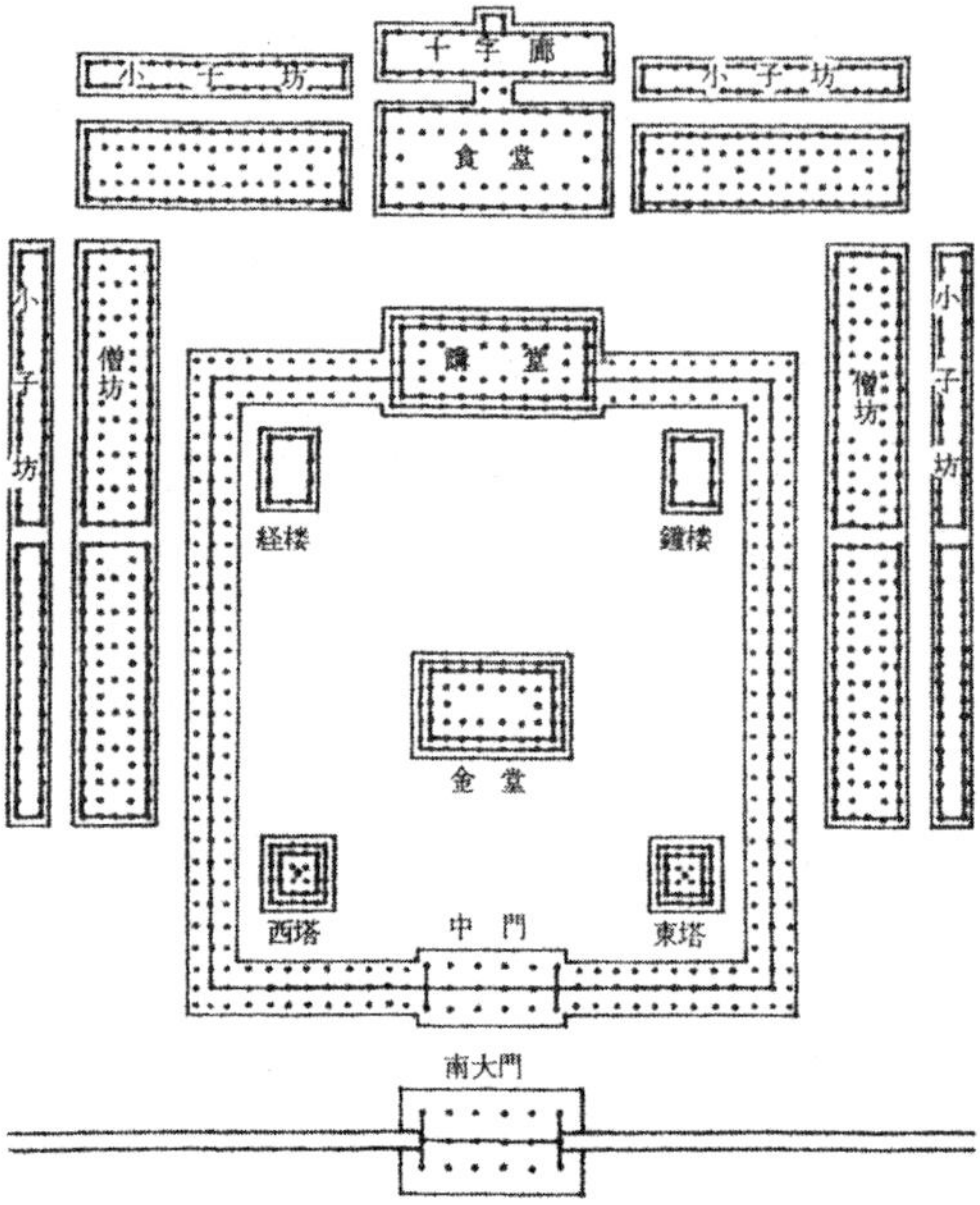

図104　平城京の薬師寺伽藍
（大岡實『南都七大寺の研究』中央公論美術出版、1966年）

が経過しないうちに造営工事が開始していたことがわかる。

　このように、天武が発願して造営された本薬師寺の伽藍には、少なくとも未解決な二つの重要な課題がある。その一つは、この双塔式の伽藍は、新羅《しらぎ》の慶州《けいしゅう》の東方にあたる日本海に面する海岸に文武王《ぶんぶおう》が建立した感恩寺《かんおんじ》の伽藍を導入して建てられたと推測されており、これを導入した歴史的な意義を明らかにすることである。二つ目に、本薬師寺は平城京遷都にともなって移転した際に、飛鳥寺・大官大寺・厩坂寺《うまさかでら》の場合は旧の伽藍とは異なる新たな伽藍配置で建立しているのに、本薬師寺のみは旧伽藍と建物規模をそのまま薬師寺として移築しており（図104）、その違いが生じた要因を明らかにすることである。

本薬師寺のモデルとなった新羅の感恩寺

本薬師寺は、新羅の感恩寺の伽藍をモデルにして建てたものと推測されている。この感恩寺は、新羅の都である慶州の東、月城郡の台地の端に建立されている。伽藍は金堂とその南東と南西に三層石塔を配した双塔式のものである（図105・106）。これらのうち、金堂は桁行五間、梁行三間、その床下の礎石上に、別の礎石と長い石材を並べており、床下に空間を構成していた（図107）。

図105　感恩寺址の双塔

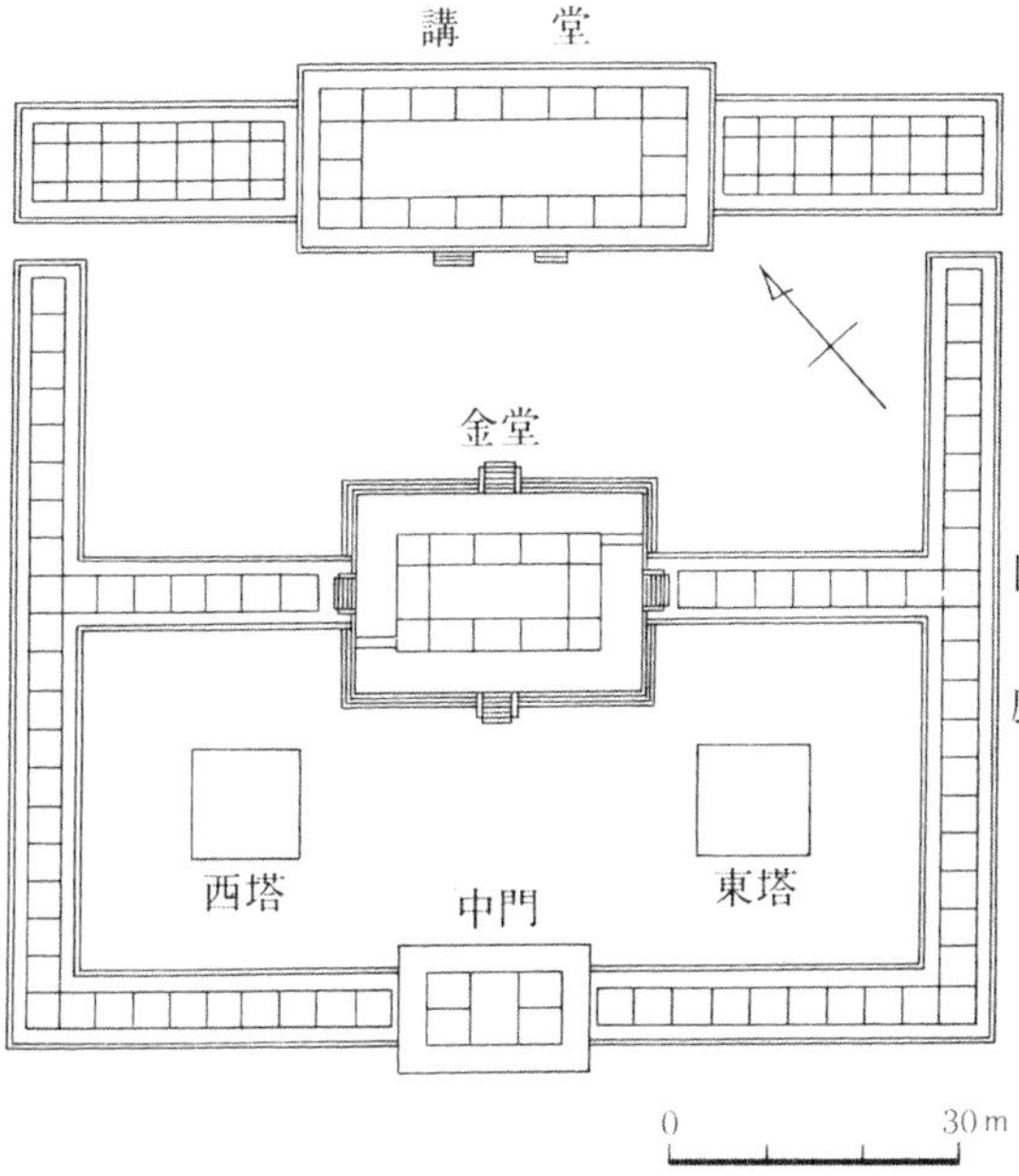

図106　感恩寺址の伽藍図
（東潮『韓国の古代遺跡』新羅篇、中央公論社、1988年）

図 107　感恩寺址の金堂跡にみる床構造

このような、感恩寺の金堂の床下に設けた空間は、『三国遺事《さんごくいじ》』巻二によると、感恩寺は文武王が倭兵の侵攻を鎮めるために造営したが、完成する前に没したので、文武王は海竜になったとする。そして、その子の神文王《しんぶんおう》が即位して二年後（六八二）に完成したとしている。しかも、金堂の東の床下に孔をあけ、海竜となった文武王が寺に出入りできるようにしたと記しており、金堂の床下遺構とよく一致することが知られている。また、金堂の前に建てた西の三層石塔からは、一九六〇年の解体修理のさいに、金銅製の舎利容器が見つかっている。この舎利容器には四面に四天王の像を貼り付けたものであった。

現在の感恩寺は、海岸からは少し隔たって建っているが、『三国遺事』巻四には、仏殿の前まで海水がおしよせたことがあると記しているので、文武王が倭に対処して建立したという言い伝えは信頼しうるように思われる。

慶州の四天王寺と双塔式伽藍

この文武王は、慶州でも月城の東南二キロ、狼山《ろうざん》の南に四天王寺《してんのうじ》を建立している。この四天王寺址は、戦前に日本の小泉顕夫《あきお》氏によって発掘され、伽藍配置がほぼ明らかになっているが、二〇〇七〜〇九年、全面的に再発掘されている。伽藍は二つの木塔を配した双塔式のもので、本薬師寺とよく類似することが判明した。塔基壇《きだん》の四面の外装には、四天王を表現した大型の文様塼《せん》を貼りつけていた。

『三国遺事』巻二によると、六六九年、唐《とう》の高宗《こうそう》が五〇万の兵で新羅を討つことを計画していることを入唐していた義湘《ぎしょう》が知ったので、帰国して文武王に報告した。そこで、明朗法師に助言を求めると、四天王寺を建てるのがよいと告げられたが、唐の軍隊が新羅の海辺までおしよせていたので、彩帛で仮の伽藍をつくって秘法をおこなったところ、風涛がさかまき、唐の軍船が沈没し難を逃れた。その後の六七一年にも、再び唐が五万の兵で攻めたが、前と同様の秘法をおこなうと、再度唐軍が沈没したので、狼山の南に四天王寺を建立したと述べている。

このように、文武王が造営した双塔式の伽藍は、新羅を鎮護する意図で建てたものである。とりわけ、感恩寺は倭国の侵攻を防ぐために、日本に向けて建てた国家的な寺院であった。このような意図で文武王が感恩寺を建立したことを、新羅へ渡っていた留学僧らの情報によって知った天武・持統は、本薬師寺の伽藍に感恩寺と同一の双塔式伽藍を、ひとまわり大きく造営したものと推測されるのである。

双塔式伽藍を採用の意図

これまでは新羅の双塔式伽藍は、新羅の最新の仏教文化として導入したものとされてきている。しかし、白村江の戦い以後も、新羅と日本は、敵対関係がなお継続しており、文武王が日本に向けて感恩寺を造営したのに対し、天武・持統はそれに対処する意図で、本薬師寺にあえて同一の伽藍をひとまわり大きく造り、国家として対抗したものであったと推測される。しかし、以上述べたようなことは、『日本書紀』はもとより、『薬師寺縁起《やくしじえんぎ》』にも記していないことである。新羅でも、感恩寺・四天王寺の建

図108　平城京の薬師寺

立の意図は、『三国史記《さんごくしき》』ではなく、『三国遺事』にのみ記していることにも留意する必要がある。

その後、藤原京から平城京への伽藍の移転では、飛鳥寺・大官大寺・厩坂寺は、それまでとは異なる伽藍配置を採用した。その大きな相違点は、金堂院の回廊内に塔を配置せず、塔は金堂院の外に隔てて構築している。それは、落雷による火災を受けやすい塔を、伽藍の中枢部から遠く隔てたことにあるといわれている。しかし、平城京へ移築した薬師寺のみは、金堂院のなかに二つの塔を配する伽藍配置であったにもかかわらず、そのまま移転している（図108）。それは、日本と新羅の敵対関係が解消されていなかったので、平城京へそのまま移転せざるをえなかったのではないか、と推測するのである。

また、奈良時代の後半に、北河内に建立した百済寺《くだらでら》も、薬師寺と同一の双塔式伽藍配置を採用して造営している。百済寺は、新羅によって倒された百済王家の末裔である百済王氏が建立した氏寺である。これは、百済王氏が、一見すると敵対する新羅の新様式の伽藍配置をそのまま導入したようにみえるが、むしろ新羅との敵対関係をなお維持していることを、意志表示したものと推測されるのである。

13 加守廃寺《かもりはいじ》

――六角堂基壇の謎――

二上山の麓にある加守廃寺

大和盆地の西方には、大和と河内との境になっている生駒山地の一部に二上山《にじょうさん》がある。この二上山の東山麓に近いところに加守廃寺《かもりはいじ》がある。以前は当麻町加守に所在していたが、現在は葛城市となっている。この加守廃寺は、『正倉院文書《しょうそういんもんじょ》』や『薬師寺縁起《やくしじえんぎ》』に記されている「掃守寺《かもりでら》」にあたるかどうか検討されてきている（図109）。

このうち、『薬師寺縁起』には、大津皇子《おおつのみこ》の項に、「大津皇子が世の中を厭《いや》に思い、二上山に籠居《ろうきょ》したところ、謀略によって掃守司の蔵に七日閉じ込められた。そこで皇子は急に悪龍になって、高い雲となって毒を吐いたので、天下は静まらなかった。朝廷はこれを憂いて、義淵《ぎえん》僧正が皇子の師だったので、岡寺の修円に悪霊に呪術せしめるように勅をだしたが、忿気《ふんき》はおさまらなかった。しかし、修円は空を仰いで呼びかけ、十分に説得し、悪龍が承諾したので、皇子のために寺を建て、龍峯寺といった。この寺は葛下郡にあり、掃守寺がこれである」と、掃守寺が大津皇子のために建てられた寺としている。しかし、この縁起に対しては、建築史家の福山敏男氏は、義淵僧正を師というのは年代からみて疑問であるとし、修円は平安初期に活躍した人物であり、大津皇子の墓が二上山の上にあったので、東麓にある掃守寺をもとに作られた縁起《えんぎ》譚《たん》としている（福山一九四八）。

加守廃寺の塔

さて、加守廃寺は瓦が二ヵ所に分布しており、北遺跡と南遺跡の二つの地に堂塔があったとみなされている。このうち北遺跡は、江戸時代に作成された絵図に、三重塔が描かれ、地元の伝承でも塔があったと伝えられている。奈良県立橿原考古学研究所が一九九一年（平成三）に北遺跡を発掘し、塔基《き》壇《だん》を検出している。この塔跡の東側からは、古く『大和上代寺院志』（一九三三年）を著した保井芳太郎氏が鬼瓦を採集している。

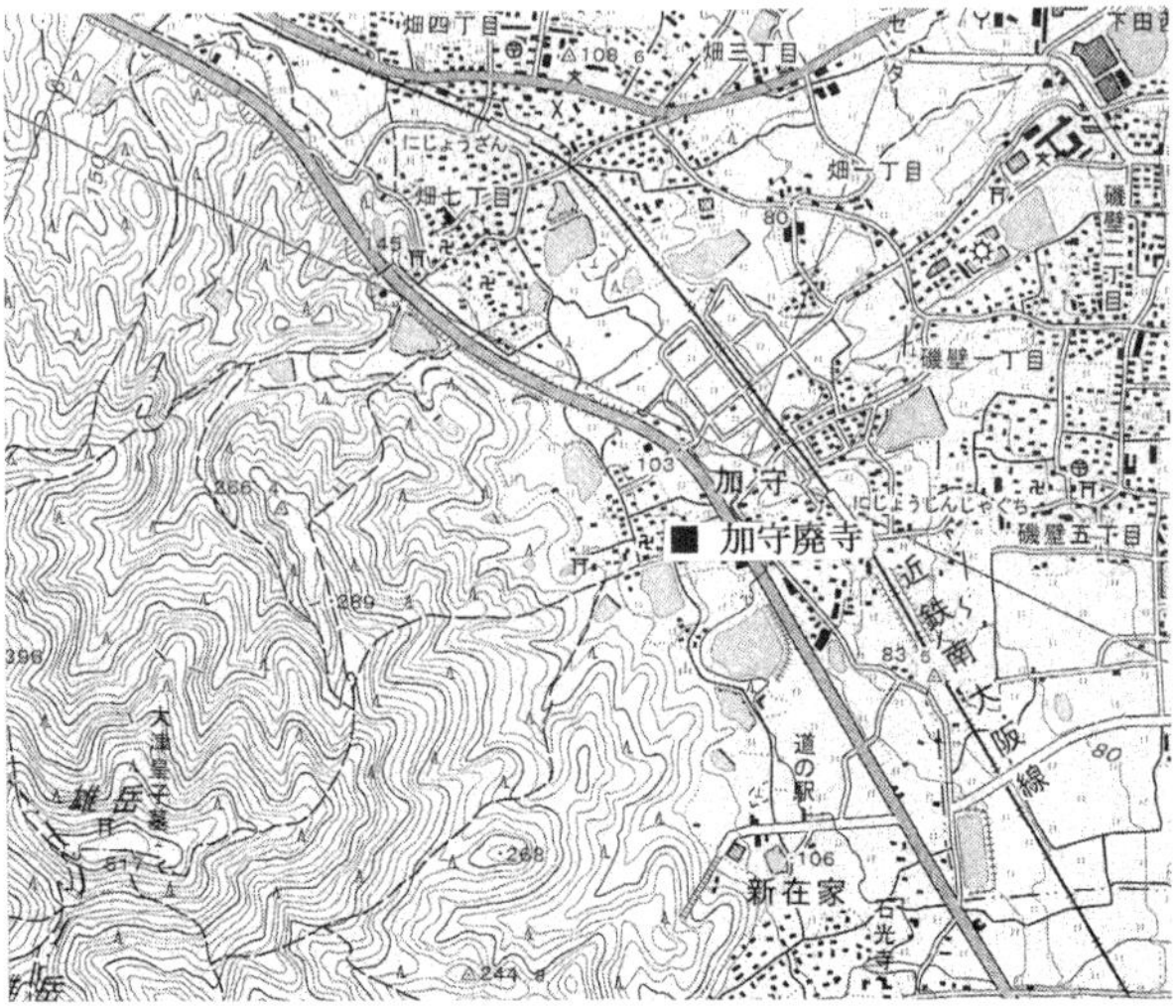

図 109　加守廃寺の位置

この塔跡から出土した軒瓦《のきがわら》からみると、大半は興福寺《こうふくじ》式のもので、八世紀中頃に建てられ、その後、九世紀前半まで、軒瓦を補修しながら存続していたことがわかる。そして、『正倉院文書』に収録されている「掃守寺造御塔所解」に記す塔の創建年代が出土した軒瓦からみて、時期的に一致することから、それ以前から想定されているように、掃守寺に推定している。

六角形の建物跡

その後のこと、一九九三・九四年（平成五・六）に、やはり奈良県立橿原考古学研究所が南遺跡の加守神社の西にあたる蛍池の西を発掘したところ、注目すべき南北に少し長い六角形の建物基壇を検出した。この建物基壇は地山を削りだして造り、南と東の一部にのみ盛土して築造していた。基壇土は六〇《センチ》ほどの高さで残っていた。基壇の外装として設けた地覆石《じふくいし》は大半が残っており、羽目石《はめいし》も一部、さらに葛石《かつらいし》の一つが転落して残っていた。この基壇の外装は、凝灰岩《ぎょうかいがん》による地覆石・羽目石・葛石によって築成した壇上積《だんじょうづみ》のもので、各隅にあたるところにのみ幅の狭い束石《つかいし》を立てていたことが判明した。

階段は、東と西に設けられ、東面は一〇《メートル》、西は三《メートル》で東側が広く造られていたので、この堂は東面して建てられていたことも判明した。しかし、西側の階段の方がよく残っていた。西側は背面なので、この階段を使用する頻度が少なく傷まなかったのであろう。基壇の周囲には、幅一・一《メートル》で、こぶし大から人頭大の円礫《れき》が敷かれていた。この基壇の周囲からは塼《せん》も多量に出土しており、基壇の上面は塼敷されていたことも判明している。基壇上では礎石を除去した抜取り穴が検出され、これによって基壇上の建物は、東面と西面は柱間が三間、他は柱間二間をなす南北に長い六角堂が構築されていたことが明らかになった（近江一九九七）（図110）。

図110　長六角堂跡の遺構（奈良県立橿原考古学研究所提供）

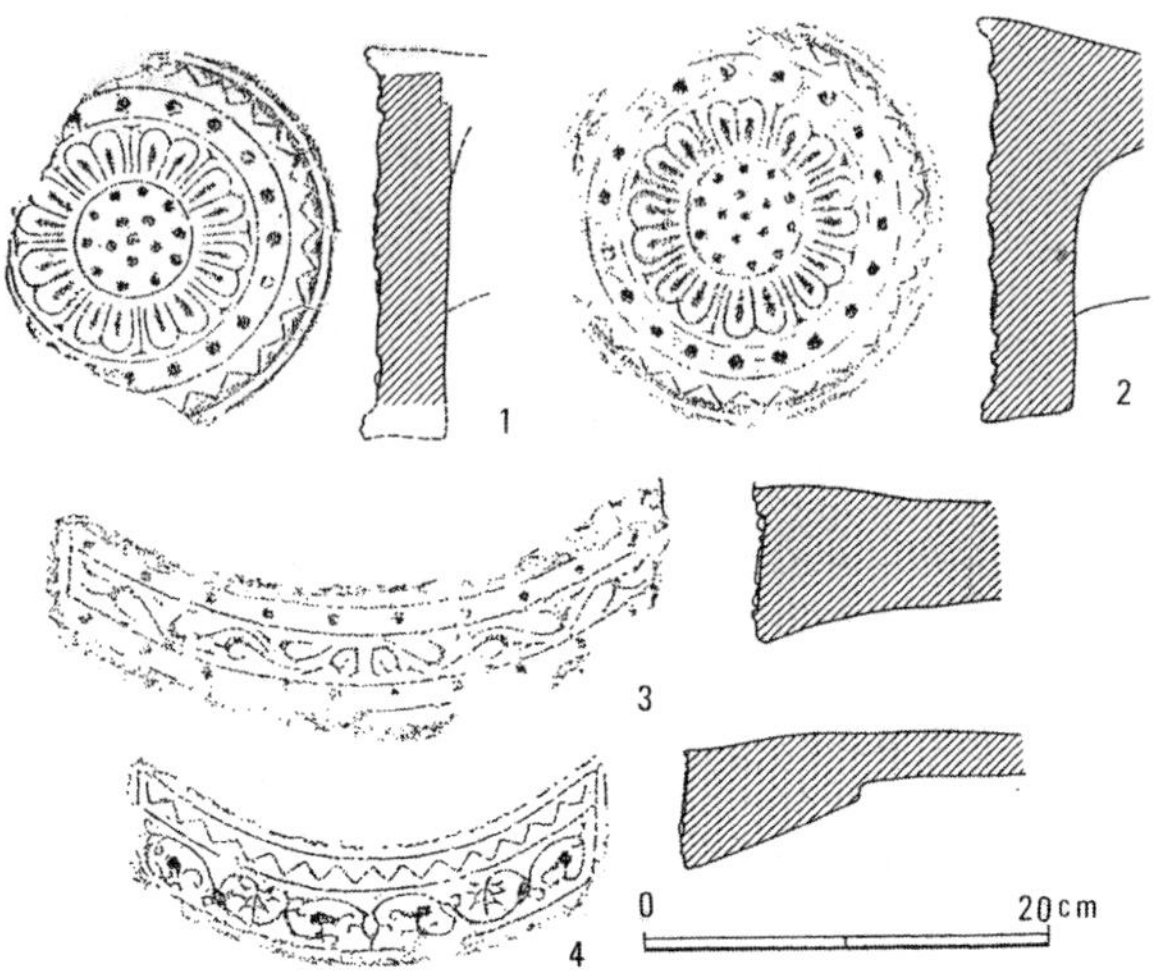

図111　加守廃寺の軒瓦
（近江俊秀「加守廃寺の発掘」『仏教芸術』235号、1997年）

この長六角堂に葺かれた瓦類は、創建時には複弁六弁蓮華文で、外区に線鋸歯《きよし》文《もん》をつける軒丸瓦《のきまるがわら》・軒平瓦は葡萄唐草文で上外区に鋸歯文をつけるものが葺かれていた。その後に葺かれたものには、平城宮系の複弁八弁蓮華文で線鋸歯文をつける軒丸瓦、難波宮《なにわのみや》系の重圏文《じゅうけんもん》軒丸瓦・軒平瓦に均整唐草文のものなどがある（図111）。

大津皇子と皇位継承問題

さて、『薬師寺縁起』に掃守寺との関連が記されている大津皇子は、天武《てんむ》天皇と太田皇女《おおたのひめみこ》の間に生まれた皇子である。斉明《さいめい》六年（六六〇）、朝鮮半島で百済《くだら》が滅亡し、その翌年正月、斉明天皇は百済の復興支援のために、中大兄《なかのおおえ》皇子・大海人《おおあま》皇子らとともに、筑紫に遠征した。天智二年（六六三）、大津皇子は、遠征先である筑紫の那大津《なのおおつ》で生まれており、壬申《じんしん》の乱《らん》のとき一〇歳であった。天武八年（六七九）五月五日、天武は鸕野皇女《うののひめみこ》・草壁《くさかべ》皇子・大津皇子・高市《たけち》皇子・河嶋《かわしま》皇子・忍壁《おさかべ》皇子・芝基《しき》皇子とともに、吉野宮《よしののみや》へ出立した。そして、天武は吉野宮で、互いに皇位継承の争いをおこさないことを盟約させた。この盟約は、これまで草壁皇子を皇太子とするためと理解されてきている。

ところが、近年の古代史研究者によると、その日から二年も遅れて草壁皇子が皇太子になったことからみて、この盟約で重要なことは、これらの皇子とともに、鸕野皇女のみが加わっているので、鸕野皇女が皇后であることを認識させることだったとしている（遠山二〇一四）。いわば皇后の子がつぎの皇位の継承者になるのである。草壁皇子が皇太子になった後、大津皇子も二一歳になると、国政に参画するようになった。『懐風藻《かいふうそう》』によると、大津皇子は新羅僧の行心によって、臣下になった場合は必ず非業の死をとげると告げられ、朱鳥元年（六八六）、天武が没した直後、謀反《むほん》を計画したと記されている。しかも、河嶋皇子に謀反のことを相談すると、その直後に、河嶋皇子が大津皇子の謀反の意志を告発したので、大津皇子は死を命ぜられ、磐余《いわれ》の家で自害し、妃の石川郎女《いしかわのいらつめ》も後を追っている。

『万葉集《まんようしゅう》』巻二―一〇五・一〇六には、大津皇子が伊勢神宮の斎王だった姉の大来《おおく》皇女を密かに尋ねたときの歌が収録されている。ここには大来皇女が大津皇子のただならぬ状況を推察したことが詠《うた》われている。大津皇子の謀反の計画に対し、死を命じたのは持統《じとう》である。しかし、この謀反の計画は、具体的に行動をおこす前に発覚しており、死刑にあたいするかどうか疑問である。ここには、持統による少なからず作意があったことが問題になるであろう。

『薬師寺縁起』に記す大津皇子が悪龍になったという縁起を、福山氏は否定している。しかし、大津皇子を死刑とした処置に対し、その後に怨霊に関連する風聞が少なくなかったものと推測される。大津皇子の遺骸は、初めは本薬師寺の地に埋葬されたが、大来皇女の別の歌に、二上山に改葬されたことを記しているのも、それに関連するものと思われる。

六角堂建物と大津皇子の鎮魂

加守廃寺での発掘では、奈良時代の初めに構築した長六角堂の基壇が検出されている。奈良時代の多角形基壇の例に、法隆《ほうりゅうじ》寺東院の夢殿《ゆめどの》、興福寺《こうふくじ》の北円堂、五條市にある栄山寺《えいさんじ》の八角円堂がある。これらのうち、夢殿は天平十一年（七三九）、行信《ぎょうしん》が斑鳩《いかるがのみや》宮の跡地の荒廃を嘆いて建てた仏堂、また北円堂は養老四年（七二〇）に没した藤原不比等《ふひと》を弔うために建立した仏堂である。そして栄山寺は、藤原武智麻呂《むちまろ》が開いた寺院で、八角円堂は藤原仲麻呂《なかまろ》が天平九年（七三七）に没した武智麻呂を弔うために、後に構築した仏堂である。

このように、奈良時代に構築された多角形の八角円堂は、氏寺の金堂とは異なり、特定の個人の霊魂を弔う建物、すなわち廟《びょう》として構築されたものであった。このことは、加守廃寺で検出された長六角堂基壇も、『薬師寺縁起』に記すように、二上山に埋葬された大津皇子を弔うために、あるいは霊魂を鎮めるために、新たに構築した可能性が少なくないように思われる。しかも長六角堂としたのは、二上山上に造られた大津皇子の墓を意識し、正面が東であることを明示したものだったと推測されるのである。

この仏堂には、岡寺に葺かれた葡萄唐草文軒平瓦の系譜を引くものが葺かれている。これは義淵との直接的な関連は認めえないとしても、義淵が建てた岡寺が加守廃寺の造営に何らか関与することがあったので、それを義淵僧正に仮託することになったものと思われる。

以上述べたように、二上山の東裾に造営された加守廃寺は、北遺跡から検出された塔の年代からみて、『薬師寺縁起』に記す掃守寺とみなして問題ないとされており、さらに、南遺跡からは長六角堂が検出されている。この長六角堂は、この基壇の形態からみて、大津皇子の霊魂を弔う廟として建てられたものとみてまちがいないものと考える。

14 荒坂瓦窯跡・牧代瓦窯跡

あらさかがようあと・まきだいがようあと

――古代寺院の屋瓦を焼いた官営瓦窯――

奥山久米寺の屋瓦を焼いた天神山瓦窯

大和の南部、吉野川の流域に五條市がある。ここの北西部にあたる古代の宇智郡の丘陵地では七世紀に瓦窯《がよう》が設けられ、屋瓦の生産が集中しておこなわれたところである。ここには、六世紀に今井古窯が設けられ、大和では数少ない須恵器《すえき》生産がおこなわれた。この今井古窯の東北二〇〇㍍《メートル》に天神山瓦窯がある。ここで飛鳥の中心地に建立された奥山久米寺跡の屋瓦を焼成《しょうせい》している。

奥山久米寺《おくやまくめでら》跡は、飛鳥寺《あすかでら》の東北六〇〇㍍《メートル》に建てられた七世紀前半の古代寺院である。この寺院の金堂《こんどう》の創建時には、直線的で幾何学的な蓮弁を表現した角端点珠形式と呼ばれる奥山久米寺式の軒丸瓦《のきまるがわら》が創出して葺かれている。この奥山久米寺式と同一形式の軒瓦《のきがわら》を葺いた造営氏族は、ごく限られている。しかも上宮王家と深いつながりをもつ氏寺に葺かれていることからみて、本書では、著者は蘇我《そが》傍系氏族のうち、蘇我馬子《うまこ》の弟に想定されている境部臣摩理勢《さかいべのおみまりせ》が建立した氏寺に推測して記述している。

ところで、古代寺院に葺かれた屋瓦の生産は、金堂・塔・講堂などを造営した際に、そのつど屋瓦を生産する造瓦組織を氏寺の周辺で編成するのは困難なので、しばしば須恵器の生産地に造瓦組織を編成

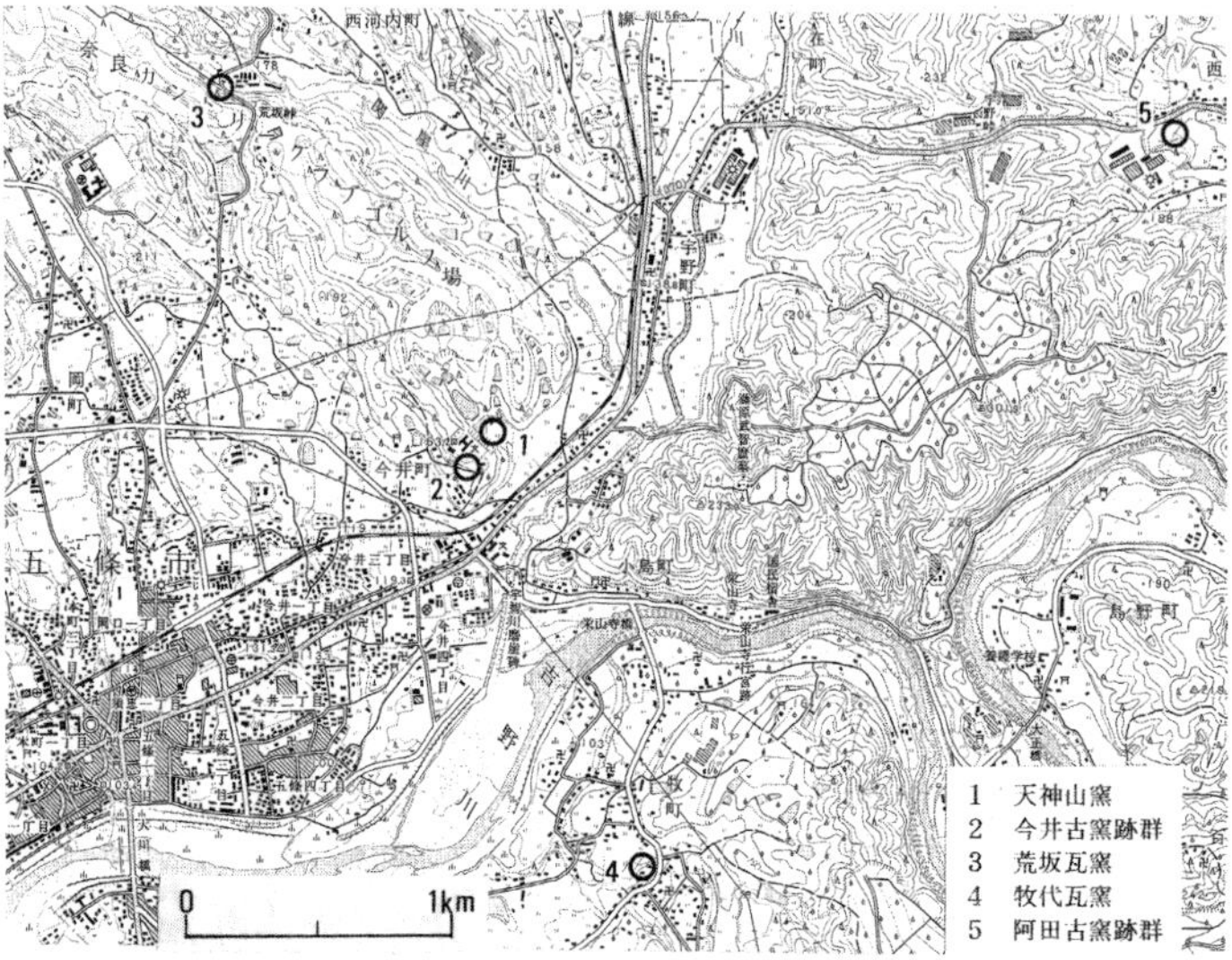

図112　荒坂瓦窯跡・牧代瓦窯跡の位置

し、屋瓦と須恵器の生産を兼業しながら操業している。奥山久米寺に葺かれた屋瓦の場合も、ほぼ同様な操業方法で焼成がおこなわれたものとみてよい。そして、ここの天神山瓦窯で焼成した屋瓦は、東方にあたる重阪《へいさか》峠を越えて陸路を運び、さらに曽我川の最上流域に設けられた津から、川舟によって飛鳥まで漕運し、奥山久米寺まで運ばれたものと推測される。

川原寺の屋瓦を焼成した荒坂瓦窯群

五條市内では、これに続く時期の瓦窯として荒坂《あらさか》瓦窯跡が見つかっている（図112）。この荒坂瓦窯群は、荒坂峠から東の荒坂川付近に七基、その西に二基が見つかっている。これらの瓦窯群は、一九三三年（昭和八）、岸熊吉氏によって四基が発掘され、いずれもトンネル状に掘られ、しかも階段を設けた窖窯《あながま》であることが判明し（岸一九三九）、その一基がそのまま見学できるように保存されている。荒坂瓦窯のうち、一号窯は全長八・一五メートル、幅一・四三メートル、一〇段の階段をもつ窖窯である（図113）。これらの瓦窯群は、七世紀後半に天智《てんじ》天皇が発願し、天武《てんむ》天皇が完成させた飛鳥の川原寺《かわらでら》に葺いた屋瓦を生産した官営工房の瓦窯群である。屋瓦の生産とともに須恵器も焼成する瓦陶兼業窯として操業されたことが知られている。

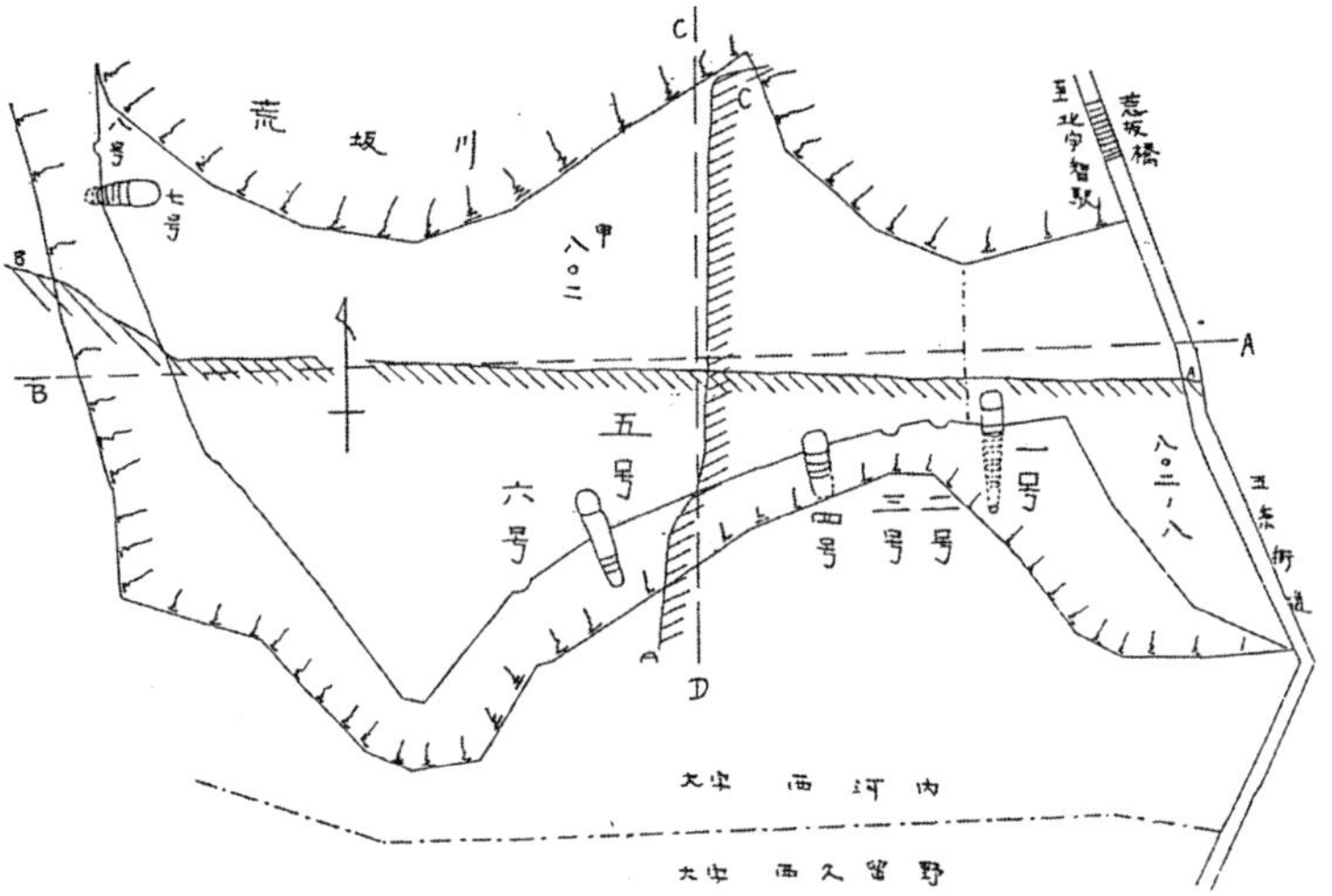

図113　荒坂瓦窯跡
（岸熊吉「大和に於ける古代遺跡」『奈良県史蹟名勝天然紀念物調査抄報』第2輯、1939年）

川原寺に葺かれた軒丸瓦は、それまでの飛鳥時代の瓦当《がとう》よりも一まわり面径が大きく、しかも大きな中房に蓮子を二重にめぐらし、複弁八弁蓮華文を配し、その外区に面違《めんたがい》鋸歯文《きょしもん》をつけている。この川原寺式と呼ぶ瓦当文様は、川原寺で葺かれた後、近畿と東国では特に美濃の氏寺に顕著に採用されている瓦当文様である。

本薬師寺の造営にともなう牧代瓦窯群

五條市内では、荒坂瓦窯群に続いて、本薬師寺《もとやくしじ》の屋瓦が南三キロの牧町にある牧代《まきだい》瓦窯で焼成されている。この牧代瓦窯は吉野川の左岸にあり、栄山寺の南一キロ付近に位置する。小河川の東谷川によって削られた浅い谷の北辺に多数の瓦窯跡群が見つかっている。

この牧代瓦窯群は、昭和初期の発掘調査で、窖窯

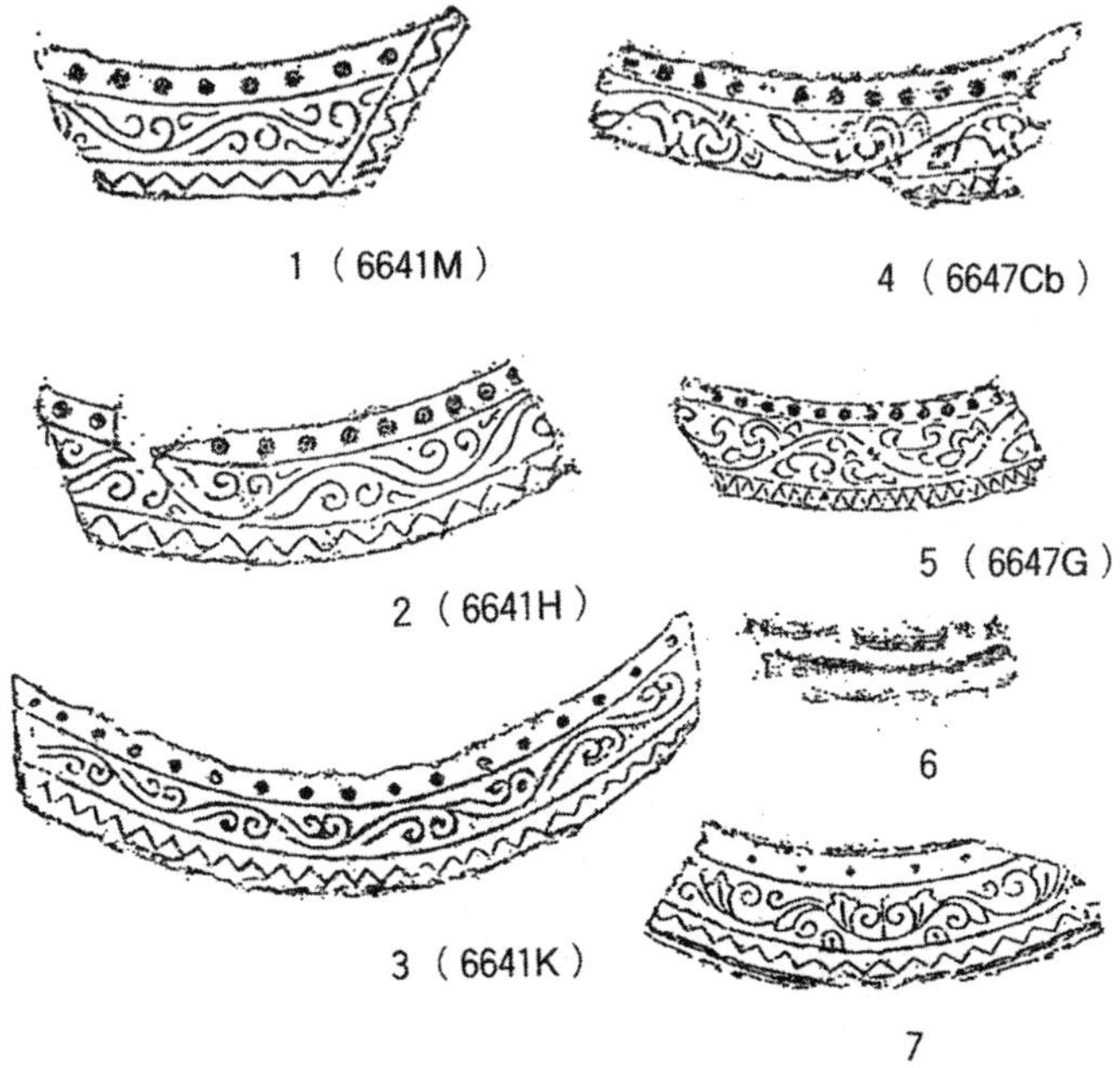

図114　牧代瓦窯跡出土の軒平瓦
（山崎信二「藤原宮造瓦と藤原宮の時期の各地の造瓦」『文化財論叢』Ⅱ、1995年）

群の存在が確認されている。また、一九七八年（昭和五十三）、県道五條—平原線の拡張工事にともなって、八基の瓦窯の存在が確認された。その一基は平窯で、窯体は全長三・二九メートル、地山を掘り抜いて造られ、焼成室の床面に粘土と丸瓦を一ないし二本を積み上げて火を通すロストル九本を設けたものであった。焼成室内の壁面はスサ入りの粘土で塗られ、一部に補修した痕跡もみられる。この瓦窯は焚口、燃焼部から一段高く段をなして焼成部の平坦な床面を形成している。焼成した軒瓦には、単弁八弁蓮華文・偏行唐草文、本薬師寺の変形忍冬唐草文《にんどうからくさもん》などがあり（図114）、本薬師寺の軒瓦の焼成を主としながら、それ以外の寺院の軒瓦も焼成していた。この牧代瓦窯は、荒坂瓦窯から出土する川原寺の凸面に布目をつける凸面布目瓦も出土しているので、川原寺の屋瓦を焼成していた段階に、新たに本薬師寺の屋瓦を焼成する瓦窯として設けられ、官営工房として操業を開始したものと推測されている。

このように、本薬師寺を造営した際に、新たに南に牧代瓦窯を設けて屋瓦の焼成を行ったのは、荒坂瓦窯の周辺では燃料となる樹木を広範囲に伐採し、さらに本薬師寺の屋瓦を継続して焼成することが困難な状態になっていたことによるものと推定される。

そこで、荒坂瓦窯群からみると、少し南に離れ、曽我川によって焼成した屋瓦を漕運するには遠くなるが、吉野川左岸に新たな屋瓦を設け、薬師寺用の屋瓦を量産する体制をとったものと思われる。

国家的な寺院用の屋瓦を焼く瓦窯を設けた背景

ここで、飛鳥の南にあたる五條市域に川原寺・本薬師寺の国家的な寺院に葺く屋瓦を焼成する瓦窯を設けた背景を少し考えてみよう。

古代の五條市域は、飛鳥の南にあたる宇智郡にふくまれる地域である。飛鳥から紀伊国に赴くには、曽我川沿いの巨勢谷に入り、さらに宇智郡の北部を経由するルートがあった。『万葉集《まんようしゅう》』に収録する笠金村の長歌に、

（上略）天飛ぶ　軽の路より　玉襷《たまたすき》　畝傍を見つつ　麻裳《あさも》よし
紀路に入り立ち　真土山《まつちやま》　越ゆらる　君は（巻四―五四三）

（軽の道から畝傍をみながら、紀州路に足を踏み入れ、真土山を越えているだろう夫は）

と詠っている。ここに詠まれた真土山は、『大和志』によると、現在の五條市畑田町・表野町あたりの坂道を指したものとされている。古代には、真土峠を越えて紀伊に入っていたのである。

さて、宇智郡北部に設けた天神山瓦窯で、蘇我傍系氏族の氏寺である奥山久米寺の屋瓦が焼成された

のは、今井古窯群の須恵器工人らを導入し、造瓦組織を編成したものと推測される。その後、この北にあたる荒坂で、川原寺の屋瓦を焼成した荒坂瓦窯が設けられている。

川原寺は、天智が斉明《さいめい》を弔うための国家的寺院として建立した寺院で、天智の後、天武が継続して造営した官の大寺であった。荒坂瓦窯は、この川原寺の屋瓦を焼成する官営の造瓦工房である。しかも、荒坂瓦窯を設けたこの地域は、蘇我傍系氏族の氏寺である奥山久米寺の屋瓦を焼成した天神山窯の瓦窯が設けられたように、ここは蘇我本宗家、もしくは蘇我傍系氏族の領地の一部があった可能性が高い地域であったとみてよい。とりわけ著者は、奥山久米寺の造営氏族として、境部摩理勢を推測している。

推古《すいこ》三十六年（六二八）、摩理勢は、推古天皇が没した直後の皇位継承問題で、山背大兄王《やましろのおおえのおう》を推すのを固辞したことから、大臣の蝦夷《えみし》によって倒され、その結果として、摩理勢と強いつながりを有するこの地域は、蘇我本宗家の領地になったものと推測される。しかし、乙巳《いっし》の変《へん》（六四五）で、蝦夷・入鹿《いるか》の蘇我本宗家が倒されたので、この地域一帯は、さらに大王家に接収されることになったものと推測される。そこで、ここは須恵器生産地であったことから、川原寺の伽藍《がらん》が国家的な寺院として建立された際に、その屋瓦を焼成する瓦窯群が、今井古窯群に近接する荒坂一帯に設けられることになったものとみてよい。

新たな燃料を求めて設置された瓦窯群

古代寺院の堂塔には大量の屋瓦が葺かれている。この屋瓦の焼成には、素材の粘土と多量の燃料が不可欠である。荒坂瓦窯群では八基以上の瓦窯が見つかっているので、造瓦工人らによるこれらの瓦窯群での屋瓦の焼成では、じつに大量の燃料が山林で伐採されたものと思われる。

さらに、川原寺の造営が終わりに近い天武九年（六七〇）、皇后の鸕野皇女《うののひめみこ》が重病になったので、天武によって、本薬師寺の建立が誓願された。そこで、新たに本薬師寺の伽藍の堂塔に葺く大量の屋瓦を焼成することが必要になったのである。しかし、荒坂瓦窯群の周辺では、さらに大量の燃料を調達するのは難しい状態であったものと推測される。そこで、この周辺で、新たな屋瓦を焼成する操業地が不可欠になったのである。

吉野川の左岸にある牧代瓦窯群は、本薬師寺の屋瓦を焼成するための適地として、新たに設けられた瓦窯群であった。牧代瓦窯群から採集されている軒瓦類をみると、本薬師寺に葺く屋瓦が大量に焼成されている。しかも、その終わりの段階には、少ないながら初めて瓦葺した国家的な宮都である藤原宮《ふじわらきゅう》の所用瓦も焼成している。

この牧代瓦窯から出土した軒瓦類に対する山崎信二氏の研究によると、ここで焼成した軒平瓦の変形忍冬唐草文には、藤原宮所用瓦である讃岐東部から出土するもの、讃岐西部の宗吉《むねよし》瓦窯から出土するもの、さらに和泉産とよく類似するものがある。これらの藤原宮の所用瓦は、いずれも牧代瓦窯群で焼成した忍冬唐草文の軒平瓦文様を祖型に、新たに瓦当笵が製作されたものと推測されている。そして、山崎氏は、大和盆地以外の地で、牧代瓦窯の瓦当文様を祖型とする藤原宮の所用瓦を焼成・生産した造瓦組織は、いずれも牧代瓦窯群の官営工房（官営造瓦所）の造瓦工人らを解体し、それぞれの地で新たに造瓦組織を編成し、藤原宮の屋瓦生産が行われたものと推測している（山崎一九九五）。

瓦窯と水運

さて、牧代瓦窯で焼成した本薬師寺用の屋瓦は、荒坂瓦窯群で焼成した屋瓦と同様に、陸路で北の重阪峠を越え、曽我川によって水運したものと推測される。しかし、丸瓦・平瓦、さらに軒丸瓦・軒平瓦など、瓦類はいずれも重量を有する屋根素材である。それだけに、陸路による輸送よりも、水運が最も適している。牧代瓦窯群は吉野川の河岸に設けられていたので、ときには重阪峠まで陸路を運ぶのを避け、試験的に吉野川の河岸で瓦類を舟積し、吉野川を下り、紀の川へ、さらに海路を経由し、難波津《なにわづ》から大和川を遡上して飛鳥まで運ぶこともあったのではなかろうか。

藤原宮の造瓦生産は、その造営した初期には、讃岐・淡路・和泉、さらに近江など、大和盆地以外の遠距離の地でおこなっている。とりわけ海路を利用して難波津に漕運し、大和川を遡上して藤原宮の屋瓦を水運している。このような、海を越えた地で国家的な藤原宮の所用瓦を生産し、調達するという発想の契機は、この牧代瓦窯から吉野川・紀の川を経由し、海路と大和川によって屋瓦を漕運した経験にあったのではないかと私考する。

こうした事前の試験的な屋瓦の漕運の試みなしに、藤原宮の屋瓦の生産に際し、和泉・讃岐・淡路で、牧代瓦窯の系譜をもつ藤原宮所用瓦が焼成され、これらの地から海路を経由して漕運した古代人による歴史的要因を解くことは少なからず難しいのではなかろうか。

あとがき

日本への仏教の伝来は六世紀前半に遡る。しかし、本格的な古代寺院の伽藍《がらん》の造営は、六世紀末の蘇《そ》我馬子《がのうまこ》による飛鳥寺《あすかでら》であった。その後、奈良県では飛鳥を中心に、飛鳥・白鳳期に八〇余ヵ所も古代寺院が造営されている。

飛鳥の北、香久山の南八〇〇㍍《メートル》に大官大寺《だいかんだいじ》跡がある。広い水田中に、東西六五㍍《メートル》、南北三〇㍍《メートル》、高さ二㍍《メートル》の巨大な土壇が遺存していた。一九七四年（昭和四十九）夏、奈良国立文化財研究所が大官大寺跡の解明を計画し、小字「講堂」に残る土壇から発掘した。その初回の講堂跡の発掘に著者はかかわった。発掘すると、礎石《そせき》は全て抜かれていたが、黄褐色土の山土を主体に搗《つ》き固めた巨大な基壇《きだん》を検出した。基壇の南下に崩れて堆積した大量の焼瓦を除去すると、燃えた屋根が落下した際に突き刺さった垂木《たるき》痕が一〇㍍《メートル》も一列に並んでいた。その後の一九七九年（昭和五十四）、講堂跡の北七〇㍍《メートル》から同規模の建物基壇が検出され、初回に発掘した基壇は金堂《こんどう》だったことが判明した。金堂としては大きすぎるので、いつしか「講堂」にみなされるようになったのだろう。

その二年後の一九七六年（昭和五十一）、桜井市山田にある山田寺《やまだでら》跡を発掘し、史跡整備する計画が進展した。山田寺跡には塔跡・金堂跡・講堂跡の基壇が遺存していた。奈良国立文化財研究所による山田寺跡に対する最初の発掘は塔跡から開始した。その発掘にも著者はかかわった。塔基壇からは四天柱の礎石一個と中央部の地下一メートルから心礎《しんそ》が見つかった。その後、金堂基壇の礎石配置が解明され、さらに東回廊跡の発掘では倒壊した飛鳥期の回廊そのものが検出されている。

これらの飛鳥での古代寺院の発掘に際し、奈良県はもとより、畿内などの古代寺院に関連するじつに多くの資料を収集した。それには古代寺院の発掘資料と屋瓦などの資料があり、加えて不十分ながら、古代仏教のことも少なからず学んだ。

さて、二〇〇九年（平成二十一）から、奈良歴史遺産市民ネットワーク主催の歴史講座の講師を担当している。この歴史講座では、古墳・宮都、さらに飛鳥での古代寺院の発掘経験を踏まえ、飛鳥・白鳳期の奈良県の古代寺院に関連することを講じた。そして、二〇一一年（平成二十三）からは、奈良歴史遺産市民ネットワークの浜田博生《ひろお》氏の仲介によって、講じた内容をほぼそのまま『奈良民報』に連載している。

本書は、『奈良民報』連載に加筆、再編集したもので、先に古墳・王宮編を収録した『検証　奈良の古代遺跡』（二〇一九年）の続編である。ここでは奈良県での古代寺院に対する発掘成果をもとに、寺院の堂塔に葺かれた同笵《どうはん》軒瓦の供給関係に注目しながら、氏寺を造営した建立氏族の歴史的性格を述べるようにつとめたつもりである。

本書の原稿を執筆する機会を与えていただいた奈良歴史遺産市民ネットワークの浜田博生氏と歴史講座を担当する小宮みち江氏に再び感謝したい。

二〇二〇年八月

小笠原好彦

引用・参考文献

石田茂作『飛鳥時代寺院址の研究』聖徳太子奉讃会　一九三六年
岩井孝次「大和北部に於ける出土古瓦の分布」（『夢殿論誌』第一九冊〈綜合古瓦研究第二分冊〉一九三九年）
上原真人『蓮華紋』（日本の美術三五九号）至文堂　一九九六年
梅原末治「高麗寺址」（『京都府史蹟勝地調査会報告』一　一九二〇年）
近江俊秀「加守廃寺の発掘調査」（『仏教芸術』二三五号　一九九七年）
近江俊秀「七世紀後半の造瓦の一形態―明日香村小山廃寺を中心として―」（『瓦衣千年』一九九九年）
大岡實『南都七大寺の研究』中央公論美術出版　一九六六年
大脇潔「飛鳥時代初期の同笵軒丸瓦―蘇我氏の寺を中心として―」（『古代』第九七号　一九九四年）
大脇潔「忘れられた寺―伊賀財良寺と比売朝臣額田―」（『MUSEUM』五九二　二〇〇四年）
岡林孝作「願興寺跡の発掘調査」（『仏教芸術』二三五号　一九九七年）
小笠原好彦『日本古代寺院造営氏族の研究』東京堂出版　二〇〇五年
小笠原好彦「同笵軒瓦からみた古代の僧寺と尼寺」（『考古学論究』真陽社　二〇〇七年）
小笠原好彦「三重県夏見廃寺と大来皇女」（『坪井清足先生卒寿記念論文集―埋文行政と研究のはざまで―』坪井清足先生の卒寿をお祝いする会　二〇一〇年）
小笠原好彦「本薬師寺の造営と新羅の感恩寺」（『日本古代学』第三号　二〇一一年）
小澤毅ほか「吉備池廃寺発掘調査報告―百済大寺の調査―」（『奈良文化財研究所創立五〇周年記念学報』第六八冊

二〇〇三年）
金子裕之「軒瓦製作技法に関する二、三の問題―川原寺の軒丸瓦を中心として―」（『文化財論叢』一九八三年）
岸熊吉「ドドコロ廃寺跡出土石造相輪等の調査」（『奈良県史蹟名勝天然紀念物調査会　第十回報告』一九二八年）
岸熊吉「大和に於ける古代史瓦窯」（『奈良県史蹟名勝天然紀念物調査抄録』第二輯　一九三九年）
岸俊男『日本古代政治史研究』塙書房　一九六六年
鬼頭清明「法隆寺の庄倉と軒瓦の分布」（『古代研究』一一　一九九七年）
木下正史『飛鳥幻の寺　大官大寺の謎』角川書店　二〇〇五年
清水昭博『蓮華百相―瓦からみた初期寺院の成立と展開―』（『奈良県橿原考古学研究所附属博物館図録』第五一冊　一九九九年）
妹尾周三「横見廃寺式軒丸瓦の検討―いわゆる『火焔文』軒丸瓦とその背景―」（『古代』第九七号　一九九四年）
関晃「倭漢氏の研究」『史学雑誌』第六二巻第九号　一九五三年。のちに『関晃著作集　第三巻　古代の帰化人』吉川弘文館　一九九六年所収。
薗田香融「譲り刀考」（『日本古代の貴族と豪族』塙書房　一九九二年）
田中重久『奈良朝以前寺址の研究』白川書院　一九七八年
津田左右吉『日本古典の研究　下』岩波書店　一九五〇年
遠山美都男『天武天皇の企て　壬申の乱で解く日本書紀』（角川書店　二〇一四年）
戸田秀典「平群氏と紀氏」（『橿原考古学研究所論集』第七　吉川弘文館　一九八四年）
中井公「古市廃寺の発掘調査」（『仏教芸術』二三五号　一九九七年）
中島正「史跡　高麗寺跡」（『京都府山城町埋蔵文化財調査報告書』第七集　一九八九年）
中村春壽「古市廃寺の調査」（『奈良県観光』第四三号、一九六〇年）

花谷浩「京内廿四寺について」（『研究論集』XI　奈良国立文化財究所　二〇〇〇年）
菱田哲郎「瓦当文様の創出と七世紀の仏教政策」（荒木敏夫編『ヤマト王権と交流の諸相』五　名著出版　一九九四年）
福山敏男『奈良朝寺院の研究』高桐書院　一九四八年
藤澤一夫「屋瓦の変遷」（『世界考古学大系』日本IV　平凡社　一九六一年）
水口昌也『夏見廃寺』名張市教育委員会　一九八八年
毛利久「薬師寺縁起の一記文と夏見廃寺」（『史迹と美術』二一五号、一九五一年）
森郁夫「興福寺式軒瓦」（『研究論集』VII　奈良国立文化財研究所　一九八二年）
森郁夫「古代山背の寺院造営」（『学叢』第八号　京都国立博物館　一九八六年）
森郁夫「古代における同笵・同系軒瓦」（『古代』第九七号　一九九四年）
保井芳太郎『大和上代寺院志』大和史学会　一九三二年
山崎信二「藤原宮造瓦と藤原宮の時期の各地の造瓦」（『文化財論叢』II　同朋舎出版　一九九五年）
山下隆次「尼寺廃寺の発掘調査」（『仏教芸術』二三五号　一九九七年）
陵墓調査室「畝傍陵墓参考地石室内現況調査報告」（『書陵部紀要』第四五号　一九九三）
和田萃「百済宮再考」（『明日香風』第一三号　飛鳥保存財団　一九八四年）

著者略歴
一九四一年　青森市に生まれる
一九六六年　東北大学大学院文学研究科修士課程修了
奈良国立文化財研究所主任研究官、滋賀大学教授、明治大学大学院特任教授を経て
現在　滋賀大学名誉教授・博士（文学）

〔主要著書〕
『日本古代寺院造営氏族の研究』（東京堂出版、二〇〇五年）
『聖武天皇が造った都』（歴史文化ライブラリー、吉川弘文館、二〇一二年）
『古代豪族葛城氏と大古墳』（吉川弘文館、二〇一七年）
『検証　奈良の古代遺跡』（吉川弘文館、二〇一九年）

検証　奈良の古代仏教遺跡
飛鳥・白鳳寺院の造営と氏族

二〇二〇年（令和二）十一月一日　第一刷発行

著者　小《お》笠《がさ》原《わら》好《よし》彦《ひこ》

発行者　吉川道郎

発行所　株式会社　吉川弘文館
郵便番号一一三―〇〇三三
東京都文京区本郷七丁目二番八号
電話〇三―三八一三―九一五一〈代〉
振替口座〇〇一〇〇―五―二四四
http://www.yoshikawa-k.co.jp/

組版＝文選工房
印刷＝藤原印刷株式会社
製本＝ナショナル製本協同組合
装幀＝右澤康之

ISBN978-4-642-08390-4

姉妹編

小笠原好彦著

検証 奈良の古代遺跡 古墳・王宮の謎をさぐる

A5判・二二二頁

二二〇〇円

古代には大和と呼ばれ、政治・経済・文化の中心地だった奈良。葛城氏の本拠である馬見古墳群、壁画で知られる飛鳥の高松塚古墳とキトラ古墳、厩戸皇子の斑鳩宮など、奈良県各地の古墳、王宮跡など三〇遺跡を取り上げ、新説を交えて紹介する。考古学の最新の研究成果に、「記紀」と『万葉集』をふまえ、その背後に展開した古代史をあざやかに描く。

吉川弘文館
(価格は税別)